认缴制下公司债权人对待缴股东的请求权研究

苏继成/著

RENJIAOZHI XIA
GONGSI ZHAIQUANREN
DUI DAIJIAO GUDONG DE QINGQIUQUAN YANJIU

中国政法大学出版社

2018·北京

图书在版编目（CIP）数据

认缴制下公司债权人对待缴纳股东的请求权研究/苏继成著. —北京：中国政法大学出版社，2018. 2
ISBN 978-7-5620-8005-3

Ⅰ. ①认…　Ⅱ. ①苏…　Ⅲ. ①公司—债权人—权益保护—研究—中国　Ⅳ. ①D923. 34

中国版本图书馆CIP数据核字(2017)第325668号

出版者　中国政法大学出版社
地　址　北京市海淀区西土城路 25 号
邮　箱　fadapress@163. com
网　址　http://www. cuplpress. com (网络实名：中国政法大学出版社)
电　话　010-58908435(第一编辑部)　58908334(邮购部)
承　印　北京中科印刷有限公司
开　本　880mm×1230mm　1/32
印　张　10. 25
字　数　220 千字
版　次　2018 年 2 月第 1 版
印　次　2018 年 2 月第 1 次印刷
定　价　46. 00 元

前 言

Preface

本书是在我博士论文的基础上修改而成，没有删减，增加了一些内容。博士论文的选题是非常重要的，选一个好的博士论文题目就如同找到一份好的工作，不会十分的艰辛就能得到不错的成果。因为有了这次公司资本制度的改革，就有了此书。起初我想写关于矿业权方面的论文，种种原因，中途搁浅。后来计划写关于期货方面的论文，付出了五个月的时间，已经开题了，还是放弃了，后来确定了这个题目。我十分同意有些学者的观点，博士论文应针对问题写，最好是理论问题，而不能像大部分博士论文一样写成教材，笼统地介绍，而不解决任何问题。本书的写作争取向这个方向努力。

我感觉，本书的题目还是有些窄，理论性也不强，写成硕士论文可以，写成博士论文还是没有充分发挥出博士论文的长处。

本书第一部分对主流观点提出了不同意见，如果能够成立，对公司法教材的修改是有帮助的；第六部分的统计分析可以为相关研究者提供参考；第八部分加速到期制度的构建有可能为以后公司法修改采纳；其他部分主要是提供一个思路，如果能够启发审判，也是好的。

本书写作过程中，发现有一些基本理论问题还是可以继续研究的，比如债权与请求权的关系、物权请求权与债权请求权的关系、民事责任的承担形式等，留待其他研究者探索。

书主要是给自己写的，此书是一个节点，对自己交待一下。

为方便读者，各章主要内容简述如下：

第一章对现行公司资本制进行类型界定。法定资本制、授权资本制、折中资本制是我国学者对公司资本制度的一种类型界定，有学者基于不同的视角将现行资本制界定为授权资本制或折中资本制，本书认为现行认缴资本制仍然是法定资本制。而且，本书进一步认为现在学界主流观点将公司资本制度分为法定资本制、授权资本制、折中资本制是错误的，正是基于这样的错误而导致争论不休。

第二章阐述请求权的基本概念，界定待缴股东的范围，待缴股东主要是指未届认缴期而未实缴的股东，与瑕疵出资股东有明显区别。分析债权人对待缴股东请求权的类别以及请求权的检索顺序，认为现行公司资本制度在一定程度上可能动摇公司承担独立责任的法理基础，债权人对股东存在请求权并不破坏公司的法人资格，而是有利于公司制度的健康发展，具有正当性。这部分对本书中的一些基本概念进行了阐述，正是在此部分的写作中，笔者发现我们平时使用的很多基本概念并不是没有争议，而是值得继续研究的。

第三章讨论债权人在法人人格否认制度下的请求权。在现行认缴资本制下，可能会出现股东认缴期长而又不实缴的情况，使公司实缴资本很少，为以资本显著不足为理由否认法人人格、追究股东责任提供了更多适用空间。在这种情况下，否认公司人格主要应以实缴资本进行判断。法人人格否认在传统大陆法系国家并不是一项独立的法律制度，但是由于上世纪九十年代我国学者产生了误解，而造成了法人人格否认在我国公司法中成了一项独立的法律制度。

第四章讨论债权人对股东的侵权请求权。从侵权责任的三个构成要件分析待缴股东的行为能否构成侵权行为。从主观上，股东应该能够认识到长期不实缴的行为会影响公司的经营能力、偿付能力，危害公司债权，主观上具有一定的过错；在股东长期不实缴导致公司无法开展经营、公司陷入经营困境等情况下，可以认为行为与结果之间具有相当因果关系，同时要结合其他因素；在民法理论中债权一般不能被列为侵权法的保护对象，但在我国司法实践中已经出现以《侵权责任法》追究股东侵害债权人债权责任的实例，这并未造成对公司股东的重大不利。国外也有类似案例。

第五章讨论其他请求权。包括代位权请求权、《公司法》第3条之下的请求权、《公司法司法解释三》第13条所规定的请求权。债权人代公司之位向股东主张权利，符合代位权制度保护债权人利益的立法目的，但在未届认缴期的情况下，此制度与本书所称的待缴状态并不契合，法定请求权的适用也存在诸多问题。《公司法司法解释三》第13条所规定的直接请求未届认缴期的待缴股东也存在一定问题，需要扩张解释，并举出实例论证以此条追究待缴股东责任。同时还存在其他的一些请求权基础，由于关联性较弱，本书未做进一步讨论。

第六章采用统计分析的方法，统计分析100件审判实例，分析在司法实践中当事人、法院经常使用的事实依据和法律依据以及与本书讨论的相关问题的实务运用情况。认为《公司法》第20条第3款已经成为揭开公司面纱案件中被普遍使用的请求权基础，侵权请求权思维发挥着重要作用。但侵权请求权尚未被作为独立的请求权基础使用，而是与其他的请求权基础结合使用，且样本中未反映出代位权请求权等其他请求权基础的适用。此部分还介绍了我国首例出资认缴制案例，证明司法实践中在公司出现经营困难、债权人利益受损的情况下，法院已经主动要求公司股东加速履行出资义务，由此证明加速到期制度的可行性、实操性。

第七章讨论请求权竞合情况下的诉讼行使。存在多个请求权在传统诉讼标的理论下会存在多个诉讼标的，在诉讼中有选优择一、竞合择一、混合择一、合一请求等方法，请求权竞合在诉讼中产生的问题，有赖于诉讼法和实体法的结合。司法实践中，在存在多个请求权基础的情况下，当事人可能会同时列明多个请求权基础，法院也可能会逐一审查。

第八章阐述了加速到期制度。我国《合同法》第167条、《破产法》第35条、《公司法司法解释二》第22条等部门法中涉及了债务人加速履行债务的制度，商业贷款合同中要求借款人加速履行债务的条款也十分常见。结合此次认缴资本制的特点，建议建立股东加速履行出资义务制度，由《公司法》明确规定法定事由，即在出现法定事由时，待缴股东的远期出资义务加速到期，由《公司法》在适用范围、适用条件、加速到期的数额等方面都进行规定。由《公司法》直接赋予公司债权人更直接的请求权基础会更便于公司债权人的救济，如果公司法不直接规定，法院很可能驳回债权人要求股东提前履行出资义务的请求。

苏继成

2017 年 10 月 8 日

目录
Contents

引 言

一、本书的选题及背景

2013年底，我国对2005年《公司法》的资本制度进行了大幅度修改，并于2014年3月正式实施。修改的主要内容为：一是基本采用认缴制。2013年之前，我国颁布过1993年《公司法》和2005年《公司法》，1993年《公司法》采用实缴制，即申请设立公司，要求股东必须一次性全部缴纳所有出资，对公司的设立规定了严格的条件；2005年《公司法》采用分期缴纳制，放宽了公司设立的要求，允许股东分期缴纳出资，要求了公司设立的现金出资比例。2013年《公司法》彻底修改了前两次《公司法》所确立的公司资本制度，基本采用了认缴制，但对股东的认缴期限和认缴数额均未做要求。二是原则上取消了法定最低资本限额。1993年《公司法》和2005年《公司法》均对最低注册资本限额做出了要求，特别是1993年《公司法》对最低注册资本的要求还比较高。2013对《公司法》的修改原则上取消最低资本要求，但法律、行政法规、国务院有特殊规定的除外，如金融机构、证券公司、基金管理公司、保险公司等。

对于此次公司资本制度改革，学界评价褒贬不一。

赞成者认为，此次公司资本制度改革降低了公司设立门槛，激发了投资热情，新公司资本制度实施后，企业数量和注册资本数量大幅度增长，促进了国内就业，进一步讲，具有简政放权的示范效果，促进了工商行政管理部门职能的转变，放宽了行政机关对企业的管制，是深入落实习李执政方针的重要举措。而且有数据显示：

第一，市场主体数量增长明显。自 2014 年 3 月 1 日至 5 月底，全国新登记企业 93 万户，同比增长 75%，增加注册资本 48 000亿元，同比增长 107%；内资企业新增 920 300 户，同比增长 76%，增加注册资本 46 万亿元，同比增长 113%。

第二，产业结构得到优化，民间资本热情较高。新设立的公司集中在第三产业，私营企业增加较高，为 88 万户，同比增长 79%，增加注册资本 37 800 亿元，同比增长 225%〔1〕。

各省捷报频传：

2014 年前三季度，江苏省共登记各类企业 217 700 万户，同比增长 26%。其中，私营企业 20 万户，注册资本 6000 亿元，同比分别增长 24%、47%。

2014 年第三季度，江苏省共登记各类企业 8 万户，同比增长 29 %，其中，私营企业 74 000 万户，注册资本 2471 亿元，同

〔1〕 刘玉亭："注册资本登记制度改革取得重要阶段性成果"，载中华人民共和国国家行政管理总局官网，http：//www. saic. gov. cn/zzjg/zjld/lyt/zyhd/201406/t20140616_146003. html，最后访问时间：2014 年 10 月 20 日。

比分别增长28%、81%。

自2014年3月1日工商登记制度改革以来至9月末，江苏省共登记各类企业约16 000户，同比增长25.63%，其中，私营企业占144 800户，注册资本5358.01亿元，分别同比增长24.02%、58.78%[1]。

2014年3月1日至2014年4月30日，内蒙古自治区新成立公司7.1439万家，同比增长27.02%。这一是促进了失业人员就业。新登记成立的公司直接吸纳劳动力342 031人，同比增长63%；二是促进了民营资本投资。新成立公司注册资本规模较大，达893亿元，同比增长1.37倍；三是发展了私营经济。新成立公司中，私营经济主体占70 865户，占新增总量的99.2%[2]。

2014年3月至9月，黑龙江省新增各类市场主体20余万户：私营企业2.9万户，同比增长44%；内资企业3705户，同比增长56%；外资企业130户、个体工商户1.6万户。新成立经济体吸引劳动力超过百万[3]。

批评者认为，这是一次"抽风式"改革，"是由强势的地方

---

〔1〕"前三季度我省市场主体新登记数量同比增长25.13%"，载江苏工商局官网，http://www.jsgsj.gov.cn/baweb/show/sj/bawebFile/1149693.html，最后访问时间：2014年10月20日。

〔2〕"改革创新不畏难 两个效益惠民生 内蒙古注册资本登记制度改革成效显著"，载中华人民共和国国家行政管理总局官网，http://www.saic.gov.cn/gsld/gztt/xxb/201406/t20140610_145860.html，最后访问时间：2014年10月20日。

〔3〕"改革进行时：黑龙江新登记企业呈井喷式增长"，载中华人民共和国国家行政管理总局官网：http://www.saic.gov.cn/ywdt/ztbd/zczbdjzdgg/zxdt_03/201410/t20141017_149141.html，最后访问时间：2014年10月20日。

行政机关打制度擦边球，从公司登记切入，先斩后奏《公司法》，逼使全国人大常委会吃改革冷饭，与重庆的唱红打黑异曲同工”。[1]

具体表现为：其一，有的投资者曲解政策本意，仅仅是为了听上去好听或者招投标项目需要等，盲目投资设立与自身出资能力不相符的千万元公司、亿元公司[2]，到了履行期限无法履行或虚假履行。有人注册成立 170 亿元的公司[3]，按照这种做法，中国再出现 10 亿个马云恐怕也没有问题，只要认缴 1 万亿，认缴期 100 年的公司即可，瞬间实现大跃进时期赶英超美的目标。其二，有的投资者故意设立认缴期限较长的公司。有的投资者年龄已经 60 岁了，但认缴出资期限设定为 50 年，超出了正常人的寿命，工商局登记工作人员感觉不妥，想要驳回，又于法无据[4]。其三，注册资本实际到位率低。四川省反映，3 月份

---

〔1〕 甘培忠：“论公司资本制度颠覆性改革的环境与逻辑缺陷补救及制度补救”，载《第三届公司法司法适用高端论坛论文集》。

〔2〕 “新政满月新增市场主体 7.4 万户，环比增长 115%——浙江注册资本登记制度改革激发创业热情”，载中华人民共和国国家行政管理总局官网，http://www.saic.gov.cn/ywdt/gsyw/dfdt/xxb/201404/t20140418_144043.html，最后访问时间：2014 年 10 月 20 日。

〔3〕 “女子注册公司惊动国家工商总局 注册资本 170 亿”，载腾讯网，http://xian.qq.com/a/20140814/029958.htm，最后访问时间：2014 年 12 月 5 日。该公司申请设立时工商登记机关曾进行劝阻，又于法无据，省局注册分局副局长回访调查组赶到铜川，对铜川四五共社产业有限公司的登记情况和经营情况进行了回访调查，与投资人进行了座谈，意图再行劝阻，还是没有明确的法律依据。这都表明立法问题造成的执法尴尬。

〔4〕 “繁荣背后有隐忧 行业发展须引领——对广告企业实施注册资本登记制度改革的思考”，载中华人民共和国国家行政管理总局官网，http://www.saic.gov.cn/gsld/gztt/xxb/201406/t20140610_145860.html，最后访问时间：2014 年 10 月 20 日。

6883 户公司设立时注册资本为 0，占新设公司总数的 53%，有 11 户一元公司。江苏省南通市反映，新设立的公司 98% 以上是零首付[1]。

二、文献综述

据笔者查阅，目前尚无专著、学位论文、期刊文章专门讨论现行公司资本制度下债权人对股东的请求权。

以“认缴制下公司债权人对待缴股东的请求权研究”为题目在中国知网期刊库、硕博士论文库、文献库搜索到相关论文 0 篇。

以“债权人对股东的请求权”为题目在中国知网期刊库搜索到论文 0 篇；在硕博士论文库搜索到论文 0 篇；在文献库搜索到论文 1 篇，为中国政法大学王涌教授所写的《公司债权人对未实缴出资股东的请求权》。

以“债权人对股东的请求权”为主题在中国知网文献库搜索到含有类似主题的文章 115 篇；期刊数据库搜索到论文 35 篇；硕博士论文 71 篇。这些文章讨论的问题大致可以分为：其一，关于股东权利的问题。涉及股东的查阅权、要求解散权、股利分配请求权、回购请求权等；其二，关于债权人保护问题。上述文献均与本书不直接相关。

以“法人人格否认”“代位权”“侵权请求权”“法定请求权”“请求权竞合”等关键词检索，可得到大量论文，但均与本

[1] “注册资本登记制度改革实施满月成效初显：一些新情况新问题亟待重视解决”，参见国务院办公厅秘书一局：(2014 年 4 月 4 日)。

文不直接相关。

关于请求权的基本理论问题，魏振瀛、王泽鉴、杨立新、王利明、史尚宽等专家和学者都有专著或论文专门论述，研究的主要内容集中在请求权的概念、内容、分类、作用、历史发展等基本理论方面。

关于债权人对股东的请求权，主要是依据《公司法司法解释三》所规定的债权人对未履行或未适当履行出资义务股东的请求权和法人人格否认制度下债权人对股东的请求权，这两类请求权主要是在以前《公司法》的框架下讨论，尚没有论文专门讨论其在现行资本制度下的适用问题。如上文材料显示，在现行公司资本制度下，可能会出现两种公司：一种是一元公司，也就是注册资本较低的公司（以下简称小资本公司），这种公司的认缴期限不会太长，因为没有必要；另一种是认缴期限畸长的公司，又可以分为两种情况：一种是认缴数额仍在正常范围内的公司，只是认缴期畸长；另一种是认缴的数额畸高（以下简称高资本公司），一般认缴数额畸高的，认缴期限都会畸长。这三种情况，表面上看，都是合法的，《公司法》均没有对这三种情况作出禁止性的规定，工商行政管理部门也没有理由拒绝设立申请。上文的材料中已经出现了这种公司，这类公司的出现，对市场秩序却形成潜在的威胁，如果债权人利益受到这类公司的侵害，只能自认倒霉，没有救济途径，但这显然将违背立法的本意。

针对法人人格否认制度、目前已有多位学者发表专著、论文阐述，如朱慈蕴著《公司法人格否认法理研究》，沈四宝著《揭开公司面纱法律原则与典型案例选评》，刘俊海“揭开公司面纱制度应用于司法实践的若干问题研究”，石少侠“公司人格否认制度的司法适用”，南振兴、郭登科“论法人人格否认制度”等。讨论的问题集中在法人人格否认制度适用的具体类别、判断标准、法律后果等，且是在原公司资本制度下进行的讨论，比如资本显著不足、人格混同、过度控制等，没有专门讨论怎样在现行资本制度下如何判断、可否适用法人人格否认制度。

已有多位学者发表专著、文章讨论侵权请求权，王利明、房绍坤、张新宝等学者都曾阐述过。讨论集中在侵权行为的构成要件，过错、违法性、因果关系、损害后果的认定和区分。讨论解决的主要是侵权行为的一般原理问题，还没有文章专门讨论债权人能否向股东主张侵权请求权。实践中确实也很少见到债权人主张侵权请求权，即使债权人依据《侵权责任法》，也是与其他的请求权基础结合使用，提出的请求不是单纯的侵权请求权。在英国公司法的研究中，提到如果股东认而不缴，这可能构成欺诈，从而向债权人承担侵权责任。德国公司法研究中也提到存在债权人向公司股东主张侵权请求权的情况。

代位权是《合同法》中一个基本理论问题。崔建元、韩世远、李永军教授等学者在著作和论文中已经深入讨论过代位权的问题，关注的焦点有代位权的概念、特征、适用条件、法律后果等。新公司资本制度实施后，如果股东认缴期限较长，此时债权人能否像公司股东主张代位权请求权，这方面还没有人做专门论述。

三、研究方法

本书采用比较的法律方法。比较的研究方法作为一种传统的法学方法，为学者所广泛使用。这样的比较对于全面认识事物具有十分重要的意义，考察不同国家债权人对股东的请求权的实例应用，可以为我国法律规范的使用提供参考。因此，对不同国家立法、司法实例的比较贯穿全书。

本书采用案例分析法。本书在有关现行资本制度下债权人对股东的请求权的分析中适当地引入了部分案例，有一些是比较典型的案例，有一些是近年发生的案例，这些案例来自于不同国家的审判实践，意在说明在其他国家大量存在债权人直接以民法等请求权基础追究股东责任的案例。我国也存在类似的立法，应用于相似的事实，应可成立。在进行案例分析的同时，加入法理分析，对案例当中涉及的理论问题结合案件具体内容进行分析，进一步说明案例当中具体运用请求权基础的使用情况。由于我国现行认缴公司资本制度实行的时间还不长，实践当中债权人直接追索待缴股东责任的案例还十分少见，笔者只发现了一例，因此，笔者将结合案例和其他类似案例论证。

四、写作目的

本书希望通过研究发现，在出现股东利用现行认缴资本制度长期不缴纳出资损害债权人利益的情况下，为债权人寻找到请求权基础，初步构建新的请求权基础。

本书立足讨论在现行公司资本制度下债权人如何行使请求权。在传统民法、合同法、侵权法中能否找到请求权基础来维护债权人的权益？法人人格否认请求权能否成立？由于取消最低资本限额，以资本显著不足否认法人人格是否还有可能？资本显著不足又应如何判断？故意认缴较高注册资本是否可以构成欺诈？债权人是否可以主张侵权请求权？有无直接法定请求权？损害债权人利益可能触发现行法律体系中的多个请求权，如何处理竞合问题？本书的目的不是解决在现行资本制度下，一定可以主张法人人格否认请求权，或者主张侵权请求权，或者代位请求权这些问题，而是在于分析在什么情况下可以主张何种请求权，请求权能否成立、如何成立？如果能够成立，如何行使也是一个重要问题。在同一案件中，如果存在多个请求权，比如既有法人人格否认请求权，又有代位请求权，则应如何处理请求权竞合的问题？是由立法做出强制性的规定，还是鼓励债权人将多种请求权基础混合起来起诉，这又涉及与新颁布的《最高人民法院关于适用民事诉讼法的解释》相衔接的问题。

在分析现有请求权基础的适用情况之后，笔者初步地提出了构建股东加速履行出资义务的制度，就是在股东认缴的出资期限还没有届满的情况下，由法律规定一定的条件，当满足这些条件时，即使股东的认缴期没有届满，公司债权人仍然可以要求特定的股东履行出资义务，赔偿公司债权人的损失，将股东的期限利益予以忽视。这一制度的建立并不违反公司资本制度改革的目的，也不增加投资人设立公司的门槛，不提高投资人设立公司的成本，投资人仍然可以踊跃、便捷地投资设立公司，但如果投资人意图利用认缴资本制损害债权人利益，加速到期制度就可以发挥作用。当然，这不是完全忽视股东的期限利益，否则将与公司资本制度改革的目的背道而驰，而是由法律明确规定在一定的条件下，股东的出资义务加速到期，债权人向股东主张履行出资义务，是对现行认缴资本制度缺点的弥补。加速到期制度在《破产法》第35条、《合同法》第167条等很多部门法中已有体现，且已经有学者有所论及，但加速到期制度能否运用到认缴资本制度下，应用于待缴股东；在加速到期的情况下，应当如何平衡股东、公司、公司债权人三者之间的关系，如何平衡债权人之间的利益，笔者将作出初步探讨。

以上都是本书试图探讨的问题。

五、意义及创新点

第一，正确地界定了现行公司资本制度的类型。公司资本制度改革后，很多人认为现行公司资本制属于授权资本制、折中资本制或必将走向授权资本制。本书经过分析认为，现行资本制仍属于法定资本制，但学界对法定资本制和授权资本制的定义和相互关系的界定存在问题。现行资本制属于比较宽松的法定资本制。在这种资本制下，大大放宽股东的出资义务，股东出资长期处于待缴状态为《公司法》所允许，所以有必要讨论在现行资本制度框架内债权人如何向股东主张请求权。

第二，针对很多人认为取消最低资本制以后，法人人格否认制度就要被束之高阁的观点提出批判，本书认为，法人人格否认制度在取消最低资本制的环境下不但仍有适用空间，而且适用的可能性得到大大提高，取消最低资本限额不等于允许股东随意设立低资本公司，对认缴期限不做强制性要求不等于股东可以随意不缴出资。

第三，认为民法、侵权法理论也可用于债权人向股东主张权利，这种提法在现有的著作中还比较少见。本书从侵权行为构成要件的角度分析了股东不实缴出资的行为可以构成侵权行为，公司只是其用以实施侵权行为的工具，股东应承担侵权责任，国外早已有类似的判例。

第四，对目前讨论较多的代位权和法定债务请求权进行分析，指出其不足；提出扩张解释适用《公司法司法解释三》第13条。

第五，初步构建加速到期制度。

六、缺点与不足

第一，本书是在现行法律框架内展开讨论，运用现有理论解决问题，对制度改进贡献有限。

第二，现行资本制度在其他国家很少见，所以讨论在现行资本制度下的请求权的外文资料参考较少，欠缺比较法分析。

第三，本书选题较新，尚无论文专门可供借鉴，从无到有展开研究，深度有限。

第四，对加速到期制度的构建还比较初步，对于实践中可能发生情况的估计有所欠缺。

第一章　现行认缴资本制的类型界定

公司资本制度改革之后，基本采用了认缴资本制，对于现行认缴资本制应如何进行类型界定，分歧较大，有学者认为属于法定资本制，有学者认为属于授权资本制，也有学者认为属于折中资本制，因此，正确地界定现行资本制是必要的。本部分讨论现行公司资本制度的类型界定问题，即现行公司资本制度到底是法定资本制、授权资本制，还是折中资本制？法定资本制、授权资本制、折中资本制的区分标准是什么？三者的分类是国际通用的分类，还是我国独有的认识方法？

第一节　法定、授权资本制的概念分析

一、法定资本制

一般认为，法定资本制是一种被大陆法系国家所普遍采用的

公司资本制度，最早产生于法、德，是“法、德为首的大陆法系国家率先采用的法定资本制”。[1] 这种说法为我国许多学者采纳，许多欧洲学者也持此看法[2]，也有学者认为，“英国也当之无愧地成为最早推行法定资本制的国家”。[3] 我国很多公司法学者均对法定资本制的概念进行了探析：

“法定资本制，又称确定资本制或实缴资本制，是指公司在设立时，必须在公司章程中明确记载公司资本总额，由股东全部认足并实缴的一种公司资本制度。”[4]

“在我国，确定资本制又被称为法定资本制，要求公司具有确定的资本总额，而且要求公司资本在公司成立前必须全部认缴或实缴。”[5]

“所谓法定资本制，又称确定资本制，是指公司在成立时必须在章程中对公司的资本总额作出明确的规定，并要求股东全部认足，否则公司不能成立。”[6]

---

〔1〕 冯果：《公司法要论》，武汉大学出版社 2003 年版，第 93 页。也有学者认为其产生在法国，见范健、王建文：《公司法》，法律出版社 2015 年版，第 236 页。

〔2〕［挪威］马德斯·安登斯、［英］弗兰克·伍尔德里奇：《欧洲比较公司法》，汪丽丽、汪晨、胡曦彦译，法律出版社 2014 年版，第 37 页。Shmitthoff 认为，第二指令结合了国内公司法的最佳特性，该法律文件中的某些规定，尤其是那些涉及最低认缴股本、公众公司和私人公司之间区别……明显来自于德国和其他民法法系国家。

〔3〕 蒋大兴：“法定资本制（最低资本制）过严了吗？——公司资本制的合约经济与文化基础”，载《第三届公司法司法适用高端论坛论文集》。

〔4〕 范健、王建文：《公司法》，法律出版社 2015 年版，第 236 页。

〔5〕 黄辉：《现代公司法比较研究——国际经验及对中国的启示》，清华大学出版社 2011 年版，第 74 页。

〔6〕 冯果：《公司法要论》，武汉大学出版社 2003 年版，第 20 页。

“法定资本制是公司资本的一次性形成方式。它是指在公司设立时，必须在章程中对公司的资本总额作出明确规定，并且必须由股东一次全部认足而不得分期认购，否则公司就不能成立的制度。”〔1〕

“大陆法系国家一般采用法定资本制，法定资本制源于公司资本三原则中的资本确定原则……因此，资本确定原则被有些学者称为法定资本制。”〔2〕

“法定资本制也称确定资本制或实缴资本制，是指公司成立时，发起人按照章程中规定的数额缴足或募足资本后公司才能成立的一种资本制度。”〔3〕“法定资本制又称确定资本制，是指在公司成立时，章程中必须对公司的资本总额作出明确具体的规定，由股东全部认足，否则公司不能成立。”〔4〕

我国学者对法定资本制的认识具有以下特点：其一，通过以上列举可知，我国对法定资本制的认识基本已经达成了共识，除了文字表述略有不同，核心内涵是一样的。其二，将法定资本制度界定为资本形成制度，基本不涉及资本的维持和退出。但是，有学者指出，公司的资本制度是一个整体，不应割裂来看，即资

〔1〕 彭真军：“公司资本形成制度研究”，载《广东商学院学报》1999 年第 3 期。

〔2〕 赵万一、刘东平：“关于完善我国公司资本制度的法经济学分析”，载《淮阴师范学院学报（哲学社会科学版）》2004 年第 6 期。

〔3〕 叶林、王世华：“公司法定资本制的检讨”，载《法律适用》2005 年第 3 期。

〔4〕 石少侠：“公司资本制度研究”，载《吉林大学社会科学学报》1998 年第 3 期。

本制度“是指公司资本的形成、维持、退出等方面的制度安排。”[1] 其三，我国学者将资本确定、资本维持、资本不变作为公司法的三大基本原则，从法定资本制的概念来看，法定资本制针对的是资本确定原则，没有包括资本维持和资本不变原则。其四，我国学者将法定资本制、授权资本制、折中资本制作为并列的、相互独立的资本原则，各自形成体系，认为“经过长期的实践，迄今为止西方国家已经确认了相对独立的三种资本制度”[2]。

二、授权资本制

我国很多学者认为授权资本制来自于英美法系，是英国和美国绝大多数州采用的一种公司资本制度：

“授权资本制，是指公司在设立时将公司资本总额记载于公司章程，但不必将资本总额全部发行，具体发行比例与数额法律也不予严格限制，未认购部分，由董事会在公司成立后随时一次或分次发行或募集的一种公司资本制度。”[3]

“授权资本制，是指在公司成立时，公司章程中也记载资本总额，但并不强制发起人全部发行，只需认购或缴付一部分，公司就可以成立；未发行部分，董事会获得授权，根据公司经营需要，随时发行新股募集。”[4]

---

〔1〕 傅穹：《重思公司资本制原理》，法律出版社2004年版，第2页。

〔2〕 石少侠：“公司资本制度研究”，载《吉林大学社会科学学报》1993年第3期。

〔3〕 范健、王建文：《公司法》，法律出版社2011年4月第3版。

〔4〕 冯果：《公司法要论》，武汉大学出版社2003年版，第95页。

“授权资本制，是公司资本的分期形成方式。它是指公司成立时，公司章程中也需记载资本总额，但不需全部发行，只需发行一部分，公司即可成立。其余部分，授权董事会在公司成立后，根据需要随时发行募集。”〔1〕

“授权资本制是指在公司成立时，资本总额亦记载于公司章程，但并不要求发起人全部认足，只认定并缴付资本总额中的一部分，公司即可成立，未认定部分，授权董事会根据需要，随时发行新股募集。”〔2〕

“授权资本制，是在公司设立时，资本总额虽亦应记载于公司章程，但并不要求发起人全部认足，只认足并缴付资本总额中的一部分，公司即可成立，未认定部分，授权董事会根据需要随时发行新股募集之。此为英美法所创设。”〔3〕

“是指在公司设立时，必须在公司章程中确定资本总额，股东只认足一定比例的资本或章程中所规定的最低限额，公司就可以成立；未认足的资本，授权董事会根据公司营业需要和市场情况随时发行新股。”〔4〕

日本学者也认为，“授权资本制，是指在公司章程中规定将来预定发行的股票的数量（可以发行的股票总数），在其授权范

---

〔1〕 彭真军：“公司资本形成制度研究”，载《广东商学院学报》1999 年第 3 期。

〔2〕 赵万一、刘东平：“关于完善我国公司资本制度的法经济学分析”，载《淮阴师范学院学报（哲学社会科学版）》2004 年第 6 期。

〔3〕 石少侠：“公司资本制度研究”，载《吉林大学社会科学学报》1993 年第 3 期。

〔4〕 施天涛：《公司法论》，法律出版社 2014 年版，第 172 页。

围之内，公司可以根据董事会决议发行股票。”[1]

我国学者对授权资本制的看法具有如下特点：其一，与法定资本制相对应，也是一种基于资本形成阶段的制度；其二，将授权资本制同法定资本制作为各自独立的公司资本制度，似乎如果采用了授权资本制，就等于放弃、否定了法定资本制；其三，认为大陆法系国家大多采用法定资本制，英美法系国家大多采用授权资本制；其四，有些学者认为采用授权制的国家，注册资本即是授权资本；其五，我国学者认为授权资本制虽然不需要股东全部认购、缴纳股份，但仍然要认购、缴纳一部分股份才能成立。这与英美国家学者的认识和实践是不同的，美国学者指出，虽然有很多公司的董事会获得了授权，但也许直到公司解散，董事会都不会发行股份。

三、授权资本制和法定资本制的区分标准

一个完整的公司资本制度应该由一系列相关的概念组成相互联系、相互影响的概念之网[2]，独立于其他的资本制度。如果授权资本制是一种独于法定资本制的资本制度，其必然存在自己的概念体系，以区别于法定资本制，法定资本制和授权资本制就应该有明确的区分标准。

（一）最低注册资本

最低注册资本制是指公司在设立时，法律所要求的股东实缴

〔1〕［日］神田秀树：《公司法的理念》，朱大明译，法律出版社 2013 年版，第 120 页。

〔2〕傅穹：《重思公司资本制原理》，法律出版社 2004 年版，第 40 页。

或认缴的最低资本限额。最低注册资本对于资本的确定具有十分重要的作用，所以有很多学者认为最低注册资本制是法定资本制的独有或固有成分[1]，甚至将法定资本制和最低资本制合称。有资料显示，几十年前，美国各州对最低资本的要求是普遍存在的，法律禁止公司在收到法定最低资本之前营业。各州最低资本的数额并不相同，最普遍的数额是1000美元，也有一些州规定500美元或者其他数额，或者将授权资本的一定比例作为最低资本要求。不过目前已经很少有州规定最低资本限额[2]。由于我国学界普遍认为美国采用的是授权资本制，而不是法定资本制，所以有很多人认为最低资本制应专属于法定资本制。我国1993年《公司法》、2005年《公司法》均规定了最低注册资本限额，欧洲很多国家也对法定最低资本制作出了要求，如：

比利时规定设立股份公司应当认购的最低股本是61 500欧元（比利时《公司法》第439～448条）。

法国规定设立股份公司要求的注册资本至少为37 000欧元，如果设立的公司公开发行股份，最低股本数额必须是225 000欧元，特殊行业另作要求（《法国商法典》第L224～2条）。

德国规定设立股份公司的最低注册资本是50 000欧元（《德国股份公司法》第7条）。

荷兰规定设立股份公司的最低股本为45 000欧元（荷兰民

〔1〕 黄辉：《现代公司法比较研究——国际经验及对中国的启示》，清华大学出版社2011年版，第77页。

〔2〕［美］罗伯特·汉密尔顿：《美国公司法》，齐东祥等译，法律出版社2008年版，第67页。

法典第2编第67条第2款）。

波兰规定设立公众公司的最低股本是23 000欧元（波兰《商事公司法》第308条）。

西班牙规定设立股份公司的最低股本是61 102欧元（西班牙《股份公司法》第4条）。

英国规定设立股份公司的最低资本为50 000英镑（英国2006年《公司法》第763条第1款）。

被视为大陆法系法定资本制集大成者[1]的欧盟《第2号公司法指令》也规定，为使公司得以设立或开业，成员国法律应当规定最低资本数额，最低资本数额不得低于25 000欧元货币单位[2]。

在有限责任公司的注册资本方面，由于欧盟《第2号公司法指令》只适用于公众公司而不适用于有限责任公司，所以欧洲各国的立法不同，各国公司的种类、形式、关于公司注册资本的要求也不尽相同，不能一概而论。

英国采用自由主义，设立有限责任公司没有最低注册资本的要求；法国于2003年废除了关于最低注册资本的要求。

德国规定一种适用于创业者需求的有限责任公司——创业公司（UG）不要求最低注册资本，而普通的有限责任公司（GMBH）则要求25 000欧元的最低资本（《德国有限责任公司法》

〔1〕李莘："欧盟公司资本制度的改革及其对我国的启示"，载《河北法学》2007年第9期，第146页。

〔2〕［荷］阿德里安·德瑞斯丹等：《欧洲公司法》，费煊译，法律出版社2013年版，第159页。

第7条第2款）。

比利时规定设立私人有限公司的最低注册资本是18 550欧元，其中1/3应当在设立时实缴，货币出资要求缴足20%，实物出资必须全部实缴，由一个股东设立的私人公司应实缴的最低注册资本额是12 400欧元。

荷兰规定设立私人公司的最低资本额为18 000欧元（《荷兰民法典》第2编第178条第2款和2000年7月22日的皇家法令），公司设立时应实缴至少票面价值的25%（《荷兰民法典》第2编第191条）。

波兰规定设立私人公司的最低注册资本为1100欧元，且必须全部实缴（《波兰商事公司法》第154条第1、2款，第163条之2）。

西班牙规定设立有限责任公司的最低注册资本是3005欧元，必须实缴（《西班牙有限责任公司法》第4条）[1]。

另外，据有些学者考证，瑞士、瑞典、奥地利、卢森堡、丹麦、爱尔兰、葡萄牙、日本等国的有限责任公司和股份有限责任公司均有对公司最低注册资本的要求[2]。

以上所列立法例中，既有被认为采用法定资本制的国家，也有采用所谓授权资本制的国家，如果以是否采用最低资本制作为区分法定资本制和授权资本制的标准，那么，以上国家恐怕均要

〔1〕［荷］阿德里安·德瑞斯丹等：《欧洲公司法》，费煊译，法律出版社2013年版，第169～170页。

〔2〕赵旭东等：《公司资本制度改革研究》，法律出版社2004年版，第63～64页。

被列为采用法定资本制的国家，这显然和我国学术界大多数学者的认识不符，因为至少英国是被划为授权资本制的国家。但如上所列，英国公司法也要求了最低资本额。或许能够得出这样的结论，实行法定资本制的国家一般有最低资本的要求或要求较严，实行授权资本制的国家没有最低资本的要求或要求比较宽松[1]。但不论如何，最低注册资本不能成为区分授权资本制和法定资本制的标准。

从逻辑上看，最低注册资本制应该是法定资本制的组成部分，因为法定资本制要求公司设立时公司的注册资本为确定的数额，以此为刚成立的公司提供经营资金和为债权人提供一定的保障。最低资本制的主要目的也在于这两点。如果没有最低注册资本的要求，公司成立时注册资本即使是确定的但过低，那么确定的注册资本也就没有意义。但如果认为最低资本制是法定资本制所独有，也不能排除所有反例。完全有这样的可能，在同一立法中，既存在最低资本要求，又存在授权制。最低注册资本也不是法定资本制的必有部分，虽然也确实有些国家要求资本确定，但并不要求最低注册资本，或者要求的最低注册资本较少，比如我国现行《公司法》就对公司最低注册资本未做要求，2005 年《公司法》规定设立有限责任公司只要求达到 3 万元注册资本即可。这样的立法例固然可以被称为确定资本制，但如此之低的注册资本除了能支付公司成立初期的营业费用，很难说能为公司债权人提供什么保障，失去了最低资本制的法定资本制已经放弃了

〔1〕 赵旭东等:《公司资本制度改革研究》，法律出版社 2004 年版，第 65 页。

它主要的功能之一。因此可以说，最低注册资本制是法定资本制的应有部分而非独有部分。

（二）授权制

授权资本制因董事会或其他管理机构获得发行股份的授权而得名，在很多国家的立法中均存在授权董事会发行股份的规定：

欧盟资本指令允许授权董事会发行股份，并要求在公司设立文件或章程中载明："公司无授权资本的，实际认购的资本数额；公司有授权资本的，授权资本的数额；和公司设立时以及授权资本数额变动时，实际认购的资本数额。"〔1〕

荷兰公司法规定，公司中可以存在经授权的、待发行的最低资本金额，公众公司为4.5万欧元，私人公司为1.8万欧元。

法国规定公司设立时，法律不允许董事会有发行股份的权力，但是法律允许特别股东大会向董事会授权，董事会可以因此获得决定增资的权力（董事会可以行使权力的最长期限不得超过26个月，并对董事会可以决定发行股份的最大数额做出限制）〔2〕，而且董事会可以将获得的授权继续授权给经营董事。

德国允许股东大会授权管理委员会在不超过5年的期间内将股份资本增加到某一特定数额，此数额不得超过授权之日公司股份资本总额的一半［德国《私人有限责任公司法》第202条

〔1〕［荷］阿德里安·德瑞斯丹等著：《欧洲公司法》，费煊译，法律出版社2013年版，第151页。

〔2〕［挪威］马德斯·安登斯、［英］弗兰克·伍尔德里奇：《欧洲比较公司法》，汪丽丽、汪晨、胡曦彦译，法律出版社2014年版，第174页。

(1)、(2)][1]。

意大利法律允许在某些特定情况下，法院也可以赋予公司增资或减资的决定权[2]。

比利时规定董事可以在经授权的资本限额内决定增资[3]。

荷兰规定在一般情况下，不管是私人公司还是公众公司，发行新股需要经过股东大会决议通过，但是这一权力也可以授权给另一机构；在公众公司中，授权给董事会或监事会的期限不得超过5年，可以延期，授权一旦做出，除非章程另有规定，不得随意撤销。而私人公司的授权性规定限制更少[4]。

以上立法例说明：

第一，许多大陆法系国家对授权资本制已经逐渐采取了比较宽松的态度，包括被认为是采用法定资本制的欧盟《资本指令》，以及其他许多国家的立法都允许授权资本制的存在。

第二，对授权资本制的运用比较灵活，一般和最低资本制等规则结合使用。比如，这些国家大多规定了最低资本制，要求股东在公司设立时认缴或实缴一定数额的股份，以形成确定资本，但在增发新股时，允许经过授权的董事会或其他管理机构决定增发新股。

---

〔1〕［挪威］马德斯·安登斯、［英］弗兰克·伍尔德里奇：《欧洲比较公司法》，汪丽丽、汪晨、胡曦彦译，法律出版社2014年版，第181页。

〔2〕［挪威］马德斯·安登斯、［英］弗兰克·伍尔德里奇：《欧洲比较公司法》，汪丽丽、汪晨、胡曦彦译，法律出版社2014年版，第186页。

〔3〕［挪威］马德斯·安登斯、［英］弗兰克·伍尔德里奇：《欧洲比较公司法》，汪丽丽、汪晨、胡曦彦译，法律出版社2014年版，第195页。

〔4〕［挪威］马德斯·安登斯、［英］弗兰克·伍尔德里奇：《欧洲比较公司法》，汪丽丽、汪晨、胡曦彦译，法律出版社2014年版，第198页。

第三，对董事会行使发行新股的权利进行限制，比如，行使授权的期限、额度等。

第四，有人认为，“授权资本制的核心在于允许通过公司章程授权董事会决定何时发行新股。”[1] 以上立法例说明，董事会是否获得发行新股的授权不能成为判断是否采用授权资本制的标准，很多被认为采用法定资本制的国家也存在授权制。

（三）分期缴纳制度

有人认为，采取分期缴纳制就是采用授权资本制[2]，“在法定资本制下，董事会不能获得授权发行股份，股东也不能分期缴纳股份”，“作为法定资本制本质特性的一次性发行、实际缴纳，仍属于法定资本制的特质，背离了该特征，也就意味着背离了法定资本制。”[3] 这种观点也许认识到授权资本制确实因为分次发行而存在分期缴纳，所以认为分期缴纳制是授权资本制独有的特点，并因此认为外商投资企业所采取的分期缴纳制就是授权资本制。这种观点的错误也是明显的：其一，采用分期缴纳制发行股份未必就存在对董事会的授权，分期缴纳制的产生、完成可能是基于法律的规定，也可能是基于股东会、股东大会的决定，与董事会是否获得授权无必然关系；其二，从实证的角度看，不管是采取法定资本制还是采取所谓的授权资本制的国家，均有分期缴纳的立法例，欧盟几乎所有的成员国都允许分期缴纳股份。我国

〔1〕 彭冰：“股东分期缴纳出资制度研究”，载《金融法苑》2005 年第 4 期。

〔2〕 彭冰：“股东分期缴纳出资制度研究”，载《金融法苑》2005 年第 4 期。

〔3〕 王建文：“论公司资本制度演变的内在逻辑与制度回应”，载《第三届公司法司法适用高端论坛论文集》2014 年 5 月，第 12 页。

2005年《公司法》被认为仍然是采取法定资本制，也同样采用了分期缴纳制度[1]，因此，可以认为分期缴纳制度是一种比较宽松的法定资本制，但不能认为其专属于授权资本制[2]。

（四）分次发行

有人认为，授权资本制的特征在于分次发行[3]，如果认为分次发行是授权资本制在某些实际运用中表现出的特点或许有些道理，因为在授权资本制立法环境下的公司，公司有可能表现为分次发行股份。但如果认为分次发行是是否采用授权制的判断标准，是授权制所专有，也缺少足够的说服力，因为授权制中虽然存在对董事会的授权，却不意味着董事会一定会行使这项权利，有些公司从成立到终止，董事会从未行使过授权发行股份的权利，所以也就谈不上分次发行。而且在实行授权制的国家中，注

---

〔1〕 2005年《公司法》第26条　有限责任公司的注册资本为在公司登记机关登记的全体股东认缴的出资额。公司全体股东的首次出资额不得低于注册资本的20%，也不得低于法定的注册资本最低限额，其余部分由股东自公司成立之日起两年内缴足；其中，投资公司可以在五年内缴足。有限责任公司注册资本的最低限额为人民币3万元。法律、行政法规对有限责任公司注册资本的最低限额有较高规定的，从其规定。

第81条：股份有限公司采取发起设立方式设立的，注册资本为在公司登记机关登记的全体发起人认购的股本总额。公司全体发起人的首次出资额不得低于注册资本的20%，其余部分由发起人自公司成立之日起两年内缴足；其中，投资公司可以在五年内缴足。在缴足前，不得向他人募集股份。股份有限公司采取募集方式设立的，注册资本为在公司登记机关登记的实收股本总额。股份有限公司注册资本的最低限额为人民币500万元。法律、行政法规对股份有限公司注册资本的最低限额有较高规定的，从其规定。

〔2〕 傅穹：《重思公司资本制原理》，法律出版社2004年版，第62页。

〔3〕 傅穹：《重思公司资本制原理》，法律出版社2004年版，第67页；彭冰："股东分期缴纳出资制度研究"，载《金融法苑》2005年第4期。

册资本对应的是已发行的股本，而不是授权资本[1]，所以对于那些公司来说，董事会行使授权发行新股在本质上是一种增资行为；而在实行法定资本制的国家也同样存在增资情况，如果说增资是一种分次发行，那么实行法定资本制的国家也同样存在分次发行，可见，分次发行并非授权资本制独有的特征。

（五）发行股本（issued capital）

发行股本是指公司发行在外的股本，其总额度是股份的票面价格与累计发行股份的数额之积[2]。发行的股份可以分为实缴部分（paid up capital）和未缴部分（unpaid capital），发行股本就是一个公司实际发行的股本，组成了公司的注册资本（registered capital）。可以用下面的公式表达以上资本概念之间的关系：授权资本 = 发行资本 + 未发行资本，发行资本 = 已缴资本 + 未缴资本。目前并无根据表明发行资本的概念最早产生于授权资本制，采用法定资本制的国家同样存在发行资本的概念。在采用法定资本制的国家中，注册资本同样可以分为实缴部分和未缴部分，其内涵和所包括的范围与发行资本并无实质区别，比如，我国 2005 年《公司法》被认为采用的是法定资本制，公司的资本完全可以分为实缴部分和认缴部分。所以不应认为发行资本是授权资本制中的专有概念。

（六）催缴股本、实缴股本

实缴股本是实际已经缴纳的股本；催缴股本是已经认缴但未实际缴纳，经公司催缴的股本。催缴、实缴的发生并不像有些学

〔1〕 傅穹：《重思公司资本制原理》，法律出版社 2004 年版，第 67 页。
〔2〕 傅穹：《重思公司资本制原理》，法律出版社 2004 年版，第 52 页。

者认为的那样与授权资本制有必然的关系，而是在认缴制下产生的概念。在法定资本制度下，如果允许认缴股份，就可能产生实缴股份和催缴股份；如果不允许认缴股份，就不会产生实缴股份和催缴股份。有学者认为，在授权资本制下，发行股本、实缴股本、催缴股本也主要是作为一种财务概念以方便使用，在实践中，股份被催缴的情况十分罕见，发行的股份一般都会被全额缴纳[1]。也就是说，即使在授权资本制下，也并不是必然存在催缴资本。

（七）资本维持制度

如果认为授权资本制是和法定资本制并列的一种资本制度，那么授权资本制应该也具有和法定资本制相似的结构和不同的内容，下面以美国、韩国、欧盟、日本等国为例说明。一般认为资本维持制度包括公司增减资本、利润分配、股份回赎、公司转投资、捐赠等内容，本书主要讨论利润分配和资本减少。

1. 美国。“英美法中对资本的规制，除了在证券法上对融资和发行的规制外，在公司法上的规制主要表现为对股息分配的限制”[2]。美国各州立法规制红利分配的主要目的在于保证公司是以经营实现的利润而不是公司的资本向股东支付分红。在传统立法中，对利润分配的限制主要体现为以下标准：①偿付能力。美国所有州的立法都规定，如果公司无偿债能力或者向股东分配股利会使公司丧失偿债能力，则不允许向股东分配股利。无偿债能

〔1〕傅穹：《重思公司资本制原理》，法律出版社2004年版，第55页。

〔2〕邓峰：“资本约束制度的进化和机制设计——以中美公司法的比较为核心”，载《中国法学》2009年第1期。

力通常在衡平意义上界定，也有的州将其界定为公司现有资产低于所有负债。②盈余标准。许多州允许从“盈余”账户中分配股份，而禁止从“资本”账户分配，如果从“资本”账户中分配，这种分配就不能叫做“红利”。“营业盈余”被界定为一个合成的盈利项目，由每一会计期的净收益（net profits）、收入（income）、损益相加减去支出（expenses）、先前的红利及转到其他账户的资产所得出。③资本中的分配。在一些情况下，从资本中分配也是被允许的，前提是章程中有规定或者是经过多数普通股股东的同意；为履行对于累积红利分配权的义务而向累计优先股股东分配资本盈余一般都是允许的。这样做的主要目的是避免累积优先股债务的产生，因为在公司成立初期，公司可能没有营业盈余。如果公司拟向普通股股东分配资本盈余，则要受到更多的限制，比如已经支付了所有的累积优先股股利等，并在支付时明确指出。④净利润标准。如果公司当期营业产生利润，但以前存在亏损，此时有些州仍允许其分配当期利润，而不用弥补以前各期产生的亏损。⑤股票回购的限制。向股东支付股利与向股东回购股份，其结果是相似的，美国的法律也对此进行了规制，比如无偿债能力的限制，有一些州还要求公司回购股份之后，公司全部资产的公平价值要高于全部负债。回购股份的资金来源可以是营业盈余、资本盈余，也可以是声明资本，用后两者回购股份时要受到相对严格的限制[1]。

美国1984年《示范公司法》对传统的利润分配限制标准进

〔1〕［美］汉密尔顿：《美国公司法》，齐东祥等译，法律出版社2008年版第356~441页。

行了修改，对现金分配、财产分配、股份回购都适用相同的标准，对资本分配和盈余分配也没有进行区别而是适用同样的标准[1]。

除了以上所采用的标准之外，美国还通过责任机制保证公司的资产免受侵蚀：①责任转移机制：股东出资之后，由董事、高管负责保证公司资本充实，或者如果股东拒不出资，公司可以裁减股权的效力，或者赋予债权人以惩罚性索赔的权利。②相互制约机制：如果公司股东、董事存在串谋，通过关联交易损害公司利益，则债权人、利益相关者既可以请求董事，也可以请求股东承担责任。③信息披露责任：如果发生关联交易，则要求对关联交易中涉及的资本结构的组成等信息进行披露[2]。

美国制定法一般允许公司以降低票面价值的方式减少公司的声明资本，也允许减少授权资本的数额[3]。各州公司法对其有严格的程序性规定。

2. 韩国。韩国公司法所说的利润分配包括现金分配、股份分配、财产分配。韩国商法所规定的利润分配要件为：①公司进行利润分配应以净资产额扣除资本额，与到其结算期为止应储备的法定公积金，及扣除该结算期应储备的盈余公积金后的剩余金为限（韩国《商法》第462条第1款），再进行利润分配；②根

〔1〕［美］汉密尔顿：《美国公司法》，齐东祥等译，法律出版社2008年版，第441页。

〔2〕邓峰："资本约束制度的进化和机制设计——以中美公司法的比较为核心"，载《中国法学》2009年第1期。

〔3〕［美］汉密尔顿：《美国公司法》，齐东祥等译，法律出版社2008年版，第463页。

据企业会计准则，会计可分配盈余为：营业收益减去营业损失、营业成本、正常性损失、特殊损失、法人税，加特殊利益的基础上，再进行分配[1]。

韩国《商法》规定，没有可分配的利润而进行分配，或者超额分配的，属于违法分配，当然无效。接受违法分配的股东有义务将所接受的违法分配返还给公司，如果股东不主动返还，公司债权人可以以诉讼方式要求返还，且不以其债权范围为限，而是及于违法分配的全部金额[2]。

3. 欧盟。欧盟《资本指令》规定：公司分配利润应满足以下条件：公司净资产应高于已经认购的资本额与不可分配的公积金之和（第 15 条第 1 款 a 项）；分配数额不得超过利润额与为此分配可提取的公积金之和，减去已发生的亏损与列入不可分配的公积金之后的差额（第 15 条第 1 款 c 项）。欧盟《资本指令》也规定了违法分配股利的返还，与韩国《商法》规定不同的是，只有当公司证明取得股利的股东知道或不可能不知道违法分配的事实时，股东才必须返还已分配的股利。相较于韩国，这种规定更加有利于股东，而不利于债权人。

欧盟《资本指令》允许资本减少，已经认购资本的任何减少应经股东大会的多数做出决议，资本减少之后，在任何情况

〔1〕［韩］郑燦亨：《韩国公司法》，崔文玉译，上海大学出版社 2011 年版，第 414 页。

〔2〕［韩］郑燦亨：《韩国公司法》，崔文玉译，上海大学出版社 2011 年版，第 416 页。

下，不得低于法定最低资本[1]。

4. 英国。英国的股利分配可以分为：最终分红（final divided)，具体程序是由董事提出建议，股东大会做出决议，分红的限度不得超过董事建议的水平；中期分配（interin divided)，由董事决定而不需要股东会批准的分红；特殊分红（special divided)，公司符合分红的条件，但不能保证以后也能进行相同比例的分红，所以董事决定进行一次特殊的分红。

英国公司法不允许公司从资本中提取红利，公司只能从可分配利润中做出分配。公众公司进行分配需满足的条件是：净资产的数额不得低于已催缴股本和不可分配储备金的总和。如果公司进行了违法分红，相关人员则要承担责任：董事对违法分红要承担个人责任，而不论违法分红是否使公司破产；如果股东明知或应知该分配是违法的，则股东应将收到的违法分配返还给公司，但对法律的无知不构成抗辩[2]。

英国公司资本的减少可以分为两种情形：①授权资本的减少。严格地说，公司授权资本的减少并不是公司资本的减少，并不影响债权人的利益，只是公司所获得授权的减少，所以只要一个股东会议的普通决议即可。②发行股本的减少。这种情况比较复杂，包括已发行但未缴付股本的减少、已发行且损耗股本的减少和已发行且未损耗股本的减少等情况。减少股本需满足三个条件：法院确认、章程授权、特殊决议通过。特殊决议通过实施资

---

〔1〕［荷］阿德里安·德瑞斯丹等：《欧洲公司法》，费煊译，法律出版社2013年版，第66页。

〔2〕葛伟军：《英国公司法要义》，法律出版社2014年版，第146～155页。

本减少的规则是股东中的规定多数有权决定是否减少资本以及如何减少，减少的方式及范围[1]。

在以上所列各国中，美国被我国学者认为采用了授权资本制[2]；欧盟《资本指令》一般被认为采用的仍然是法定资本制；韩国被我国学者认为属于折中资本制，而韩国学者则自认为采用了授权资本制[3]；英国一般被我国学者认为采用授权资本制，而实际上英国已经于2006年废除了授权资本制。

按照我国学者的观点，以上各国所采用的资本形成制度是不同的，但经分析得知，其资本维持制度却并未因此有明显的不同。在利润分配中，各国一般不轻易允许对资本账户进行分配，只允许对经营产生的盈余进行分配，只有在特定情况下才允许分配资本账户，以此保证资本账户的完整性。不管是否采用授权资本制，授权资本均不在可分配的项目中，因为授权资本仅仅是一种授权，并不对应资产负债表左侧的资产，授权资本的增减不影响资产负债表左侧账户的变化，授权的资本不可能被分配。在资本账户维持这一点上是否采用授权资本制并无差异。由于账户规制固有的缺陷，许多国家对利润分配采用了比率规制，即采用资产负债率等标准衡量利润分配是否合法。资产负债表比率标准要求公司分红只能源于公司的收益，净资产必须高于实缴资本与依据法律不得分配的公积金之和，否则不得进行分配，等等，比

---

〔1〕 葛伟军：《英国公司法要义》，法律出版社2014年版，第138页。

〔2〕 傅穹：《重思公司资本制原理》，法律出版社2004年版，第68页。

〔3〕［韩］郑燦亨：《韩国公司法》，崔文玉译，上海大学出版社2011年版，第133页。

如，上文提到的欧盟《资本指令》和英国公司法中采用的利润分配方式。再如，美国所采用的纯利标尺，其基本思路是，有盈余即可分配，不论是资本盈余还是收益盈余[1]。以资产负债为主要依据的分配原则涉及资产负债表中公司的资产、负债、净资产、资本、资本公积金等账户，其数额计算均与授权资本无关。美国许多州采用的偿债能力规则不再注重从公司成立和运行中管控公司的资本、资产数额，而是更加关注公司进行利润分配是否会危及公司的偿债能力，关注的是公司的资产变现能力，而不是资产与负债之间的差额，更加不涉及授权资本。

在公司的减资过程中，各国都采取了比较谨慎的态度，一般要求由股东会根据多数意见作出决议，不允许公司轻易减少资本。减少的资本包括实缴资本、认缴资本。授权资本也有可能被减少，但授权资本的减少与注册资本的减少无关，不影响债权人的利益，对公司的资本结构和股东原来的法律地位也没有影响。

〔1〕 傅穹：《重思公司资本制原理》，法律出版社2004年版，第190页。

第二节 对法定资本制内涵的重新认识

一、对法定资本制的重新认识

上文提到了我国学者所定义的法定资本制，众所周知，法定资本制是来源于国外的概念，溯本追源，有助于分析判断我国关于法定资本制的界定是否正确，是否与国外的界定一致。

美国学者关于法定资本制的理解是：法定资本制可以分成两部分：声明资本要求和限制资产分配给股东。美国各州公司法将规制公司发行普通股的对价和种类以及在什么情况下公司可以分红，不管以什么名义进行的利润分配或股份回购的一系列规则，统称为法定资本制[1]。有学者认为，在美国，法定资本制是这样的概念：即为了保护其债权人和普通股、优先股股东，公司应当将其净资产余额至少维持在相当于名义资本的水平[2]。有人认为，英美法系关于法定资本制的一般认识是：凡公司设立之际，有法定声明资本要求与限制，以声明资本为标准衡量公司分配红利和回购的公司资本模式，被称为法定资本制[3]。韩国公司法所定义的法定资本制与美国有相通之处，即除了发生特定事

---

〔1〕 傅穹：《重思公司资本制原理》，法律出版社 2004 年版，第 63 页。

〔2〕 葛伟军：《英国公司法要义》，法律出版社 2014 年版，第 46 页。

〔3〕 马丽丽：“‘法定资本制’在国际语境下的重新定义”，载《山东工商学院学报》2013 年第 2 期。

由，如减资和公司解散等情况，禁止向股东返还股份和准备金的原则[1]。欧盟《资本指令》定义下的法定资本制包括资本确定要求、资本维持、资本形成等各个环节[2]。

通过以上定义可以看出：虽然学者对域外法定资本制的定义各有不同，但能够确定的是，不管是属于英美法系的美国，还是属于大陆法系的欧盟、韩国，他们所定义的法定资本制同我们所说的法定资本制所包括的内容并不相同[3]，甚至可以说存在较大差异。

国外所定义的法定资本制具有如下特点：其一，在公司设立阶段，也有资本形成的要求，有的国家要求有确定的资本，类似于我国。有的国家有声明资本要求，但声明资本并不是公司设立时实际收到的资本，其在公司资本维持阶段会发挥作用，但仍可视其为对资本形成的要求。也有国家没有将公司设立阶段的资本要求作为法定资本制的重要组成部分，比如韩国。其二，国外法定资本制内容的重点主要在资本维持阶段，国外的法定资本制度一般要求公司不得过度分配利润，对利润分配提出资产或资本要求，以使公司有足够的资产，也就是说，国外所定义的法定资本制不仅仅着眼于资本形成阶段，更侧重于资本维持阶段。其三，各国所定义的法定资本制不尽相同，共同的特点是其从更宽的角

---

〔1〕 马丽丽：“‘法定资本制’在国际语境下的重新定义”，载《山东工商学院学报》2013年第2期。

〔2〕 李莘：“欧盟公司资本制度的改革及其对我国的启示”，载《河北法学》2007年第9期。

〔3〕 马丽丽：“‘法定资本制’在国际语境下的重新定义”，载《山东工商学院学报》2013年第2期。

度界定法定资本制，包含的内容更多、更复杂，法定资本制并不是闭合的系统，而是处在不断的变化当中。

作为公司的资本制度，不管是英美法系还是大陆法系，都包括资本形成、维持、退出环节。资本形成环节是前提，资本维持环节是核心，资本退出环节是保障。相比之下，我国所定义的法定资本制比较狭窄，常见的表述是“法定资本制即确定资本制”，仅限于资本形成阶段。虽然我国《公司法》中也有资本维持、资本不变原则，但从学者对法定资本制的定义来看，这些内容并没有被涵盖在法定资本制的概念之中，似乎只要在资本形成阶段有确定的资本，就满足法定资本制的全部构成要件，但这种逻辑是片面的。

所以，有学者质疑目前我国法定资本制概念的科学性，提出应重新定义我国的法定资本制。结合美国、欧盟等国关于法定资本制的定义，笔者认为，法定资本制应包括：公司成立阶段对股东出资的要求，包括最低出资额度、出资形式、出资期限、可否认购、可否分期缴纳、现金出资比例、实物评估要求、可否发行掺水股等，以此实现公司资本的真实确定；公司成立后，限制公司的财产流向股东、限制公司收购自己的股份、抽回出资、不当关联交易、不当减少公司资本等，以此尽量保障公司的经营能力和对债权人的保护。

法定资本制并不是固定的一种模式，整体来看，存在比较严格的法定资本制和相对宽松的法定资本制。严格的法定资本制可能会要求公司设立时股东必须实缴股本，经过严格的评估程序，有现金出资比例的要求，公司不能以低于票面价格发行股份，不得回购公司股票，在任何情况下均不得分配公司资本账户，等等；比较宽松的法定资本制可能允许认缴股份，认缴期限较长，对出资形式、评估标准不做严格要求，允许股东自行约定，允许公司以低于票面价格发行股份，或发行无面额股份，对公司回购自己的股份有宽松的、灵活的规定，有条件地允许公司用资本账户分配利润，等等。

二、法定资本制、授权资本制、折中资本制的关系再界定

通过以上分析可知，授权资本制并没有独特的资本维持制度与其相对应。采用授权资本制的国家也可以存在资本维持制度，其采用的资本维持制度与授权资本制没有逻辑上的必然关系，只有个别制度能反映出与授权资本制相关，比如授权额度的减少，但这显然不是资本维持制度的内容，授权资本并不是公司的资本。而且，同样是采用确定资本制的国家，其资本维持制度也不尽相同，虽然资本确定、资本维持、资本不变三原则只有结合起来才能发挥作用，但三者不是必然的“联动”关系，各自有相应的内容，相互之间有一定的独立性。

授权资本制并没有与其必然关联的资本维持制度，将授权资本制定位为资本形成制度是准确的。上文已经提到，法定资本制不仅仅包括资本形成制度，也包括资本维持制度、资本不变制度，是三者的有机结合。所以从包含内容的结构上讲，授权资本制和法定资本制也不能是并列关系。

从产生历程上看，法定资本制在英美法国家也有长期的历史[1]。即使在美国，在公司制度产生初期，出于保护债权人利益等方面的考虑，设立公司要求有确定的资本，后来随着公司制度的发展，很多人认为确定资本并不能给债权人提供可靠的担保，反而给公司的设立设置了较高的门槛，尤其是后者让人无法忍受。为了克服以上所谓的种种弊端，赋予董事会更多的经营自主权，所以才产生了授权资本制。可见，授权资本制是产生于法定资本制之中的一种资本形成制度，是对资本确定制的修正或发展，而不是对法定资本制的否定。授权资本制和法定资本制也不是时间上的次第更迭[2]，并不是授权资本制取代了法定资本制，也不是法定资本制必将走向授权资本制，授权资本制只是为法定资本制增加了一种资本形成方式，授权资本制仍然是“嵌套”在法定资本制中，也就是说，授权资本制仍然属于法定资本制的范畴，属于法定资本制资本形成制度中的一种。如果说并列关系，授权资本制或许可以和确定资本制（此处所说的确定资本制并不是法定资本制）形成并列关系，因为确定资本制要求公司成立时要有确定的资本，而授权资本制并不要求公司成立时有确定的资本。质言之，授权资本制与确定资本制也并不矛盾，在授权资本制下，公司的注册资本也需要认缴或实缴，公司的注册资本也是确定的，未经法定程序不得变更。比如，在授权资本下，虽

---

〔1〕 邓峰：“资本约束制度的进化和机制设计——以中美公司法的比较为核心”，载《中国法学》2009 年第 1 期。

〔2〕 傅穹：“法定资本制：诠释、问题、检讨——从公司不同参与人的利益冲突与衡量观察”，载《南京大学法律评论》2002 年第 1 期。

然董事会获得了发行股份的授权，可以在最高授权额度内发行任意数额的股份，但这并不等于公司的注册资本随时处于变化中。实际上，在授权资本制下，在某一时段，公司的注册资本也是不变的。如果公司成立时董事会决定发行股份2000万元，那么直到董事会下次决定发行股份，公司的注册资本一直都是2000万元，这是确定的。另外，授权资本制下董事会可以决定增发股份，变更公司注册资本，确定资本制下也有可能通过股东会或股东大会决议增发股份。可见，在这一点上，二者并无本质对立。

我国很多学者认为："经过长期的发展，到目前，西方很多国家的公司法已经基本形成了相对独立的三种公司资本制度。即法定资本制、授权资本制和折中资本制。"〔1〕"以前是法定资本制与授权资本制并立，如今，已经变成授权资本制与法定资本制、折中资本制三足鼎立，并且在股份公司领域，这基本上表现为授权资本制与折中资本制平分天下。"〔2〕也有学者承认："三大资本制的存在和相互关系是学者的看法，而非立法中明文规定的真实反映。"〔3〕实际上，授权资本制及授权资本制与法定资本制并列关系的提出，完全是大陆法系学者（或者说我国学者）的一种思维方式，即使在被认为是授权资本制发源地的英美各国，其"公司法律类著作与财务经济类著述中，也很少见到对授

〔1〕石少侠："公司资本制度研究"，载《吉林大学社会科学学报》1993年第3期。

〔2〕王建文："论公司资本制度演变的内在逻辑与制度回应"，载《第三届公司法司法适用高端论坛论文集》2014年5月。

〔3〕傅穹：《重思公司资本制原理》，法律出版社2004年版，第61页。

权资本制的直接定义。"[1] 采用授权资本制的国家也是将授权资本制作为一种资本形成途径加以论述，而没有将授权资本制放在与法定资本制并列的位置，比如欧盟立法、日本公司法、韩国公司法虽然采用了授权资本制，但并不认为自己放弃了法定资本制。只有在我国公司法的著作中才能看到将法定资本制、授权资本制、折中资本制放在并列的位置上。

由于授权资本制与法定资本制之间的对立是不应存在的，所以对它们也不可能做出明确的划分，在判断某种立法是否采用了授权资本制时，结论总是不确切的。这导致出现了所谓授权资本制界定标准的“宽”“严”之别。有学者认为，如果按照严格的方法界定授权资本制，恐怕只有美国的公司资本制才能算作授权资本制，其他国家的公司资本制都不能算作是授权资本制[2]。如果比较宽泛地界定法定资本制，“欧盟成员国、韩国、日本、德国”也都属于授权资本制[3]。“宽”“严”的标准，不符合法律思维的严谨要求。在笔者所接触的欧洲公司法著作中，并未否定自己采用的仍然是法定资本制，如果说有争论的话，这些争论主要集中在是否要取消或放松公司法中关于资本的严格规制，比如是否取消最低资本限额，是否放松关于利润分配的限制，等等，以及是否将授权资本制纳入公司资本制度中。我国有学者也

---

〔1〕 傅穹：《重思公司资本制原理》，法律出版社2004年版，第65页。笔者在英文数据库（heinonline）也没有搜索到国外学者所写的以“authorized capital/share”为题的文章，但以“legal capital”为题的文章却有很多。我国学者傅穹也这样认为：“既有的英美公司法与公司财务资料中，极少见到明确的授权资本制的界定。”

〔2〕 傅穹：《重思公司资本制原理》，法律出版社2004年版，第68页。

〔3〕 傅穹：《重思公司资本制原理》，法律出版社2004年版，第69页。

承认，欧盟第二指令（以及成员国英国公司法），在欧盟成员国自己看来，采用的仍然是法定资本制。将欧盟公司立法纳入授权资本制，这是欧洲学者也没有提过的。

授权资本制与法定资本制之间界限模糊的另一结果是导致“折中资本制”概念的产生。

有学者这样定义折中资本制：公司折中资本制，是介于授权资本制和法定资本制之间的一种公司资本制度，是两种公司资本制度相互结合的产物，折中资本制在不同的立法例中有不同的表现形式，具体表达和细节要求各有不同，总体看来，主要有以下几种方式：①为了弥补授权资本制下公司的实收资本可能很少的问题，折中资本制一般规定公司首次应发行一定数量的资本，应实缴一定数量的资本，以解决公司经营的需要；②对公司资本的涵义进行特别界定，比如认为只有实缴资本才是公司的资本；③限制授权的期限，股东会对董事会的授权不是无限期的，对董事会的授权过大会造成股东的不安，比如授权只能存在5年、10年等；④公司成立时采用法定资本制，严格要求实缴资本的数量，保证公司资本充实，但公司成立之后，经营过程中允许对董事会授权，董事会可以经授权决定发行一定数量的资本[1]。

在折中资本制论者看来，有“纯粹”的授权资本制，“纯粹”的授权资本制不要求授权资本中发行股本的比例，不对董事会的授权进行限制，比如发行股份的方式、期限等。如果有发行比例的限制，或者限制了董事会的授权，则不再是“纯粹”的

〔1〕 冯果：《公司法要论》，武汉大学出版社2003年版，第24页。

授权资本制，而是折中资本制。折中资本制论者只是针对资本发行中的表象来区分资本制的种类，至于为什么限制发行股份的比例和董事会的权利就属于授权资本制，其背后的逻辑依据是什么，授权资本制论者却没有回答。上文已经举出这样的立法例：在公司成立时没有授权资本，但在公司成立以后，董事会却可以获得增发新股的授权，按照折中资本制的观点，这种情况，既非在公司成立时限制了发行股份的比例，也并非折中资本制意义下的限制董事会的权利，这种资本制如何归类，是折中资本制论者不能回答的。再假设实践中存在这样的资本制度：公司成立时授权董事会发行股份，同时规定公司股东会在哪些情况下也有发行股份的权利[1]。这种资本制度如何归类，恐怕更是折中资本制论者无法回答的。而且，以后可能会出现更多种类、内容各异的资本制度，会让折中资本制论者更加无法面对。

授权资本制产生的主要目的之一是解决公司融资的问题，在公司股权较为分散的情况下，召集股东会决定发行资本并不容易，刚刚召集起来，商机已逝，所以就将决定发行股份的权利授给董事会等管理机构，因为董事会比较了解公司经营需要，可以及时把握经营动态，伺机决定，免除了繁琐程序。另外，有学者认为，授权资本制的产生，还有助于保护股东利益，避免少数股东操纵公司事务。[2] 授权资本制产生的目的并不是否定法定资

〔1〕 笔者并未查到这样的立法例，此假设只为说明问题。但不能排除以后存在这种立法例的可能。

〔2〕 叶林、王世华："公司法定资本制的检讨"，载《法律适用》2005 年第 3 期。

本制。授权资本制产生之后，在实际运用过程中，人们发现了授权资本制存在很多不足，表现为授权额度完全不能起到保护债权人的利益，反而会形成误导；董事会权力会同股东会权力发生冲突；等等。为了克服授权资本制的种种弊端，各国才对授权资本制的适用进行了完善、修改。因此，所谓的折中资本制在本质上仍然是授权资本制。从名称上，也可以看出，折中资本制完全是中国式的提法，在韩国、日本的著作中可以看到授权资本制的界定，但看不到折中资本制的界定。所以折中资本制本身就不是一种正确的提法，不能同授权资本制，更不能同法定资本制形成并列关系。

除了折中资本制外，还有学者提出了其他概念，比如折中的授权资本制、折中的法定资本制等类型，与法定资本制、授权资本制、折中资本制形成并列关系[1]。笔者认为，概念的划分一定是为了认识事物，具有实益，将公司的资本制度划分为那么多类型的实益何在呢？这些概念在其他国家能够通用吗？如果只是为了给新的立法例起一个名字，就会出现有多少立法例就有多少分类方法的局面。

本章小结　现行资本制是法定资本制

综上可知，我国 1993 年《公司法》采用的是一种比较严格

〔1〕 王建文：“论公司资本制度演变的内在逻辑与制度回应”，载《第三届公司法司法适用高端论坛论文集》2014 年 5 月。

的法定资本制，要求公司成立时一次性缴纳比较高的注册资本，不存在对董事会的授权。在公司的运行中，存在对利润分配的限制，要求公司提取一定比例的公积金和公益金[1]。从公司资本形成到资本维持，法律的要求都是比较严格的。可以肯定地说，1993 年《公司法》采用的是严格的法定资本制。也许是受到了 1993 年《公司法》的影响，使人们认为只有类似于 1993 年《公司法》的资本制度才是法定资本制。2005 年《公司法》对公司的资本形成制度进行了大幅度修改，大大降低了公司注册资本要求，允许认缴制的存在，允许股东分次、分期缴纳出资，但没有允许董事会获得授权。2005 年《公司法》的颁布引起了学界的讨论，很多学者认为当时我国所采用的已经不是法定资本制而是折中资本制，主要根据是允许股东分次、分期缴纳股款，这很显然是将分次、分期缴纳股款同授权资本制联系在一起，而同法定资本制相对立。

2013 年《公司法》采用了认缴制，有学者认为："已经根本性地背离了法定资本制，而更接近于授权资本制……也不符合授权资本制的本质特征。""因此仍属于兼具法定资本制与授权资

---

〔1〕 1993 年《公司法》第 177 条　公司分配当年税后利润时，应当提取利润的 10% 列入公司法定公积金，并提取利润的 5% 至 10% 列入公司法定公益金。公司法定公积金累计额为公司注册资本的 50% 以上的，可不再提取。公司的法定公积金不足以弥补上一年度公司亏损的，在依照前款规定提取法定公积金和法定公益金之前，应当先用当年利润弥补亏损。公司在从税后利润中提取法定公积金后，经股东会决议，可以提取任意公积金。公司弥补亏损和提取公积金、法定公益金后所余利润，有限责任公司按照股东的出资比例分配，股份有限公司按照股东持有的股份比例分配。股东会或者董事会违反前款规定，在公司弥补亏损和提取法定公积金、法定公益金之前向股东分配利润的，必须将违反规定分配的利润退还公司。

本制特征的一种折中资本制。”又不属于“折中法定资本制，似应属于折中授权资本制。”[1] 有人认为“此次公司资本制度改革带来的不仅仅是授权资本制在我国的确立。”[2] 也有人认为现行公司资本制度仍然是法定资本制。结合上文，笔者认为，认为现行认缴资本制是授权资本制或必将走向授权资本制的看法都是不正确的，现行资本制仍是法定资本制，是一种比较宽松的法定资本制。正因为是一种比较宽松的法定资本制，才有可能出现股东故意设定较长的认缴期，而实际缴纳的出资较少，或者根本不向公司缴纳出资，长期处于待缴状态，损害到债权人的利益，所以有必要讨论债权人如何向处于待缴状态的股东主张请求权。

---

〔1〕 王建文：“论公司资本制度演变的内在逻辑与制度回应”，载《第三届公司法司法适用高端论坛论文集》2014 年 5 月。

〔2〕 范健：“从资本走向信用：我国公司资本制改革带来的信用责任体系思考”，载《第三届公司法司法适用高端论坛论文集》2014 年 5 月。

第二章　债权人对股东的请求权概述

第一节　请求权

一、请求权概述

民法制度上的请求权的概念可以追溯到罗马法中的诉权(actio)，罗马法中私权的行使与诉讼结合在一起，对私权的承认和保护是通过承认和保护诉权的方式进行的。在罗马法中没有请求权的概念，但通过行使诉权或通过诉讼可以达到要求对方为或不为一定行为的目的。请求权蕴含在诉权的概念之中，诉权包含着程序性的权利，也包含着实体性权利。在私权受到抑制，私权的形成与保护受到公权限制的历史时期，请求权的概念不可能从诉权的概念中独立出来。这种状况与当时社会关系比较简单、交易不频繁的情况相适应。随着交易的频繁发生和诉讼的频繁进行，对于许多类似的案件，当事人在诉至执行官之前就能够预知结果，出于对公权力的敬畏和节省交易成本的需要，可能直接向对方提出请求，对方也履行了义务，久而久之，产生的结果就是请求权逐渐从诉权中分离出来，诉权成为仅具有程序意义、带有公权色彩的权利，而请求权成为实体意义上的私权。当实体意义上的请求权行使受阻，仍然要通过诉权获得保护。实体权利从诉权中分离出来是社会关系复杂、追求效率的必然产物。请求权、诉权、诉讼标的等概念及其相互关系都可以在请求权与诉权的分离中找到根源。

现代民法中的请求权是由温德夏德提出的。1856 年，其在《从现代法的观点看罗马法的诉权》中提出权利是本原和请求权的概念，并认为请求权就是要求他人为或不为一定行为的权利，请求权逐渐进入民法领域。1900 年，《德国民法典》第 194 条采用了请求权的概念。

史尚宽先生认为，请求权是要求他人行为或不行为的权利；其作为与不作为称为给付，与直接对物的支配完全不同，请求权与支配权也不同。请求权以一定权利为基础而存在，以基础权利性质的不同，请求权可以分为：债权请求权、物权请求权、人身权请求权等。请求权与基础权利不可分割、相互结合。请求权是私权，常常与诉讼权利相随，诉权保护请求权，促成国家司法权的发动[1]。

佟柔先生认为，请求权是指权利主体要求他人为一定行为或不为一定行为的权利，请求权依赖于一定的基础性权利才能存在，请求权与债权不同，虽然债权的核心是给付请求权，但债权

[1] 史尚宽：《民法总论》，正大印书馆 1980 年版，第 20～21 页。

是基础性的权利，请求权是产生于债权之上的，债权在到期之前不会产生给付请求权，不能主张请求。债权除了能产生请求权外，还可以产生变更权、撤销权、选择权、解除权等[1]。

王泽鉴先生则认为，请求权是要求他人为或不为一定行为的权利，居于权利体系的核心地位。原因是：不论任何权利，包括相对权和绝对权，为发挥权利的功能，或恢复到圆满状态，均需借助于请求权的行使，请求权由基础权利产生，可以分为债权请求权、物权请求权、人格权请求权、身份权请求权。请求权是权利的表现，而非与权利同属一物。债权的本质内容在于有效受领债务人的给付，请求权是债权的作用[2]。

王利明认为，请求权是要求他人为或不为特定行为的权利。请求权不能直接作用于物，其所欲获得的利益必须通过他人的行为间接取得。请求权具有相对性、非公示性，是独立的实体性权利，也是实体权利的内容，比如债权的请求权只是债权的内容，或者说请求权是债权的主要内容，但债权的主要内容不限于请求权[3]。

杨立新认为，请求权是一种民事权利，可以请求特定的相对人为一定行为或不为一定行为，包括作为民事权利基本类别的请求权以及作为民法方法的请求权。作为救济性权利的请求权，就是民法的方法，是连接实体法和程序法的枢纽，没有后一种类型

---

〔1〕 佟柔主编：《中国民法学 民法总则》，中国人民公安大学出版社 1990 年版，第 70 页。

〔2〕 王泽鉴：《民法概要》，中国政法大学出版社 2003 年版，第 92 页。

〔3〕 王利明：《债法总则研究》，中国人民大学出版社 2015 年版，第 27 ~ 32 页。

的请求权，民事权利与程序上对民事权利损害的救济就无法连接在一起，对民事权利的保护就无法实现。在这个意义上的请求权，实质上形成了请求权的思维方法，或者称之为请求权方法，具体是指在司法实践中处理民事纠纷案件或者是在民法教学分析实例中分析实例，应以请求权基础为出发点的法律分析方法。依据不同的区分标准，请求权可做不同分类。根据请求权所依附的基础权利的不同，可以分为债权请求权、人格权请求权、物权请求权、身份权请求权和知识产权请求权。债权请求权为相对权请求权。要求相对人作为的请求权为积极的请求权，要求相对人不作为的消极的请求权。根据请求权内容的不同，可分为返还请求权、排除妨害请求权、合同给付请求权、消除危险请求权和恢复原状请求权[1]。

笔者认为，通过分析以上我国学者关于请求权的认识，可以看出，学者对请求权的基本内容、效力认识都是一致的，都认为请求权是权利人要求他人为或不为一定行为的权利，既可以是基础权利衍生的权利，也可以本身就是请求权，基础性权利衍生的请求权具有权利救济的功能。但在请求权与相似概念的划分上，则出现了较大不同。在请求权与债权的关系上，王泽鉴、佟柔、史尚宽先生认为请求权与债权是不同的权利形态；王利明认为请求权是债权的内容；孙宪忠认为债权是请求权的一种，请求权中还包括其他内容；魏振瀛认为债权与请求权存在实质性的区别。请求权与债权关系的界定应该是一个关键性的问题，如果二者是

〔1〕 杨立新主编：《请求权与民事裁判应用》，法律出版社 2011 年版，第 42～50 页。

一致的，似乎请求权就没有存在的必要了，或者请求权仅仅是为了使用方便或者是体现了一种思维方式。德国学者认为："请求权和债权不存在实质上的区别。"[1] 我国也有很多学者赞同德国学者的观点[2]。笔者认为，债权和请求权也不存在本质上的不同，一般认为请求权是比债权更加一般性的概念，是债权的上位概念，但在一般情况下二者通用也不会导致混淆，比如因不当得利产生的请求权，也可以称为因不当得利产生的债权，因侵权行为产生的请求权，也可以称为是因侵权行为产生的债权，如果不锱铢必较地强调二者具体使用中的区别，二者的区别应是微乎其微，所谓不同基础性权利产生的请求权，比如物权请求权与不当得利请求权会有些区别，但实无不同。请求权和债权在本质上都是要求他人为或不为一定行为的权利，本书就是在这一通识前提下展开讨论的。

二、待缴股东的界定

（一）待缴

待缴是指股东已经依法认缴但未实际缴纳出资的状态，处于待缴状态的股东称为待缴股东。待缴可以分为两种情况：一种是已届股东的认缴期，而股东未实际缴纳出资的情况；另一种待缴是指未届股东的认缴期，而股东未实缴的情况。本书所说的待缴主要是指后一种情况。因为现行认缴资本制对出资期限的约定比

---

〔1〕［德］梅迪库斯：《德国民法总论》，邵建东译，法律出版社 2000 年版，第 69 页。

〔2〕朱庆育：《民法总论》，北京大学出版社 2013 年版，第 501 页。

较灵活，可能出现股东故意认缴远期出资的情况，使得股东的出资长期处于待缴状态。

（二）待缴出资与瑕疵出资的区分

1. 法律评价不同。瑕疵出资一般是指公司股东没有按照公司章程或法律规定进行出资，比如用以出资的财产权利本身存在瑕疵，或与认缴数额不相符合，少于认缴数额。狭义上的瑕疵出资主要包括逾期不实缴、出资不实、价值不符等；广义上的瑕疵出资还包括抽逃出资。瑕疵出资是一种违反公司章程、违反公司法的行为，而本书所说的待缴从《公司法》的角度来看并没有违反《公司法》的规定，也未违反公司章程的规定，是一种合法行为。

2. 法律后果不同。

第一，对公司的责任不同。《公司法》第30条规定："有限责任公司成立后，发现作为设立公司出资的非货币财产的实际价额显著低于公司章程所定价额的，应当由交付该出资的股东补足其差额；公司设立时的其他股东承担连带责任。"瑕疵出资股东应承担差额补缴责任，有人认为这种差额补缴责任既是违约责任又是侵权责任[1]。而待缴股东的认缴期尚未届至，在现行法律框架下，不需要向公司承担责任，公司也没有直接的法律依据要求待缴股东承担责任。

第二，对其他股东的责任不同。如果股东没有按照公司章程中的规定完成出资义务，按照我国《公司法》规定应向其他已

---

〔1〕马金平、陈涛："股东瑕疵出资的法律问题探讨"，载《浙江学刊》2008年第1期。

足额缴纳出资的股东承担违约责任，按时缴纳或补正瑕疵；而待缴出资股东并不存在对其他股东的违约责任，因为不论股东的认缴期限多长都是股东自由协商的结果，股东对其具有正当期限利益，所以在一般情况下，股东不论是否已经实缴出资，均不能向待缴股东主张违约责任或其他责任。

第三，对公司债权人的责任不同。债权人保护是《公司法》始终重点考虑的问题，股东瑕疵出资既违反《公司法》，也违反股东之间的出资协议，会对公司经营造成影响，破坏公司的资本充实，损害公司债权人的利益，所以我国《公司法司法解释三》第13条直接赋予债权人对股东的请求权基础，允许债权人向瑕疵出资的股东主张请求权。而债权人能否向待缴股东主张请求权正是本书要讨论的问题。

3. 对股东资格的影响不同。股东瑕疵出资是否一定会影响到股东资格，大部分学者认为，根据《公司法》第32条："记载于股东名册的股东，可以依股东名册主张行使股东权利。"股东出资虽然有瑕疵，但既然记载于股东名册，就应取得股东资格、享有股东权利，而且既然《公司法》规定公司可以向瑕疵出资股东追缴出资，就等于没有否定瑕疵出资股东的股东资格，但应限制其股东权利，情节严重时，应通过一定的失权程序剥夺其股东资格。但是待缴股东的股东资格是完全合法的，其待缴状态受到法律承认，股东资格不受影响，股东权利的行使仍然是正常的。

4. 待缴出资和瑕疵出资可能出现交叉。有些股东可能既是待缴股东又是瑕疵出资股东，比如股东已实缴的出资不符合法律、公司章程的规定，出现出资物瑕疵、价值不符等情况。同时该股东尚有未届认缴期的出资，属于待缴股东。

通过以上比较可以发现，本书中的待缴出资与瑕疵出资存在着根本区别，本书所说待缴状态从《公司法》的角度看是一种合法状态，并不面临法律的否定性评价；而瑕疵出资股东面临法律的否定性评价，面临多种民事责任、行政责任。如何追究瑕疵股东的法律责任，债权人如何向瑕疵出资股东主张权利，学界已多有探讨，法律已有比较明确的规定，本书不再赘述，本书主要讨论债权人如何向待缴股东主张权利。

三、债权人对待缴股东请求权的分类

根据产生依据的不同，请求权可以分为法定请求权和约定请求权。法定请求权是依据法律直接规定产生的请求权；约定请求权是指基于当事人的约定而产生的请求权，比如基于合同而产生的请求权。本书所说的请求权主要是基于法律规定而产生的请求权。比如，《公司法》第20条第3款所规定的债权人在法人人格否认制度下的请求权，债权人可依据该条直接向股东主张请求权；《公司法司法解释三》第13条规定的代位权；如果股东设立公司的行为符合侵权行为的特征，债权人则可以基于《侵权责任法》向股东主张请求权。除了法定请求权外，公司成立后，债权人和股东之间也可能基于约定产生请求权，比如股东同意为公司债务提供担保，可在债权人和股东之间产生请求权，但是这种请求权的产生与现行公司资本制度没有必然关系和特殊性，本书不做讨论。

从行使请求权要求的结果看，有的结果是连带责任。连带责任具有主体平等性、多重性、给付同一性、原因同一性、消灭整体性的特点[1]。连带责任以产生根据的不同可以分为约定连带责任和法定连带责任[2]，如基于《公司法》第20条第3款产生的责任就是一种法定连带责任，债权人在债权严重受到损害的情况下，既可以要求股东承担赔偿责任也可以要求公司承担赔偿责任，股东和公司的主体地位具有平等性，债务的消灭具有整体性，一人清偿就可以使全体债务归于消灭。有些请求权仅能对股东行使，比如股东故意设立高资本公司以骗取债权人的信任，此时与债权人发生交易的虽然是公司，但实际上公司仅仅是股东用以实施欺诈行为的工具，债权人应向股东主张侵权责任，而不应向公司主张侵权责任。如果债权人依据《公司法司法解释三》第13条向股东主张请求权，这也是一种直接针对股东产生的个人责任。

如果债权人依据《公司法》第20条第3款向股东主张要求承担连带责任，此时公司与股东可以作为共同被告，判决结果包括股东与公司承担连带责任；如果债权人依据《侵权责任法》提出请求，此时就不能将公司列为被告，侵权行为人是股东，股东承担个人责任，如果多名股东构成侵权行为，还有可能承担共同侵权责任。在不同的请求权的案件中，股东承担的责任方式不同。

---

〔1〕 李永军："论连带责任的性质"，载《中国政法大学学报》2011年第2期。

〔2〕 尹田："论民事连带责任"，载《法学杂志》1986年第4期。

四、请求权基础的检索

正确地寻找、主张请求权基础具有重要意义：

第一，对于原告而言，寻找正确的请求权基础才能根据该基础要求的构成要件提供证据、提出事实和理由、论证观点。不同请求权基础所要求的构成要件不同，法律结果也不同，正确、恰当的请求权基础能够便于债权人论证观点、减轻举证责任。不恰当的请求权基础则会适得其反。所以债权人应结合案件事实，检索并寻找到恰当的请求权基础。

第二，对于股东而言，准确把握原告提出的请求权，才能针对原告提出的请求权基础进行抗辩，有针对性地提出自己的证据和反驳理由。

第三，对于法院而言，明确诉争焦点，能够准确地审查原告提出的诉讼请求是否符合请求权基础的要求，论证是否充分，主张能否成立，被告提出的抗辩是否有效，等等。

民法、公司法中可作为请求权基础的规范难以胜数，一般是对请求权的性质有一个预判，然后以目的为导向检索请求权基础[1]。学者们对请求权的检索提出了不同的观点：

梅迪库斯认为请求权基础的检索序列是：①契约上的请求权；②缔约过失责任上的请求权；③无因管理请求权；④物权请求权；⑤侵权与不当得利请求权。王泽鉴先生提出的检索顺序是：①契约上的请求权；②类似于契约上的请求权；③无因管理

---

〔1〕 朱庆育：《民法总论》，北京大学出版社2016年版，第550页。

的请求权；④物权请求权；⑤因不当得利产生的请求权；⑥其他请求权。以上请求权的检索序列多少是按照双方当事人之间由近到远的关系进行排列的，请求权基础的检索顺序不存在是否正确的问题，主要是看能否快速、准确地找出恰当的请求权基础[1]。

契约上的请求权是一种基于双方的约定产生的请求权，契约能够使双方产生更加紧密的关系，基于契约产生的请求权的内容和种类要多于基于法律产生的请求权，构成要件主要是根据合同约定，所以将契约上的请求权列为检索的首位是恰当的。但是债权人对股东应该不存在契约上的请求权，同债权人发生关系的是公司，债权人能够向公司主张契约上的请求权，却不能向股东主张，否则就等于穿透了公司的法人人格制度。虽然我国《公司法》规定了法人人格否认制度，但因此制度产生的请求权是一种法定请求权，并非基于契约产生的请求权。债权人和股东之间基本不可能基于不当得利、无因管理、物权纠纷产生请求权，即使产生，其在现行资本制度下也没有体现出特殊性。

在民法的众多规范中，以哪些规范作为请求权基础在很大程度上取决于原告的选择。有些规范可能作为请求权基础使用，但是由于其规定得比较模糊，原则性较强，构成要件不具体，虽然适用范围宽，但对具体案件的说服力欠佳，比如民法中的公平原则、诚实信用原则，股东欠缴出资的行为也是对公平原则、诚实信用原则的违反，但是这种原则性规定确定性不强、法律后果不具体，以此规范提出请求难以说服法官，将其放在具体的法律规

〔1〕 朱庆育：《民法总论》，北京大学出版社2013年版，第551页。

范中能够发挥更好的作用。

第二节　债权人向待缴股东主张请求权的正当性

一、现行公司资本制度动摇了公司法人独立承担责任的法理基础

现行公司资本制度在一定程度上冲击了公司法人独立承担责任的法理基础，使债权人承担巨大风险。按照我国《民法通则》第36条[1]、《公司法》第3条[2]的规定，我国有限责任公司和股份有限责任公司均是独立承担民事责任的企业法人。从各国立法和民法理论来看，立法允许团体承担独立的民事责任，存在立法政策上的考量，一般不轻易允许某一团体承担独立民事责任，免于追究其成员的责任。允许团体承担独立民事责任一般要考虑以下条件：首先，是否具有特定化的特征。即团体是否与其成员、其他团体能够清晰地区别开，能够为外界所识别出是一个固定的团体。团体一般应具有自己的名称、稳定的成员、工作地点、章程等。其次，具有意思能力。要求团体具有能够表达自己意思的机构，比如股东会、董事会、社员大会等，能够形成独立于成员的意思。具有独立的意思能力是团体独立承担民事责任的

---

〔1〕《民法通则》第36条第1款　法人是具有民事权利能力和民事行为能力，依法独立享有民事权利和承担民事义务的组织。

〔2〕《公司法》第3条第1款　公司是企业法人，有独立的法人财产，享有法人财产权。公司以其全部财产对公司的债务承担责任。

逻辑前提，没有独立的意思能力，就不应该承担独立的民事责任。意思能力是从团体自身的角度考察团体是否应该对其行为承担责任。最后，独立的财产。这是团体承担独立民事责任的基础，团体具有独立、充足的财产才有能力对外独立承担民事责任，这要求在团体成立之初成员向团体投入足够的财产，以使团体能够开展经营，并给债权人提供一定的清偿保障。如果团体不拥有任何财产，当然没有能力向债权人承担责任。

各国立法在允许团体独立承担民事责任时一般都会从以上几个方面考察，符合以上条件的才允许成员只承担有限责任，团体独立承担民事责任。但是从立法实例上看，以上几个方面的满足与法人独立责任的获得并无必然关系，没有满足以上条件，立法未必不允许其独立承担民事责任；满足以上条件，立法未必允许承担独立民事责任。以上条件可以在很大程度上评价立法允许团体承担独立民事责任的正当性。

现行公司资本制度的改革并未涉及上文的前两项条件，公司法人的特定性、独立意思能力与以前相比没有受到重大变化，但公司的独立财产能力可能受到根本性的影响，股东的出资长期处于待缴状态，公司又不能向股东催缴出资，股东的出资不能形成公司实际掌握的财产，在公司资本形成阶段就没有形成足够的财产。虽然公司可能通过经营获得财产，但那是另外一个问题。所以，现行公司资本制度在相当程度上动摇了公司承担独立责任的法理基础，对债权人存在潜在风险。

二、债权人对待缴股东行使请求权并不破坏股东的有限责任

公司股东的有限责任实际上是股东所享有的一项权利[1]，股东仅以其出资为限对公司债务承担责任，除此以外不受追索。股东投资成立公司后，并不影响他人依法对股东享有的请求权。有人认为，公司成立以后，股东就已经隐于公司之后，因公司产生的纠纷只能向公司提出，不能直接向股东提出。从法律关系来看，股东投资成立公司之前，股东与他人交易，由此产生的结果直接归属于股东，相对方和股东分列于法律关系的两端，交易相对方得直接向股东主张请求权。公司成立后，公司列于法律关系的另一端，交易相对人只能向公司主张权利。但这只是针对交易而言，如果交易相对人以其他请求权基础向股东提出请求，只要符合法律规定的构成要件，该请求权仍然可以成立，法律没有也不可能因为公司的成立而切断所有针对股东的请求权。不但如此，法律还因股东成立公司而赋予债权人针对股东的请求权。比如股东故意设立高资本公司骗取债权人的信任，与债权人交易，股东的行为就可能构成诈骗，而对债权人承担侵权责任。如果股东认缴而未实缴出资，损害了债权人的利益，债权人就有可能依据《公司法司法解释三》第 13 条而向股东主张请求权，要求股东承担赔偿责任；如果股东虚假出资，抽逃出资，也同样可能面临公司、其他股东的追索。可见，公司的成立并不能中断债权人依照其他请求权基础向股东主张请求权，允许债权人向股东主张

〔1〕 董学立："股东有限责任与公司法人人格否认理论——兼与孟勤国、张素华先生商榷"，载《河南省政法管理干部学院学报》2005 年第 4 期。

请求权也并不破坏债权人和公司之间的法律关系，公司法人存在的法理基础和公司与债权人之间法律关系的结构也并不发生变化，并不是对股东有限责任的否定。

三、债权人对待缴股东行使请求权不破坏公司的法人人格

不论是从世界各国的现行立法、法律发展史还是从民商法理的角度看，法人人格和股东的有限责任制度的产生并不是同一过程[1]，法人人格的产生要早于成员有限责任的产生，具有不同内涵。

罗马时代就产生了法人的概念[2]，当时法人的概念有多种表达方式。与现代大陆法中法人的分类相似，罗马法中法人也分为财团法人和社团法人，财团法人包括医院、养育院等慈善团体；社团法人包括自治城邦、乡镇、行省、行会团体等。有人认为罗马法中团体的成员只需承担有限责任，但主流意见认为当时的成员需要承担无限责任。中世纪的法人设立程序增加了特许环节，未经特许，不能成为法人，成为法人以后能够以自己的名义对外活动，但此时成员仍不能只承担有限责任，在法人能够清偿法人债务时，成员可以置身事外，在法人不能清偿时，成员仍要承担责任。14 世纪到 19 世纪初发展起来的特许公司，成员仍然不能只承担有限责任，直到工业革命时代，成员的有限责任制度

---

〔1〕 董学立："股东有限责任与公司法人人格否认理论——兼与孟勤国、张素华先生商榷"，载《河南省政法管理干部学院学报》2005 年第 4 期。

〔2〕 也有学者认为罗马时代不存在法人制度。参见李永军：《民法总论》，法律出版社 2009 年版，第 282 页。

才最终确立起来[1]。可见，法人人格制度和有限责任制度具有不同的历史产生过程，法人人格并不当然地意味着责任的独立，将两者绑定在一起也是一种错误看法，有些团体法人人格与独立责任并存，有些团体只有法人人格而无独立责任。也有学者认为独立责任应该是团体人格的当然结果[2]，具有独立的责任才能认为真正形成团体的人格，这种观点确实更符合逻辑和理性，但从历史发展和目前世界各国的立法状况来看，团体人格和成员的有限责任确实没有完全绑定在一起，有人指出，即使是德国也没有完全贯彻二者必须合一的立场[3]。

从法人人格制度和股东有限责任制度的目的分析，也能看出两者有着明显的区别。法人人格制度的主要目的在于赋予团体类似于个人的法律资格，使之在交易活动中能够以“一个人”而不是一群人的身份出现[4]，使交易过程和交易中的法律关系变得简化，交易中的当事人不用寻找对方的所有人，只要确定交易团体就可以交易。虽然在有些情况下，可能因为团体的财产不足而需要向成员追索而带来不便，但那毕竟只是个别情况，在大多数情况下，法人人格的出现能够便利交易，为交易双方节省交易成本。法人人格出现的另一目的是维持团体的存续和实现效益最

---

〔1〕 马俊驹：“法人制度的基本理论和立法问题之探讨”，载《法学评论》2004年第4期。

〔2〕 李永军：《民法总论》，法律出版社2009年版，第280页。

〔3〕 孙日华、杨圣坤：“法人人格与有限责任的关系——兼谈对‘法人人格否认’的完善”，载《新疆社会科学》2010年第3期。

〔4〕 刘昕苗：“论有限责任与公司法人人格的关系”，载《湘潮》（下半月）2014年第10期。

大化[1]，自然人的寿命是有限的，自然人的主体资格随着自然人的死亡而消灭，但如果赋予团体以主体资格，成员的死亡、变化就并不会导致团体人格的消灭，能够使团体的主体资格永远存续，能够积累、延续成员的能力。

有限责任的目的在于减少风险、吸引投资。市场风险难以预料，有限责任制度产生之前，成员需要对团体的债务承担责任，给成员造成巨大不安。特别是由于团体的成立，成员投入财产后，对财产的控制力减弱，让成员对团体经营产生的债务负责有失公平，更有一些投资者并不关心法人的经营，只希望获得收益，将风险锁定在预期范围内，这样的需求和目的促使有限责任制度的产生。《拿破仑法典》首次规定了股份有限责任公司，英国1855年通过了世界上第一部《有限责任法》，这部法律的通过宣告公司责任不独立历史的结束。

可见，法人人格和有限责任并不是相同的、必然关联的两种制度[2]。如果强行将二者绑定在一起，就会限制团体人格制度的用武之地，也会导致有限责任制度的滥用。从某种意义上讲，现行公司资本制度改革区别对待两者产生的结果，每一个经商主体都要获得有限责任的庇护吗？在一些情况下，立法赋予团体法人资格也许仅仅是为了方便其加入市场，无意准其只承担独立责任，分别视之，可以各得其所。法人人格制度产生初期，法人人格的内容并不统一，后来逐渐稳定下来，主要包括有独立明确的

〔1〕 李永军：《民法总论》，法律出版社2009年版，第275页。

〔2〕 孙日华、杨圣坤："法人人格与有限责任的关系——兼谈对'法人人格否认'的完善"，载《新疆社会科学》2010年第3期。

名称、经营目的、标识印章、有资格参加诉讼、拥有一定的财产等[1]。这些内容在当时被认为是法人人格的全部内容，即使在现在看来，这样的观点仍然是具有价值的。

在现行资本制度下，强调债权人对股东的请求权并没有否认公司的法人人格，公司的名称、组织、独立参加诉讼的资格并没有受到影响，公司在交易中仍能够以自己的名义参加，成为一方当事人，外界仍可以清晰地识别公司法人，公司法人仍不失其特定性。所以，债权人向股东主张请求权不会影响到公司的法人资格。

四、强调债权人对股东的请求权有利于公司制度良性发展

公司制度被誉为是法学界的一项伟大发明，公司制度的产生极大地促进了社会生产的发展，使股东能够摆脱后顾之忧积极投资，给社会闲散资金营造了投资平台。公司制度获得了社会的认可，特别是在我国，“公司”曾一度被认为是实力雄厚企业的代名词，20世纪八九十年代，“公司老总”头衔让人侧目，那些资本薄弱的不规范公司被人们称为“皮包公司”。但是如果无视债权人的利益，随意赋予股东只承担有限责任的权利，久而久之，就会使人们丧失对公司制度的信任，破坏社会对公司这种企业形式的应有信赖。

有限责任制度本身就意味着对公司债权人的不公平，在现行

---

〔1〕虞政平：“法人独立责任质疑”，载《中国法学》2001年第1期；任尔昕：“我国法人制度之批判——从法人人格与有限责任制度的关系角度考察”，载《法学评论》2004年第1期。

公司资本制度下，股东甚至以1元钱的投入就可以换取有限责任的庇护，使股东、债权人之间的利益关系严重失衡，强调债权人对股东的请求权有利于调整在现行资本制度下失衡的利益关系，有利于树立市场对公司的信心和促进市场的健康发展。

本章小结

请求权可以追溯到罗马法时期，是从诉权中分离出来的权利。在现代民法中，请求权是一种要求他人为或不为一定行为的权利，对权利的保护和实现具有重要作用。请求权可以基于约定产生，也可以基于法定产生，基于约定产生的请求权在现行资本制下没有特殊意义，本书主要就法定请求权展开讨论。这些请求权基础分布在民法和公司法中。待缴出资与瑕疵出资有明显的区别，待缴出资是指未届股东的认缴期而股东没有实缴；瑕疵出资一般是指股东的出资违反了《公司法》和公司章程的规定。现行法律制度下，并无直接针对待缴股东的请求权基础，而对瑕疵出资股东则有多项请求权基础，因此本书主要探讨如何向待缴股东主张请求权。而且现行资本制在一定程度上动摇了法人独立责任的法理基础，同时，法律也未因公司的成立而切断所有债权人针对股东的请求权，反而还会有所增加，在现行公司资本制度下探讨债权人对股东的请求权具有必要性和正当性。具体成立何种请求权，将在下文探讨。

第三章　法人人格否认制度下的请求权

第一节　认缴资本制下法人人格否认制度的适用

法人人格否认（disregard of corporate personality），又称揭开公司面纱（lifting the veil of corporation）、刺破公司面纱（piercing the corporation veil），是指为保护公共利益和债权人的合法权益，在具体案件中否认公司的独立人格和股东的有限责任，责令股东对公司的债务直接负责的一种法律制度[1]。英国将揭开公司面纱定义为：股东的有限责任和公司的独立人格是应受到法律保护的，但在一些特殊的情况下，维护公司的面纱和股东的有限责任将使公司债权人的利益受到重大损失，甚至破坏法律所普遍追求的公平和正义，法律将允许揭开公司的面纱，股东、董事、高管将为公司的债务承担责任[2]。德国将与法人人格否认制度相近的制度称为“穿透”：“在特殊的情况下，有限责任公司之下的

---

〔1〕朱慈蕴：《公司法人格否认法理研究》，法律出版社1998年版，第4页。

〔2〕葛伟军：《英国公司法要义》，法律出版社2014年版，第67页。

重大事实或者事件在法律上也例外性地归入股东，或者反过来，即所谓穿透。"[1] 揭开公司面纱制度又称“法人人格否认”“股东有限责任之例外”“股东直索责任”，是指控股股东为逃避法律义务或责任而违反诚实信用原则，滥用法人资格或股东有限责任待遇，致使债权人利益严重受损时，法院或仲裁机构有权责令控股股东直接向公司债权人履行法律义务、承担法律责任[2]。

需要注意的是，“法人人格否认”这一提法并不很确切，法人人格否认并不是否认公司的法人人格，而是否定股东的有限责任，有限责任对于股东而言是一项权利，否定股东的权利，股东就不能只承担有限责任，但公司的法人人格仍然还在，公司仍然具有其权利能力，以自己的名义参加民事活动，等等。而且，对股东有限责任的否定也只是针对个别具有否定事由的违法股东而言，对于其他合法股东，仍然只承担有限责任。其他国家没有“法人人格否认”这种提法，“刺破公司面纱”“直索”的直译都不是“法人人格否认”。有学者认为“法人人格否认”这一提法是东亚学者翻译错误导致的，也许正是这一错误导致我国有很多学者质疑“法人人格否认”的提法，讨论法人人格否认和股东有限责任的关系，实际上，法人人格否认和刺破股东的有限责任根本不是同一项制度。

我国 1993 年《公司法》并没有规定法人人格否认制度，关

---

〔1〕［德］格茨·怀克、克里斯蒂娜·温德比西勒：《德国公司法》，殷盛译，法律出版社 2010 年版，第 389 页。但也有相当一部分德国学者认为“没有一个叫穿透的法律制度”（第 389 页）；“也没有名叫穿透的请求权基础。”（第 397 页）。

〔2〕 刘俊海：“揭开公司面纱制度应用于司法实践的若干问题研究”，载《法律适用》2011 年第 8 期。

于法人人格否认的探讨尚停留在学理阶段，2005 年《公司法》修订后引入了法人人格否认制度，使我国成为世界上第一个在成文法中引入法人人格否认制度的国家[1]。2013 年《公司法》修改沿用了 2005 年《公司法》的规定。2013 年公司资本制度改革后，有限责任公司取消了最低资本制度，资本缴纳制度由分期缴纳制度变为完全的认缴制，面对这些变化，是否还继续适用法人人格否认制度，扩大适用还是缩小适用，债权人如何依据法人人格否认制度主张请求权，都是值得探讨的问题。

一、《公司法》第 20 条第 3 款适用的一般条件

根据我国《公司法》第 20 条第 3 款[2]，我国法人人格否认制度的适用应满足以下条件：

第一，存在滥用法人独立人格的行为。确认股东有滥用法人独立人格的行为是适用法人人格否认请求权的前提和核心。我国《公司法》没有界定滥用法人独立人格的行为。在学理上，我国学者将滥用公司独立法人人格的行为分为以下几类：①资本不足。这是指公司的资本与其所从事行业的潜在风险相比明显较少，不足以应对潜在风险，公司资本不足是一个相对概念，不是绝对概念，公司资本显著不足的这一含义是基于经济要求而不是基于法律要求[3]。②人格混同。这是指没有区分股东的人格和

[1] 赵旭东：“法人人格否认的构成要件分析”，载《人民司法》2011 年第 17 期。

[2] 该条规定：“公司股东滥用公司法人独立地位和股东有限责任，逃避债务，严重损害公司债权人利益的，应当对公司债务承担连带责任。”

[3] 朱慈蕴：《公司法人格否认法理研究》，法律出版社 1998 年版，第 143 页。

公司的人格，将它们完全或绝大部分混为一体，表现为：一个公司设立数家公司，股东和公司之间相互持股所引起的混同。③财产混同：股东和公司之间的财产没有明确界限，你中有我，我中有你，股东支配公司财产就像支配自己财产一样，公司盈利，股东可以随意利用，公司亏损，公司自己承担责任，等等。

第二，须使债权人的利益受到严重损害。至于何为“严重”，法律尚无明确规定，由司法机关自由裁量。如果仅仅是一般性的损害，按照该条规定，尚不能适用法人人格否认制度。笔者认为，“严重损害”应该是至少使债权的一半无法收回。也有学者认为，要达到实际地损害了公司的偿债能力，只有影响到了公司的偿债能力，才有可能损害到债权的实现。否则，虽有滥用法人人格的行为，但并未影响到公司的偿债能力，进而威胁到债权人的债权的，便没有必要适用法人人格否认制度。也就是说，法人人格否认制度的适用是以结果为要件，而不是以行为为要件。“一般而言，如果仅有法人人格滥用行为而没有法定义务或约定义务的规避和给他人造成实际损害，法院并不主动将法人人格予以否认”[1]。这两种观点实际结果类似，但债权人因此承担的举证责任却有很大不同。

第三，行为人具有主观的故意。也就是说，行为人具有利用法人独立人格损害债权人的故意。过失不会导致否认法人的独立人格，因为滥用法人独立人格本身是一种规避法律的行为，这种行为的特点就是要求行为人精心设计、处心积虑，不断翻新花

〔1〕 南振兴、郭登科：“论法人人格否认制度”，载《法学研究》1997 年第 2 期。

样，否则难以成功，所以主观必须是故意。也有学者持反对意见，其认为“对于公司法人人格否认不应以股东故意为要件”[1]，否则将增加债权人的举证责任，降低法人人格否认制度的实用价值，同时又认为只要存在法定的情形，如存在滥用控制力、人格混同或逃避债务的行为，就可以适用法人人格否认制度。实际上，“有过错说”和“无过错说”所要求的构成要件，本质并无不同，只是“有过错说”通过行为人滥用独立人格的行为推断行为人具有过错，也并没有要求债权人其他的举证行为，而“无过错说”则省略了推断的过程，这两种观点中债权人承担的举证责任并无本质不同。但从我国《公司法》第20条第3款的文义内容来看，确实没有像《侵权责任法》第6条第1款一样明确规定过错为要件。这也许是立法者意在区别因法人人格否认产生的构成要件不同于侵权责任的构成要件。

在现行公司资本制度下，也会出现财产混同、人事混同、过度控制的情况，但与以前的公司资本制度相比，没有十分的特殊性。在现行认缴资本制之下由于取消了最低资本制，对认缴期限也不做强制性要求，会出现股东认缴的出资很多，而实际缴纳的出资很少的情况，这主要影响到公司实际占有资本的显著不足，本书主要讨论在现行公司资本制度下公司资本显著不足的情况。

---

〔1〕石少侠：“公司人格否认制度的司法适用”，载《当代法学》2006年第5期。

二、实缴资本应作为主要判断标准

（一）对于认缴资本本身较少的公司，认缴资本与实缴资本应该基本相同

在现行认缴资本制下，除了募集设立的股份有限公司以外，有限责任公司和发起设立的股份有限责任公司均是以股东认缴的出资作为注册资本。虽然目前我国学者，特别是支持此次公司资本制度改革的学者对注册资本的作用多持批评态度，认为注册资本增加了公司设立的难度。但注册资本的作用仍然是十分重要的，在欧洲、日本、韩国，甚至世界范围内，否定注册资本的作用的观点仍然算不上主流意见，如上文所列，绝大多数国家的公司法中仍然要求法定最低资本，只是在有些类型的公司中没有要求法定最低资本。注册资本为企业最初的经营乃至后期的经营提供经营资金，是股东愿意承担经营风险的“诚意金”和债权人的债权得到保障的“保险垫”。公司成立之初，股东就应该根据经营特点和风险判断将要投入的注册资本规模。虽然现行资本制度没有要求最低资本，但如果股东认缴的注册资本过低，明显低于经营、承担风险所需的资本，就可以认为股东具有利用公司独立人格逃避市场风险的倾向，如果发生严重损害债权人利益的情况，结合其他因素，可以考虑否认其有限责任。如果股东认缴的出资额本身较少，一般不会发生不实际缴纳的情况，不管是以认缴的注册资本还是以实缴资本判断，实质上都是一样的，所以可以直接以注册资本判断是否构成资本显著不足。

（二）对于股东尚未实际缴纳出资的公司，可以分为两种情况

1. 认缴的出资畸高。这就是前文所说的高资本公司，比如引言中的注册资本 170 亿元的公司。对于这种公司，由于其注册资本畸高，可以推断股东没有能力和意向实缴已经认购的股本，讨论出资期限已经没有意义。此时债权人有两种类型的请求权：一种是侵权请求权，因为股东设立高资本公司，其主观的欺诈故意已经十分明显，主张侵权请求权成立的可能性较高；另一种是以法人人格否认制度主张请求权。如果选择以法人人格否认制度主张请求权，因为股东不可能实缴较高的注册资本，注册资本已经失去经营、担保的意义，发挥作用的只有实缴部分，所以，应以实缴资本判断公司是否明显资本不足。注册资本的数额主要在判断股东是否构成欺诈中发挥作用。

2. 认缴的资本额并不畸高，仍然在正常的范围内，此时可以分为两种情况：

（1）一种是认缴的期限较长，如三十年、五十年甚至更长。有数据显示，我国中小企业的平均寿命为 2.5 年，企业集团的平均寿命为 7～8 年，认缴期限过长可以认为缺少实缴的诚意，其主观恶意与设立高资本公司有相似之处。此时由于股东的认缴期限过长，实缴已经可望而不可即，在公司经营中发挥作用的仅是实缴资本，所以应以实缴资本判断是否构成资本显著不足。

（2）另一种情况是股东的认缴期限并不畸长，此时又可以分为两种情况：一是未到出资期限而未实缴。此时如果仍以实缴资本来判断资本是否显著不足，显然有违立法本意。立法不强制

性地规定出资时间，就是为了降低设立公司的门槛，给股东充裕的时间筹集资金，股东对此有期限利益。换句话说，股东此时不缴股款是为立法所允许的，而且股东约定的认缴期限也在合理的范围内，正常来讲能够如约缴纳股款。即使此时股东以前实缴的股款已经被消耗殆尽，使股东丧失清偿债务的能力，也只能视其为正常的经营风险导致的，不能以实缴资本明显不足为由否认法人人格。至于此时可否视股东认缴期限已到而令其实缴股款，则是另外一个问题。二是已届认缴期限而不缴纳。此时应综合考虑两方面因素：①股东不缴股款是否是出于故意。如果是出于故意，则倾向于以实缴资本作为判断标准；如果不是出于故意，而是由于客观原因，如经营不善、资金紧张等原因导致一时无法缴纳股款，则倾向于以认缴资本作为判断标准。②鉴于我国《公司法司法解释三》第13条已经赋予公司债权人在股东未履行或未完全履行出资义务时对股东的直接请求权，立法意向应该是此时尽量不适用法人人格否认制度，但该条也未排除法人人格否认制度的适用，所以从慎用法人人格否认制度的角度出发，可以考虑以认缴资本作为判断标准，提高法人人格否认制度的适用门槛。

三、判断时点

债权人主张否认法人独立人格应该是债权受到严重损害之后，但判断资本显著不足的时点不应该是在债权受到损害时，因为股东并不负有使公司一直保持资本充足的义务。一般情况下，股东满足出资要求以及法律规定的其他要件，公司就已经依法成立，具有自己独立的法律人格，与股东分别独立，不论盈亏都与股东无关，否则就相当于没有承认股东的有限责任。所以，如果以注册资本判断公司是否资本显著不足，则应以公司设立时作为判断时点，判断公司设立时是否存在资本显著不足的情况；如果以实缴资本作为判断标准，则应以实缴时作为判断时点，如果实缴之时公司没有出现资本显著不足的情况，而实缴之后公司发生亏损，丧失偿付能力，也不能因此认为公司资本显著不足。

四、因果关系的判断

我国有很多学者认为，否认法人独立人格需要滥用法人独立人格的行为与债权受到损害之间具有因果关系，“因果关系的存在是追究滥用法人人格行为的法律责任的基础”[1]。没有因果关系就不能向法院主张请求权。“这一要件强调滥用行为应与损害结果之间具有因果关系”[2]，“被告作为、不作为与原告的损失之间有因果关系。”[3] 也有学者认为，“法人人格否认的适用还应有因果关系要件”，但鉴于股东滥用公司独立人格当然会损害公司的偿债能力，所以应进行因果关系推定，由股东方承担举证责任[4]。

笔者认为，人格混同、滥用控制权和资本显著不足是目前国

---

〔1〕南振兴、郭登科：“论法人人格否认制度”，载《法学研究》1997年第2期。

〔2〕石少侠：“公司人格否认制度的司法适用”，载《当代法学》2006年第5期。

〔3〕沈四宝等编著：《揭开公司面纱法律原则与典型案例选评》，对外经济贸易大学出版社2005年版，第25页。

〔4〕朱慈蕴：《公司法人格否认法理研究》，法律出版社1998年版，第71页。

内外比较公认的滥用法人独立人格的状态或行为，对于这些状态或行为与债权人受到的损害之间是否存在因果关系还应作分类讨论。在人格混同的情况下，虽然公司与其他公司、股东之间存在财务、业务、人员、办公机构等方面的混合，使公司与股东、其他公司之间难以截然分开，使公司丧失应有的独立人格，但这种混合只是使公司的人、财、物，尤其是资产变得不清晰，却并不一定会使公司的资产减少，从而影响公司的偿债能力，损害债权人的利益。也就是说，人格混同的行为与债权受到损害之间不一定存在因果关系。但是从国内外的审判实践来看，如果被控告的公司与股东之间确实存在人格混同，法院还是倾向于否认法人独立人格，而不考虑人格混同和债权人利益受损之间是否存在因果关系。在国内的很多判决当中，在认定公司和股东存在人格混同的情况下，法院也较多地否认股东的有限责任，而不再追究人格混同和债权人受损之间是否具有因果关系，或者在同时存在人格混同和债权人受损的情况下，法院会直接认为二者之间存在因果关系，这似乎是将因果关系作为构成要件，但这一构成要件又不需要证明。在过度控制的情况下，过度控制的行为与债权人利益受损之间的因果关系表现得比较明显。过度控制一般体现为：大股东擅用公司财产为自身债务提供担保，直接利用公司资产清偿个人债务，以不公平关联交易变向侵占公司资产等[1]，可以看出这些行为比较明显地减少了公司的资产，直接威胁到了公司的偿债能力，同债权人利益受损之间具有因果关系。但在有些情况

〔1〕 朱慈蕴：《公司法人格否认法理研究》，法律出版社1998年版，第128页。

下，过度控制的行为也与债权人受到损害之间没有因果关系，有实力的股东谋求对公司的控制是十分正常的情况，目的可能是推行自己的经营战略方针，谋求更好的发展，未必是侵占公司利益，即使后来可能导致债权人受损，也不能当然认为是股东的过度控制行为导致的。

在现行公司资本制度下，比较可能发生的是因资本明显不足而引起的法人人格否认。我国早已有学者指出公司是以资产而不是以资本对外承担信用[1]。从财务管理学的角度，反映企业长期偿债能力的主要是资产负债率，公司的资产越多，其偿债能力才有可能越强。资产和资本并不是等值关系，“除在公司设立的某个瞬间，公司的资产纯粹由资本构成且资产本身未发生任何价值变化外，公司资产与资本的脱节是公司财产结构的永恒状态。”[2] 在公司成立时，股东投入的资本可能构成公司的全部资产，但随着公司生产经营的开始，公司的资产每时每刻都在发生着变化，有可能增加也有可能减少，虽然公司是按照季度、年度编制资产负债表，但是公司资产负债的变化在随时发生，即使公司不开展经营，公司资产的变化也依然如故，至少固定资产、设备在发生着减值、折旧。公司资产的变化主要取决于公司的经营能力，与股东最初投入的资本没有必然关系。所以，即使公司成立时股东投入的资本显著不足，也很难认定债权人后来债权的受损与股东最初投入资本的不足有因果关系。公司存续的时间越

---

〔1〕 赵旭东：“从资本信用到资产信用”，载《法学研究》2003 年第 5 期。

〔2〕 范健：“从资本走向信用：我国公司资本制改革带来的信用责任体系思考”，载《第三届公司法司法适用高端论坛论文集》2014 年 5 月。

长，这种关系就会越弱。但在有些情况下，这种因果关系确实是存在的，比如由于股东投入的资本显著不足，使得公司成立之后就根本无法经营，仅仅是一个空壳，或者公司刚刚成立就对第三人发生侵权行为，需承担巨额赔偿责任。在这种情况下，可以认为股东不实缴出资的行为和结果之间存在因果关系，但如果由债权人证明这种因果关系的存在也不太容易。

从文义解释的角度看，《公司法》第20条第3款的结构也并没有要求滥用法人独立人格的行为同债务人利益受到损害之间具有因果关系，只是强调了行为要件和结果要件。从性质上看，否定法人独立人格产生的责任是一种由公司法直接规定产生的责任，现代世界各国的公司法和审判实践一般都肯定了否认法人人格制度。这种责任既非合同责任，也非侵权责任。法人人格否认制度的立法本意，是为了平衡利益[1]，是为保护债权人而专门设计的一项制度，只要有滥用法人独立人格的行为和债权受损的结果就可以适用法人人格否认制度。如果必须要求证明因果关系，这无疑加重了债权人的证明责任。而且，如果要求行为与结果之间有因果关系，就会使法人人格否认责任的构成要件同侵权责任的构成要件相同，因为我国《公司法》的法人人格否认责任本身规定了行为要件和结果要件，又可以通过滥用法人独立人格的行为推断主观过错，再加上因果关系要件，就会同《侵权责任法》规定的侵权责任的构成要件完全一致[2]，就失去了《公

〔1〕 石少侠："公司人格否认制度的司法适用"，载《当代法学》2006年第5期。

〔2〕 也有学者认为法人人格否认产生的责任也是一种侵权责任。

司法》规定法人人格否认制度的意义。所以，至少在资本显著不足的情况下，要求债权人证明资本显著不足和债权人受损之间具有因果关系，请求权才能成立，是欠妥的。

在现行公司资本制度下，相对宽松地把握法人人格否认制度的适用条件是有必要的。因为股东以有限责任进行商业经营本身就意味着对社会利益的不公平，为利益平衡，才要求股东投入相当数量的资本，可以将注册资本列入公司风险的前端控制范畴。现行公司资本制度取消了最低资本要求，就相当于取消了公司成立的前端资本控制。也是出于利益平衡的考虑，在后端控制，也就是在法人人格否认制度的适用上应对股东更加不利。有学者认为，美国诸州的公司法已经普遍取消了最低资本制，对债权人的保护就是采用后端控制策略，股东可以相对轻易地设立公司，获得“空手套白狼的”机会，但也要承担“秋后算账”的法律后果[1]。日本学者也认为：“由于最低资本制度的废止，公司债权人为满足自己的债权，就有必要采取其他措施。包括侵权行为债权人在内的债权人保护，有必要通过对董事等第三人责任的追究、法人人格否认法理的适用来实现。”[2]

五、最低资本制的取消不影响法人人格否认的适用

法定注册资本数额在否认法人人格的立法和司法实践中一直

〔1〕 刘俊海：“揭开公司面纱制度应用于司法实践的若干问题研究”，载《法律适用》2011 年第 8 期。

〔2〕 ［日］ 前田庸：《公司法入门》，王作全译，北京大学出版社 2012 年版，第 19 页。

发挥着十分重要的作用。最高人民法院1994年3月作出了《最高人民法院关于企业开办的其他企业被撤销或者歇业后民事责任承担问题的批复》[1]，这一批复本应只用于公司开办的其他公司被撤销或歇业的情况，但司法实践中也被应用于其他类型的法人人格否认案件中。按照该批复，最低注册资本似乎成了判断资本显著不足的标准。按照该批复，股东的出资只有低于最低注册资本才有可能被否认法人人格，如果仅仅是低于公司注册资本，而高于法定最低资本，股东仅承担资本补足责任，不承担连带责

---

〔1〕 一、企业开办的其他企业被撤销、歇业或者依照《中华人民共和国企业法人登记管理条例》第22条规定视同歇业后，其民事责任承担问题应根据下列不同情况分别处理：

1. 企业开办的其他企业领取了企业法人营业执照并在实际上具备企业法人条件的，根据《中华人民共和国民法通则》第48条的规定，应当以其经营管理或者所有的财产独立承担民事责任。

2. 企业开办的其他企业已经领取了企业法人营业执照，其实际投入的自有资金虽与注册资金不符，但达到了《中华人民共和国企业法人登记管理条例实施细则》第15条第（7）项或者其他有关法规规定的数额，并且具备了企业法人其他条件的，应当认定其具备法人资格，以其财产独立承担民事责任。但如果该企业被撤销或者歇业后，其财产不足以清偿债务的，开办企业应当在该企业实际投入的自有资金与注册资金差额范围内承担民事责任。

3. 企业开办的其他企业虽然领取了企业法人营业执照，但实际没有投入自有资金，或者投入的自有资金达不到《中华人民共和国企业法人登记管理条例实施细则》第15条第（7）项或其他有关法规规定的数额，或者不具备企业法人其他条件的，应当认定其不具备法人资格，其民事责任由开办该企业的企业法人承担。

任。这种思路在该意见颁布时具有一定的参考价值[1]，因为按照当时的物价水平和最低法定资本数额，如果股东的出资数额能够达到或超过法定最低资本数额，对于保护债权人的利益具有一定的意义，一般能够帮助公司开展经营，也表明股东设立公司的诚意。但2005年《公司法》大幅降低了最低资本要求[2]，成立有限责任公司的最低注册资本只需3万元，这对于保护债权人的作用而言可以说已经微乎其微。现行公司资本制度已经完全取消了法定最低资本数额，因此，在司法实践中，以法定最低注册资本判断公司资本显著不足并非是一项合理的标准。

---

〔1〕 1993年《公司法》第23条　有限责任公司的注册资本为在公司登记机关登记的全体股东实缴的出资额。有限责任公司的注册资本不得少于下列最低限额：①以生产经营为主的公司人民币10万元；②以商品批发为主的公司人民币50万元；③以商业零售为主的公司人民币30万元；④科技开发、咨询、服务性公司人民币10万元。

第78条第2款　股份有限公司注册资本的最低限额为人民币1000万元。股份有限公司注册资本最低限额需高于上述所定限额的，由法律、行政法规另行规定。

〔2〕 2005年《公司法》第27条 股东可以用货币出资，也可以用实物、知识产权、土地使用权等可以用货币估价并可以依法转让的非货币财产作价出资；但是，法律、行政法规规定不得作为出资的财产除外。对作为出资的非货币财产应当评估作价，核实财产，不得高估或者低估作价。法律、行政法规对评估作价有规定的，从其规定。全体股东的货币出资金额不得低于有限责任公司注册资本的30%。

第59条第1款　一人有限责任公司的注册资本最低限额为人民币10万元。股东应当一次足额缴纳公司章程规定的出资额。

第81条　股份有限公司采取发起设立方式设立的，注册资本为在公司登记机关登记的全体发起人认购的股本总额。公司全体发起人的首次出资额不得低于注册资本的20%，其余部分由发起人自公司成立之日起2年内缴足；其中，投资公司可以在5年内缴足。在缴足前，不得向他人募集股份。股份有限公司采取募集方式设立的，注册资本为在公司登记机关登记的实收股本总额。股份有限公司注册资本的最低限额为人民币500万元。法律、行政法规对股份有限公司注册资本的最低限额有较高规定的，从其规定。

由此产生了两种看法：一种认为取消法定最低注册资本后，资本显著不足就不再具有否认法人人格的意义，因为既然立法已经不再强制要求最低资本数额，就意味着注册较低资本是合法的；另一种意见认为由于没有了最低资本制的限制，股东就可能肆无忌惮地设立低资本公司，这也为上文所引用的数据证实，所以，“没有了最低资本的限制，资本显著不足对公司人格否认的作用应是陡然上升的”〔1〕。

笔者认为，这两种看法都有道理，取消最低注册资本后，确实会有很多人投资设立小资本公司，或者长期不实缴资本，借用公司独立人格逃避风险，法人人格否认制度会有更多的用武之地，但是由于取消了最低注册资本，理论上，会使法官很难为资本是否显著不足确定标准，《公司法》取消了最低注册资本限额会给人一种设立任何数额的注册资本的公司都是完全不受限制的认识。毫无疑问，“法定最低资本不是判断显著程度的标准”〔2〕，判断公司资本显著不足，“不是看其股东出资是否低于最低注册资本。”〔3〕 法官也不会不明白这个道理。但对于审判工作而言，有标准好于无标准。所以，新公司资本制度施行后，实践中，利用公司独立法人资格规避风险的情况会增加，理论上，适用法人人格否认制度的情况也会增加。但审判实践中，以注册资本显著不足为由否认法人独立人格的情况是否会增加，还需要数据的

〔1〕 赵旭东：“资本制度变革下资本法律责任——公司法修改的理性解读”，载《法学研究》2014 年第 5 期。

〔2〕 朱慈蕴：《公司法人格否认法理研究》，法律出版社 1998 年版，第 83 页。

〔3〕 刘俊海：“揭开公司面纱制度应用于司法实践的若干问题研究”，载《法律适用》2011 年第 8 期。

说明。

最低资本制的取消增加了法院以资本不足为由揭开公司面纱的疑虑，但是，应该认为，即使取消了最低注册资本制也没有破坏掉以资本实质不足为由揭开公司面纱的法律基础。公司法中本身就没有以资本显著不足为由揭开公司面纱的请求权基础，这一理由只是学界的观点，既然没有，就无所谓破坏。也可以说，在存在最低资本制的情况下，股东出资即使高于注册资本限额，也完全可能被追究连带责任；低于最低资本限额，既有可能被追究连带责任，也有可能仅仅被追究出资不足的责任。也就是说，股东出资达到最低资本限额的效力仅仅是能够成立公司，而不能保证不被追究连带责任。

六、资本显著不足的判断

刘俊海教授认为："资本显著不足又称资本弱化，是指股东投入公司的股权资本与公司从债权人处筹措的债权资本之间明显不成比例的公司资本现象。"〔1〕朱慈蕴教授认为，资本显著不足是指公司资本与公司经营事业所承担的风险相比明显过少，表明股东欠缺利用公司经营发展商业的诚意，故意将交易中的风险转移给与公司交易的第三人，损害或有可能损害第三人的利益。以非常少的出资意图获得有限责任的庇护，是对公司独立法人资格

〔1〕刘俊海："揭开公司面纱制度应用于司法实践的若干问题研究"，载《法律适用》2011年第8期。

的滥用[1]。

财务学中也有用于判断公司偿债能力的指标：资产负债率。它是资产总额除以负债额所获得的百分比，也就是负债与资产之间的比例关系。资产负债率反映在总资产中有多大比例是负债，资产与负债之差是净资产。资产负债率这个指标反映债权人所提供的资本占全部资本的比例，也被称为举债经营比率。资本负债率是负债总额与所有者权益的比率，就是刘俊海教授所说的股权融资和债权融资的比例，反映公司主要是靠债权人获得资金还是靠股东获得资金。该比率越高，说明公司债权比率越高，也能反映公司进一步使用财务杠杆来举债的空间不大，并具有较大的付息压力，可能蚕食公司的经营资金。究竟资本负债率是多少才能说明公司的经营稳健、风险可控，无统一标准，要通过在同一行业的不同公司之间对比得出，还要结合公司具体的市场地位和公司成长阶段来辩证分析。此外，还有或有负债比率、已获利息倍数、带息负债比率等指标。

上述反映公司的偿债能力的财务指标具有真实、客观、准确的优点，是财务管理当中经常使用的指标，优良的指标往往能够说明企业具有较好的业绩，在日常的经营合作甚至是在上市审查过程中都发挥着重要的作用，但是反映公司资本是否显著不足就不是财务指标的长项：

第一，这些指标是相对指标，主要用于反映公司内部的财务状况，但是不能反映绝对数值，更没有反映公司所处的行业状

〔1〕 朱慈蕴：《公司法人格否认法理研究》，法律出版社 1998 年版，第 140～144 页。

况。一个公司的资产负债率可能很低，但这不能说明该公司不存在资本显著不足的情况；一个公司的产权比率可能很高，这也不能说明其资本较少，而是负债较多造成的，负债较多也许恰恰说明了该公司因具有良好的商业信誉而带来的融资能力。一个公司具有较好的产权比率也不能反映该企业的资本绝对数额能够达到行业的要求。

第二，这些财务指标所需要的数据一般来源于资产负债表，资产负债表有固定的编制时间，一般是按季度、6 个月或 1 年编制，并不是随时需要，随时就能轻易获得，有一定的时间限制。由资产负债表得出的财务指标只能反映资产负债表编制时间的财务状况，而如前所述，判断公司资本是否显著不足主要是在公司设立时和资本实缴时，两者的时点不一致。

第三，有些财务指标的计算需要专业的知识和数据，不是法官能够胜任的，需要进行财务司法鉴定，而司法鉴定得出的结论也不是公司是否资本显著不足，而是关于公司财务状况的说明。如何使用司法鉴定的结果仍是一个值得探讨的问题，最后结果仍需要法官的判断。

第四，从司法实践来看，在笔者所做的 100 件法人人格否认案件的统计当中，没有一起判决提到了财务指标的运用，在以资本显著不足否认法人人格的案件中，法官主要还是考虑到了股东投入的资本和给债权人造成的损失，如果二者比率过于悬殊，比如 1 比 10，法官就可能认为股东在利用有限责任损害债权人的利益。这多少反映了有损害就要有赔偿的思维，法官首先判断债权人受到了多大的损害，如果较小，就算作是正常的商业风险；如果过大，就转向审查股东的出资，进而否定有限责任。由于我国法院的判决书大都比较简单，对裁判理由往往缺少论证，也就无从判断法官掌握的比例到底是多少，只能理解为常识判断了。

在立法上，用财务指标为资本显著不足做出统一的规定更是不可能的。

第二节　以资本不足否认法人人格的比较法考察

一、德国

德国学界将资本显著不足分为名义资本不足和实质资本显著不足，很多德国学者认为资本不足应成为股东承担直索责任的案例类型。德国学界和审判实务中对两种类型的资本不足存在不同态度。

（一）名义资本不足

1. 名义资本不足的概念。这一般是指与公司所开展的经营活动、所在行业相比较，公司的注册资本明显太低，无法满足公司经营、为债权人提供担保，但是股东通过向公司提供贷款等方式向公司提供了经营资产，使公司实际拥有的资产数量较多，而实际上注册资本较少。公司经营的实践表明，资本不足公司的破产率要远远高于资本充足的公司[1]。股东向公司提供贷款一般

〔1〕 高旭军：《我国公司人格否认制度适用研究——以与德国比较为视角》，法律出版社 2014 年版，第 110 页。

有利于公司的经营，是公司的重要融资渠道，问题是怎样对待股东提供给公司的贷款。因为股东完全可以其自身地位，在公司陷入财务危机或破产之前提前收回贷款，给公司债权人造成不利。

2. 立法和司法实践中的处理办法。德国立法和司法实践中并没有将名义资本不足作为穿透责任的案件类型，也就是在名义注册资本较低而公司实际拥有较多资产时，并不会追究股东的直索责任。但这并不是说股东可以不受限制地收回贷款。德国立法者和最高法院曾经将股东借给公司的贷款视为公司的自身资本，股东要受到资本维持原则的规制[1]，不得收回贷款，否则要承担相应的法律后果，导致公司或破产管理人向股东追偿。这种规定明显有利于债权人而不利于股东。

后来德国立法者的态度发生了较大变化。2008 年 10 月德国

---

〔1〕《德国有限责任公司法》第 30 条规定　①公司不得将维持注册资本所需的资产退还给股东。本款第 1 句并不适用于存在着控制可同或利润划拨合同下所进行的给付，如果股东提供了等值的对价或获得了对公司的归还请求权，也不受此限制。此外，本款第 1 句也不适用于公司向股东归还贷款或清偿股东基于法律行为而对公司拥有的、与股东贷款相似的债权。②公司可以将已收到的增缴股款退还给股东，但如果这些款项必须用于弥补资本亏损，在属例外。公司应根据第 12 条的规定公告有关退还增缴股款决定，公告后未满 3 个月前不得退还。如章程并未规定此种报纸，这应在公布商业登记的公开报纸上公布。

第 31 条　①违反第 31 条规定退还给股东的资产必须退还给公司。②如果收受者为善意的，可以要求他归还；但其退还以清偿公司债权人所必需为限。③如果收受人无法归还，其他股东应案其持股比例共同归还收受者未退还的款项，但以清偿公司债权人的债权人所需为限；如果个别股东无法归还其分摊的款项，应按上述比例有其余股东分摊。④根据上述规定必须履行的支付，不得免除。⑤公司根据本条第 1 款规定拥有请求权的诉讼时效为 10 年，在根据第 3 款拥有的诉讼时效为 5 年。诉讼时效的期限自引起归还请求权的支付进行之日起的次日起算。⑥对于本条第 3 款规定应该归还的支付，如果进行该项支付的经理有过错，其他盈余股东承担连带的赔偿义务。

颁布了《对有限责任公司进行现代化改革和反滥用的法律》，根据该法规定，股东提供给公司的贷款将不当然地被视为公司的自有资本，不适用于《有限责任公司法》第30、31条，而由《破产条例》第135条调整。根据该规定，如果股东在公司破产前一年内收回贷款，则这种行为是可撤销的。这种做法毫无疑问将有利于处于经营困难中的公司通过股东融资，减少股东向公司贷款的顾虑。其合理性在于如果股东是在公司破产前一年内收回贷款，则可能加重公司的经营困难、损害债权人的合法权益；而如果股东是在公司破产一年之前收回贷款，一般与公司破产、债权人利益受损之间的关联性不是很强，应避免股东因此承担不利后果。而这种规定实际上是对债权人不利的。

不管是适用《有限责任公司法》第30、31条关于资本维持的规定，还是适用《破产条例》第135条的规定，解决的都是如何看待股东提供给公司的贷款，涉及的也仅仅是贷款的数额，不导致股东被追究无限责任，所以，在德国，在名义资本不足的情况下要求股东承担直索责任并无请求权基础。

（二）实质资本不足

1. 实质资本不足的概念。实质资本不足是与名义资本不足相对的概念，是指与公司的经营规模相比，公司的注册资本过低，也不能通过股东贷款等方式获得经营所需的财产，任何微小的波动都可能使公司陷入破产的状态。这是违反《德国股份公司法》第1条第1款和《有限责任公司法》第13条第2款的行为，是对公司独立法人人格的滥用[1]。

2. 学界观点。德国法学界的主流观点认为，如果投入公司的资本过低，则股东可能因此承担个人赔偿责任[2]。反对观点也有很多，理由是：①《德国有限责任公司法》只是要求了公司设立的最低资本要求，但并未规定公司有义务保持这一出资，也没有规定股东的出资一定与公司经营规模相适应。《对有限责任公司法进行现代化改革和反滥用的法律》将设立公司的最低资本降为10 000欧元，成立企业家公司的注册资本可以为1欧元，这可以说明股东没有义务投入更多资本。②没有明确的标准判断实质资本显著不足，不管是法律界还是经济界都没有给出明确的标准计算，而如果以反推的方式，也就是在公司破产以后审视公司的注册资本数额，虽然在某些情况下能够得出注册资本实质不足的结论，但是这样将有可能使之形成一种普遍意义的责任，降低法律的安定性，使人们怀疑有限责任公司存在的意义。

（三）实务观点

案例一：

某社团承租了一块土地，然后将其分割出租给自己的成员，1964年出租人要求提高租金，并得到法院的支持，法院判决租金自1965年开始提高，但该协会没有财产支付提高的租金，于是出租人将社团的几个成员告上法庭。

---

〔1〕范剑虹、李海敏、李翀：《中、美、德“公司法人格否认”比较研究》，澳门大学出版中心2013年版，第50~51页。

〔2〕高旭军：《德国公司法典型判例15则评析》，南京大学出版社2011年版，第435页。

德国联邦最高法院最终判决社团的成员应该承担个人责任，根据诚实信用原则和禁止权利滥用原则，认为被告作为社团成员，有义务注意在承租地块租金提高的情况下，使社团有财产支付租金，其试图以法人的结构和社团中介得到利益是违反诚实信用的行为[1]。

案例二：

被告是一家依法成立的有限责任公司，从事建筑行业。1973年，被告设立了一家全资子公司，注册资本为200 000马克，由子公司负责房屋建造，被告负责房屋销售，为使该全资子公司拥有足够的资金从事经营，被告向子公司提供了260 000马克的贷款，并向子公司出售了其经营所需的资产。被告依然保有该资产的所有权，两公司在一定程度上存在资产混同，子公司的建筑材料和办公场所就位于被告的地产上。1974年子公司发生财务困难，面临破产危险，被告收回了其向子公司提供的部分财产。由于子公司资产过少，按照德国法律规定，破产程序无法启动。一家子公司的玻璃供应商起诉被告，要求被告为子公司的债务承担偿还责任。

联邦最高法院最终没有支持原告的请求，因为公司法中没有这样的请求权基础，只有在严重违反诚实信用原则的情况下，直索责任才有可能成立，资本显著不足本身不能成为公司法中的请

---

〔1〕 范剑虹、李海敏、李翀：《中、美、德“公司法人格否认”比较研究》，澳门大学出版中心2013年版，第52页。

求权基础[1]。最高法院的这一判决受到了很多批评。

案例三：

G公司是一家人力资源发展和培训有限责任公司，注册资本为25 000欧元，股东为甲、乙、丙三人。甲、乙、丙三位股东持有S公司的股权，并通过S公司持有B有限两合公司的全部股权。乙、丙曾向B公司提供1 200 000欧元的贷款。2002年B公司陷入经营危机，计划对公司进行裁员，为了避免员工失业，于是成立了G公司。G公司成立后，B公司原有的21名员工与B公司解除劳动关系，由新成立的G公司与这21名员工建立劳动关系，从而避免了员工的失业。G公司承诺给每位员工支付最长2年的待业补助金。但是三位股东的行为最终没能帮助B公司渡过经营危机，尽管有乙、丙为B公司提供贷款。于是G公司的破产管理人要求甲、乙、丙三位股东承担直索责任。

杜塞尔地区法院认为此案符合资本显著不足的理由，所以判决应由股东承担直索责任。被告股东提出上诉，高等法院2006年10月26日驳回了被告的上诉请求，认为被告属于毁灭公司生存性质的挪用公司资产，仍然判决被告承担赔偿责任。被告仍然不服，向联邦最高法院提出复审申请，联邦法院最终撤销了二审法院作出的判决，判决股东不承担责任。

（四）小结

第一，在德国，对资本实质过低时股东的直索责任，法院的处理意见并不统一。在协会租赁案中，联邦最高法院曾经判决股

〔1〕［德］托马斯·莱赛尔、吕迪格·法伊尔：《德国资合公司法》，高旭军等译，法律出版社2005年版，第487页。

东承担直索责任，但在后来的一些案件中，联邦最高法院却否定了股东承担直索责任。在同时期对同一案件不同法院的判决结果也可能有较大不同，这说明德国法院在处理资本实质不足时并未形成统一意见。

第二，股东承担直索责任的请求权基础一般出现在民法中。在租赁案中，法院判决被告承担个人责任的请求权基础是民法中的诚实信用原则和禁止权利滥用原则，而不是实质资本过低。德国联邦最高法院也认为资本显著不足本质上不是一个独立的责任机制，不能仅以公司法中的规定要求股东承担直索责任。在有的案件中，一审法院以实质资本过低为判决基础要求股东承担直索责任，最高法院却认为这种理由是不能成立的。尽管如此，实质资本过低仍然可以作为事实依据，结合民法中的请求权基础要求股东承担直索责任。公司法中缺少请求权基础不等于在实质资本过低的情况下股东不承担个人责任，只是不能以公司法作为请求权基础要求股东承担侵权责任。

第三，最低资本制的废除影响直索责任的成立。上文提到，我国学者也有类似的观点。最低资本制度废除以后，法人人格否认制度将不再具有适用的余地，案例表明，德国存在同样的观点，法院也认为股东不负有使公司一直保持较高资本的义务，也有学者以法律已经不再要求最低资本数额作为理由，但是法院也并没有明确表示股东设立任何数额资本的公司均是完全不受限制的。可见，在德国，法定最低资本数额也在一定程度上影响着法院的判决。

第四，我国基本取消了最低资本制，德国设立有限责任公司的注册资本已经降到很低，原则上成立一元公司也是允许的，所以在面对资本显著不足这一问题时具有很强的相似性。但我国需要面对的特殊问题是我国《公司法》对股东的认缴期限没有强制性的要求，可能会出现因认缴期限过长导致的认缴资本很高而实缴资本较低的情况。所以，在我国现有的法律框架下，还需要考虑认缴期限的问题，这是我国在处理资本显著不足时的特殊之处。

第五，我国以《公司法》第 20 条第 3 款作为请求权基础追究股东直索责任成功的可能性应该更高。从以上几个案例可以看出，德国联邦最高法院并不是认同股东出资较低的行为，而是公司法中没有合适的请求权基础支持原告的请求，出资较低的行为在德国仍然没有获得认可。而我国则不同，我国《公司法》明确规定了法人人格否认制度，使得债权人的请求权基础变得更加确切。在德国，如果债权人以公司法作为请求权基础，法院可以公司法没有该请求权基础为由驳回诉讼请求，当事人只能转向其他请求权基础。但是在中国，如果债权人也仅以《公司法》第 20 条第 3 款作为请求权基础，法院就不能以不存在请求权基础为由驳回原告诉讼请求。

二、美国

美国是世界上揭开公司面纱制度比较发达的国家，在司法实践中，法院判决、确认了一大批揭开公司面纱案件。但是美国各州，即使是在被认为公司法比较发达的特拉华州的公司法中，也没有关于揭开公司面纱制度的直接规定。所以，在美国揭开公司面纱制度也不是一项法律直接规定的制度，没有确定的构成要件，可以称为是一种理论而不是一项制度。实践中，美国揭开公司面纱制度适用于以下情况：资本显著不足、过度控制、人员混同、机构混同、欺诈性地利用公司形式等等，与我国十分相似。

（一）典型案例

名顿诉卡瓦依案：

塞鸣那温泉公司于1954年3月8日在加利福尼亚州合法组建，经营一家游泳池，该游泳池通过租赁得来。1954年6月24日，原告的女儿在游泳池中溺水身亡，因此原告向法院起诉，要求塞鸣那公司承担责任。法院判决原告获得10 000美元的赔偿金，但判决未得到执行。于是，1957年1月30日，原告又起诉卡瓦依承担先前塞鸣那公司的债务，初审法院判决卡瓦依向原告赔偿10 000万元。

在本案中，被告并不打算投入足额资本，塞鸣那公司没有任何类型或品质的资产，公司经营所需的游泳池是通过租赁得来的。

判决理由是：如果公司成立时股东投入的资本过少，使得公司明显地缺少经营资本，对债权人缺少偿付能力，那么，当初允许设立这样的公司对于社会来说明显就是不公平的，可以认为成立公司的目的就是逃避个人责任，利用公司形式滥用公司的独立人格，在这种情况下股东的个人责任是不能够被免除的。在公司成立之初，股东就应该投入足额资本，以显示股东以公司形式进行商业经营的诚意，此数额应与公司的经营风险相当。如果股东投入的资本过少，以致于可以用微不足道来形容，那么就有理由揭开公司面纱[1]。

（二）小结

第一，资本显著不足一般不能单独成为揭开公司面纱的原因。美国实务界也存在这种认识，既然大部分州的公司法中均没有要求最低注册资本，对债权人的保护也主要不是依赖于法定资本制度，而是依赖于交易中的合同安排和保险等，“假若法律在立法之时都未强制要求股东向公司投入一定数额的注册资本，又怎能要求股东在事后就其未向公司投入足额的资本而对公司债务承担连带责任呢?”[2] 所以即使存在资本不足的情况，法院也不会轻易判决揭开公司面纱。但这并不是说判断资本不足在揭开公司面纱中可有可无，而是它不能单独发挥决定作用，在既存在资本不足，同时又存在欺诈性转移资产、过度控制、机构混同等情节的情况下，法院更有可能揭开公司面纱。有学者提出在“零资本”的情况下，法院有可能仅凭借资本不足揭开公司面纱[3]，说明了其重要性。

第二，判断资本不足的标准。判断资本显著不足仍然具有十分重要的意义，由于没有最低资本额作为判断标准，这就给法院的审理增加了难度。这同中国、德国的情况是类似的。在案件审理中，法官主要是从公司的经营规模、所在行业可能承受的风险角度判断资本是否充足，还要考虑公司经营中所能遭遇到的风

---

〔1〕 沈四宝等编著：《揭开公司面纱法律原则与典型案例选评》，对外经济贸易大学出版社 2005 年版，第 129 ~ 133 页。

〔2〕 范剑虹、李海敏、李翀：《中、美、德“公司法人格否认”比较研究》，澳门大学出版中心 2013 年版，第 19 页。

〔3〕 苗壮：《美国公司法制度与判例》，法律出版社 2007 年版，第 41 页。

险，是否购买了充足的责任保险，如果是，可以很大程度降低法院揭开公司面纱的风险。因此，法院在这个问题上仍然具有较大的自由裁量权。

第三，美国揭开公司面纱制度主要是从判例的基础上发展起来的，对请求权基础的论证和要求不像德国那么严密，而主要是从公平正义、公共政策等衡平法的角度论证股东应承担的个人责任，虽然并不十分强调请求权基础，但判决结果、社会效果同德国相比也没有明显区别。对于我国来说，由于我国民商法主要是借鉴、沿袭德国法，所以为了保持法律适用的协调统一，还是应该参考德国请求权基础分析法。

第四，所谓授权资本制在揭开公司面纱中并未发挥作用。按照我国绝大多数学者的观点，美国采用的是授权资本制而不是法定资本制，但在案例中可以清楚地发现，公司所获的授权额度在法院判决中没有发挥作用，法院判断的对象仍然是股东实际投入公司的资本。授权资本仅仅是一个获得授权的额度，对债权人的保护不能发挥任何作用。在资本不充足的判断上，法定资本制和所谓的授权资本制并无区别，这也从侧面说明，法定资本制和授权资本制不是泾渭分明的两种制度。

三、英国

在英国，股东没有实际缴纳出资或实际缴纳数额未达到其承诺认缴的数额，以致严重影响了公司的偿债能力；公司变成股东的工具，等等；这时，就可以揭开公司面纱。如果出资不足，法院有权揭开面纱，否定公司的独立人格，直接追索股东或董事的责任。这种责任是法定的，有相关的法律法规对此作出明确规定。在公众公司当中，2006 年公司法规定了公众公司的最低资本要求，如果公司在没有具备最低资本的情况下与第三人交易，则可能被揭开公司面纱。在私人公司中，由于 2006 年公司法没有要求最低资本额，如何判断出资不足也成为英国公司法面临的问题。有英国学者指出：在判断股东是否给公司提供了充足的资本时，不应仅仅局限于股东提供给公司的资本，资本不是唯一考虑的因素，而应该换一个角度，比如公司是否获得了不充足的资产，仅仅考虑资本问题是比较狭窄的。一些需要考虑的要素是：财务专家和统计专家对相关业务的陈述；股东的贷款和留存在公司的利润盈余；如果公司曾经有充足的资产，后来又变成不足，则法院需要调查资产下降的原因。

可以看出，英国也将公司资本不足作为揭开公司面纱的事由之一，但如果仅仅存在资本不足的情况，法院也不会轻易揭开公司面纱，法院的主要顾虑还是两点：①没有标准判断资本显著不足；②在公司法逐渐放松法定最低资本制以后，人们难以避免地认为法律已经不要求最低资本，以资本不足为由揭开公司面纱恐怕没有足够的说服力。

日本在司法实践中总结了多种法人人格被滥用的情况，认为只将少部分经营所需的资金作为注册资本金，公司经营所需的大部分资本金由股东借与，若公司面临破产，企图与其他债权人在同一顺序受偿的行为可以适用法人人格否认制度[1]。

本章小结

我国《公司法》明文规定了法人人格否认制度，明确为公司债权人赋予了请求权基础，所以《公司法》第20条第3款是债权人首先应考虑的请求权基础。资产混同、滥用控制权等典型的法人人格否认事由在现行的公司资本制度下没有十分的特殊性，已经多有学者对此进行讨论。在现行公司资本制度下，由于放松了对法定资本限额和认缴期限的规制，将会有很多公司的实缴资本较少，还会有很多公司的资本显著不足，客观上为以资本不足为由否认法人人格创造了条件，但随之而来的仍有两个问题：①最低资本限额的取消使得很多人认为既然法律已经不再强制要求公司最低资本限额，法院当然不能再以资本显著不足为由

---

〔1〕 刘惠明："日本公司法上的法人人格否认法理及其应用"，载《环球法律评论》2004年春季刊。在日本的司法实践中，法人人格被滥用而否认公司法人人格的情形，又有下列一些具体情况：①负有法律或契约上的竞业禁止业务的人以自己支配的公司而不是以自己的名义从事竞业行为。②以公司作为被保险人加入财产损害保险，控制股东本人引起保险事故的场合。③不动产的出卖人为免除登记过户的义务，设立公司并将该不动产登记转移至该公司名下。④为赶走工会活动家，让原公司假装解散，而另设新公司。这种情形下，应否认新旧公司的人格差异，认定该工会活动家与新公司有雇佣关系。⑤一方面拒绝履行债务，另一方面却将公司的资产转移到另一新公司，继续经营。⑥为逃避强制执行而设立新公司，并将原公司财产转移至新公司。⑦只将经营上所需资金的少部分计作注册资本金（资本过少），公司经营所需资金的大部分却由公司实际支配者借与，在公司破产时，该支配者企图与其他的一般债权人以同一顺序从公司接受偿还。

否认股东的有限责任；②由于《公司法》未强制要求认缴期限，会出现股东认缴数额较多，而实缴数额较少的情况，而这种不缴又不违反《公司法》的规定。

对于第一个问题，笔者认为是最低资本限额的法律效力问题。最低资本限额的法律效力应当主要体现在公司设立阶段，最低资本限额是公司法人成立的条件之一，达到此条件就能够成立公司，但并不是说股东的投入达到最低资本限额后就彻底不会因出资不足而被追究责任，最低资本限额的法律效力应不及于此。在以前法律要求了最低资本限额的情况下，股东出资虽高于法定最低资本限额，亦有可能因资本显著不足而被追究连带责任，举重以明轻，那么在取消最低资本限额之后，股东出资过少当然也难辞其咎，《公司法》虽然取消了最低资本限额却不等于赋予了股东免死金牌。这是由公司的多样性和法人人格否认理论所决定的。对于第二个问题，应侧重以实缴数额作为判断标准，毕竟只有实际缴纳的资本才能在公司的实际经营和债权担保中发挥作用。但是由于法律没有强制要求认缴期，所以不能只考虑实缴数额而忽视股东的期限利益，应结合认缴期限、认缴数额、实缴数额、缴纳意图、缴纳能力来综合判断是否追究股东的连带责任。在英美等国，资本显著不足是揭开公司面纱的重要原因之一，但是由于这些国家不允许认缴期限过长，所以一般不会出现认缴数额较多而实缴数额较少的情况，这是我国面临的新问题。

第四章　债权人对股东的侵权请求权

本部分从侵权责任的三个构成要件出发，讨论债权人可否对股东主张侵权请求权。在股东故意认缴远期出资，长期不实缴的情况下，虽然形式上没有违反《公司法》的规定，但是否违反民法、合同法中的诚实信用原则、公平原则，是否具有一定的违法性？股东故意长期不实缴资本的行为是否具有过错？股东的行为与债权受损之间是否具有相当因果关系？公司债权能否纳入《侵权责任法》的保护对象？等等。

侵权请求权是被侵权人依法请求责任人承担侵权责任的权利[1]，应该属于次生请求权。我国《侵权责任法》第3条规定："被侵权人有权请求侵权人承担侵权责任。"该条明确了侵权关系的主体和侵权请求权。我国《侵权责任法》第6条规定："行为人因过错侵害他人民事权益，应当承担侵权责任。"此条规定了我国侵权责任的构成要件，通说认为一般侵权责任的构成要件包括过错、损害、损害结果同行为之间具有因果关系[2]。判断

〔1〕 王利明：《侵权责任法研究》，中国人民大学出版社2010年版，第57页。
〔2〕 王利明：《侵权责任法研究》，中国人民大学出版社2010年版，第300页。

侵权责任能否成立是判断侵权请求权能否成立的前提。

第一节　股东的过错

一、过错的判断标准

我国学者认为，过错是一种主观的态度，是行为人可归责的一种心理状态。在多数情况下，法律只要求主观上有过错的人承担责任，一方面体现了法律对于民事主体善意、谨慎行事的心理要求，另一方面也体现了法律对已经尽到注意义务的人的宽容。过错具有主观性和可归责性，过错的可归责性在于其本质上的不正当性或不良性。对过错的判断标准，有主观标准和客观标准之分。

主观标准主要通过判断行为人的主观心理状况来确定其是否存在过失，核心在于判断行为人能否预见其行为产生的后果。判断能够预见或不能预见的标准取决于行为人自身的各种要素，诸如年龄、经验、知识等，而不是以行为人以外第三人的标准进行判断。将主观标准作为判断过错的标准需要建立在法律确认责任能力制度的基础之上，没有责任能力即无识别能力，不能构成过错。

客观标准说认为不管是英美法系的理性人标准还是大陆法系的善良管理人标准，都应界定为判断过失的客观标准，即不是以行为人的自身条件、状态来判断其是否存在过错。而是以一个预设的善良管理人或理性人在当时的条件下所应当达到的注意程度来判断行为人有无过错：如果达到了善良管理人的注意程度，就认为行为人没有过失；如果行为人没有达到善良管理人的注意程度，则是有过失的。至于怎样才算达到这样的标准，学者们有不同的看法。有人认为应该达到"一般人"的水平，既不是具有崇高觉悟的社会先进分子，也不是具有较高知识和技能的技术人员或道德水平低下，没有任何知识和技能的人，也就是说，应该是具有一般的道德水平和教育程度，能够尽一般的注意义务的人。有人认为客观标准不是最高行为标准，也不是一般标准，而是中等偏上的标准。

有人认为，不论是主观标准还是客观标准，都是在学理上的一种讨论，存在难以确定的问题，而法定标准则是一种容易确定的标准。法定标准是指广义上的法律（包括法律、行政法规和规章、地方性法规和规章、司法解释等）对行为人特定行为的注意义务之规定，将这些规定作为判断过失的标准。有些规则、规章还规定了特定主体或在特殊场合下所应遵循的特殊规则。以法定标准判断行为人有无过错的主要优点在于能够清晰、确定地得出答案，避免主观标准的不确定性。法定标准与客观标准并不矛盾，一种观点认为，法定标准可以纳入理性人标准，作为理性人标准之一部分而综合适用，或者与理性人标准相对应，构成客观标准之一部分并列适用。

笔者认为，对行为人过错的判断必然涉及理清过错和违法性之间的关系。"三要件说"主张在过错之外不再判断行为的违法性，同时又主张以行为外观判断行为人的主观过错，如果行为人的行为违法则推定其存在过错，以过错要件吸收了违法行为要件，也就是在实际运用中，仍然离不开对行为违法性的判断，反而对主观故意和过失的判断失去了独立价值。“四要件说”认为过错和违法性分别是独立的构成要件，过错用于判断行为人对损害结果的发生具有故意或者过失，违法性主要用于判断行为人的行为外观是否违反了法律规定的作为或不作为义务。“三要件”说反对将违法性作为独立的构成要件，反对违法性中所指的法律包括民事法律、宪法、刑法、行政法、经济法等实体法律和司法解释。同时其又主张以注意义务来判断过错，而认为注意义务的来源又是多元的，可以是法律、行政法规，也可以是技术规范，还可以是法律的基本精神。只要是违反注意义务，都可以认为有过错，以注意义务构建过错的认定标准[1]。这样，其实等于形式上没有采用违法行为要件，但过错要件反而被违法行为要件架空，失去了独立的内容。“四要件说”将过错与违法性相互独立，过错不涉及违法，仅指加害人对案件损害结果的发生是否存在故意或过失。不论是“三要件说”还是“四要件说”，在司法实践中对行为违法性的判断总是必不可少的。对同一行为的判断，“三要件说”和“四要件说”得出的结论一般都是一致的。有学者认为将违法性归入侵权责任的构成要件主要是为了保护行为人的自由，行为人的行为不违法便不用承担责任，以免动辄得咎。而不将违法性列为构成要件是为了加强对受害人的保护，使行为人有过错就有可能承担责任。从文义上看，我国《侵权责任

〔1〕 王利明：“我国《侵权责任法》采纳了违法性要件吗?”，载《中外法学》2012 年第 1 期。

法》确实没有将“违法性”作为独立的构成要件，但在我国司法实务中，“违法性”的证明仍然是普遍存在的。例如，原告经营一个农村养鱼池，捕鱼后经常将渔船放在池边，为防止他人用船发生危险，每次用完都将船桨带走。一日，甲乙丙三人见到空船，便用手做桨将船划到池中心玩耍，不料到池心因手无法控船导致船翻，三人遇难。审理中，庭长希望审判员找到这样的规定以证明原告违法，增强判决基础：经营养鱼池，必须配备救生船；如放置空船，必须将同时配备船桨。另外，在机动车责任事故案件中，也往往需要证明责任人违反了《道路交通安全法》。可见，在诉讼中，对侵权行为违法性的证明仍然是比较普遍的。所以，讨论股东行为的违法性仍然是有必要的。

二、长期不实缴出资违反诚实信用原则

诚实信用原则是在市场经济活动中形成的道德规则。要求人们在民事活动、商事活动中讲究信用、诚实不欺，在不损害他人合法权益的情况下追求、实现自己的利益，是现代民法行使权利、履行义务的基本原则。诚实信用原则可以起到平衡当事人之间利益，协调私人利益和公共利益的作用[1]。也有学者认为，给诚实信用原则下一个确切的定义几乎是不可能的，诚实信用原则是一个与生俱来的概念，无法定义，原因有两点：①诚实信用原则包含很多的道德性因素，随着时代、社会的发展会被不断赋予新的内容；②诚实信用原则并不是一个抽象的法律概念，而是

〔1〕 韩世远：《合同法总论》，法律出版社2011年版，第10页。

一个源于社会生活的“活”的概念。尽管诚实信用原则难以被定义，但诚实信用原则的作用是重要的，包括：①为当事人行使权利、履行义务以及法官裁判提供依据；②是法官解释法律、补充法律漏洞的原则与依据；③调整当事人之间、当事人与社会之间的利益冲突[1]。

通过以上定义可以看出，虽然我国学者对诚实信用原则的理解稍有不同，但对诚实信用原则的功能、作用的理解还是基本一致的。我国《合同法》将其具体体现为先合同义务[2]、附随义务[3]、后合同义务[4]等。《民法通则》第4条明确规定了诚实信用原则[5]。

在现行认缴制度下，《公司法》并未对认缴资本的数额和期限作出限定，有很多人认为可以不受任何限制地设立公司，但是按照诚实信用原则的要求，当事人应按照自己的履行能力、设立公司的目的、公司的实际经营需要合理地确定公司注册资本的数

---

〔1〕 李永军：《民法总论》，法律出版社2009年版，第79～82页。

〔2〕《合同法》第42条 当事人在订立合同过程中有下列情形之一，给对方造成损失的，应当承担损害赔偿责任：①假借订立合同，恶意进行磋商；②故意隐瞒与订立合同有关的重要事实或者提供虚假情况；③有其他违背诚实信用原则的行为。

第43条 当事人在订立合同过程中知悉的商业秘密，无论合同是否成立，不得泄露或者不正当地使用。泄露或者不正当地使用该商业秘密给对方造成损失的，应当承担损害赔偿责任。

〔3〕《合同法》第60条 当事人应当按照约定全面履行自己的义务。当事人应当遵循诚实信用原则，根据合同的性质、目的和交易习惯履行通知、协助、保密等义务。

〔4〕《合同法》第92条 合同的权利义务终止后，当事人应当遵循诚实信用原则，根据交易习惯履行通知、协助、保密等义务。

〔5〕《民法通则》第4条 民事活动应当遵循自愿、公平、等价有偿、诚实信用的原则。

额、缴纳期限，不切实际地设立高资本公司，不充分考虑自己的履行能力或不打算实际缴纳，都是对自己权利的滥用，是违反诚实信用的行为。

设立认缴期较长的公司也存在同样的问题，合同的目的只有通过合同的履行才能实现，合同的履行应当遵守适当履行的原则，合同主体应按照合同规定的内容、标的、质量、数量，由合同规定的主体在规定的时间、地点，以适当的履行方式全面完成合同义务[1]。诚实信用原则要求当事人善意地订立合同、履行合同，所订立的合同期限应当具有可能性，应当有利于公司的设立和运营。订立履行期限过长的合同实际上违反了诚实信用原则，不实际履行合同违反了应当适当履行合同的原则。出资合同的适当履行期限虽然在《公司法》中没有明确规定，但也不能随意约定。一般公司的出资期限不应超过自然人股东可能的寿命、法人股东的经营期限。

三、长期不实缴出资违反公平原则

合同公平原则也称为合同正义原则，是指对任何合同当事人均平等地看待，双方的所得与所失基本是对等的。具体表现为三个方面：①给付和对待给付之间具有等值性，这种等值通过形式或程序保障；②合理分担风险；③其他类型合同义务的合理分配，如果合同没有明确约定，可以参照公平原则确定。如损害赔偿的合理规制、附随义务的合理配置、免责条款的法律规制

〔1〕 崔建远主编：《合同法》，法律出版社2010年版，第126页。

等[1]，商法尤其强调行为的有偿性，无偿的行为与商法无缘[2]。商务关系是一种结了冰的私利之湖。在法国有关法人的法律中，也有将“无偿行为排除在商事行为的情况”，法国承认两大类型的法人：其一，以分享利润或追求经济节省效益并受商法调整的公司；其二，是在其他领域或者必须在其他领域开展活动的协会，如文化、体育、宗教活动等，无偿活动的各种协会均不由商法调整[3]。设定过长的出资期限，长期不实缴出资实际上就是无偿地取得公司股权的行为，不符合公平原则的要求和商业行为的特点。而且公司制度能够为股东带来只承担有限责任的利处，若不实际付出，也不符合公平原则的要求。

四、违反股东出资义务探讨

（一）股东的出资义务

股东出资义务是指公司的股东应当按期、足额缴纳公司章程或认股协议中所认缴的出资额。股东的出资义务产生于自愿的认购行为，在比较严格的实缴制下，股东只有按约定实缴出资才算完成出资义务，享有股东权利。在我国目前的认缴制下，只需认缴不需实缴就可以取得股东资格。股东的出资义务具有以下特点：

1. 公司是股东出资义务的接受主体。股东的出资义务源于

---

〔1〕 崔建远主编：《合同法》，法律出版社2010年版，第19～21页。

〔2〕［法］伊夫·居荣：《法国商法 第1卷》，罗结珍、赵海峰译，法律出版社2004年版，第49页。

〔3〕［法］伊夫·居荣：《法国商法 第1卷》，罗结珍、赵海峰译，法律出版社2004年版，第49～50页。

股东的认缴行为，一般表现为股东协议，记载于公司章程。出资协议虽然是股东之间的协议，但接受出资的是公司，公司因接受股东的出资方能形成最初的财产，对外独立承担责任。不论是股东已经缴纳的出资还是认缴的出资都是公司资产的组成部分，股东的实缴出资是公司实际掌握的资产，股东的认缴出资可以是公司的应收账款，股东凭借股东的出资进行生产经营，参与市场竞争。虽然认缴和实缴的资本均是公司资产、注册资本的组成部分，但是只有股东实缴的出资才能为公司实际支配，在公司的生产经营中发挥作用。

2. 股东只有完成了出资才能使股东的责任与公司的责任相分离。认缴出资是出资义务的前提，但只有实际缴纳才是完成了出资义务，在实缴之前，股东对公司负有缴纳义务。实缴之后，股东不再负出资责任，债权人也要受到这一制度的约束，一般只有在股东不实缴出资的情况下，法律才允许债权人向股东追究个人责任。只认缴、未获实缴的公司只是一个空壳，公司不应获得独立对外承担责任的能力，股东也不应享有只承担有限责任的待遇。

（二）股东出资义务的性质

关于股东出资义务的性质，学界主要有几种理解，分别是约定义务说、法定义务说、约定义务与法定义务混合说。

1. 约定义务说。约定义务说认为，股东的出资义务源于股东或发起人对公司股份的认购，认购股份产生了出资义务，所以股东出资义务的性质是由约定的性质所决定的。英美法系和大陆法系均认可这种理论。英美法系认为，股东认购一个公司的股份是一种要约，这一要约表示愿意购买一定数量的股份，与出售股份共同构成一个完整的契约。大陆法系认为，投资人认购股份是投资人为加入公司的入社契约行为。可见，虽然理论出发点不同，但都认为股东出资义务源于自愿的约定。股东不履行出资义务可参照债的不履行方法处理。

2. 法定义务说。法定义务说认为，约定义务说有很多难以解释的现象，比如，普通的合同可以协议解除，而出资协议不能协议解除；普通协议经当事人同意可以解除他方义务，而出资协议一般不能轻易废除；股东出资义务不能协议免除，已经履行的出资不能撤回；大多数实行法定资本制的国家对出资的形式、期限、次数、现金出资比例会有强制性的规定，不允许股东协议变更，等等。所以股东在出资范围内的出资是由《公司法》规定的法定义务，而不是约定义务。

3. 法定义务与约定义务混合说。该说认为，在现实中，股东出资义务的产生有三个依据，一是股东成立公司时所签订的协议或认股书；二是公司章程中关于出资的规定；三是《公司法》中关于出资的规定。出资协议是自愿达成的，《公司法》中的规定是强制性的。出资义务的来源决定了股东的出资义务既有约定性也有法定性。

笔者同意法定义务和约定义务混合说。因为：其一，如上文所说，股东达成的出资协议确实是股东自愿的行为，没有人强迫他人设立公司，而公司成立后，各国法律一般会要求公司章程将股东的出资方式、履行期限公之于众，产生公示公信力，公司股东不能轻易变化，彰显出资义务的法定性。但出资协议也并非完全不能变更或解除，比如在公司成立阶段，签订出资协议以后，公司由于某种原因设立失败，或者其他各方同意股东退出，由于此时公司尚处于设立阶段，没有开始经营，无所谓第三人信赖利益，所以法律允许股东解除、修改或退出出资协议。即使在公司成立后，如果股东修改出资协议的形式、出资期限、出资数额，或者修改章程中关于出资的规定，只要不危害第三人的利益，进行修改也是合法的。从公司筹备到公司成立，伴随着对第三人利益影响的增大，股东义务的法定性逐渐增强，股东出资义务的性质从约定为主过渡到法定性为主[1]。其二，股东出资协议虽然是自愿达成的，但是其内容并不是完全由股东自由协商决定，各国公司法一般会对出资的方式、期限作出要求，不能完全交由股东协商，我国《公司法》也禁止以姓名、劳务等形式的出资。可见，即使是股东间的合意也体现着法律的强制性规定。其三，有些国家法律规定，如果股东违反出资协议，可能发生失权的效果，比如不能行使表决权、不能参加分红等，类似法律后果的发生明显不是基于股东的合意，而是基于法律的强制性规定。

明确股东出资义务是法定义务和约定义务的结合主要有两方面的意义：其一，股东不履行出资义务是对约定义务的违反，所以股东不履行出资义务可以按照民法中债的不履行的一般原则处理，但是由于出资义务又具有法定性，违法出资义务需要在《公司法》框架下讨论，《公司法》具有社团法和组织法的性质，所以对股东违反出资义务的处理不能完全按照民法、合同法中的一

〔1〕 朱慈蕴："股东违反出资义务应向谁承担违约责任"，载《北方法学》2014年第1期。

般原则处理；其二，如果出资义务仅仅是约定义务，按照合同相对性原理，对合同的违反仅仅涉及合同的当事人，一般不构成对第三人的过错，但是由于出资义务具有法定性，第三人对股东出资义务具有合理信赖，对出资义务的违反可以构成对第三人的过错。

（三）违反出资义务类型

1. 股东以明示或默示的方式表示不按照公司章程规定或协议约定出资，拒绝出资可能发生于公司成立之前，也可能发生于公司成立之后，最终的结果是股东的出资没有到位。

2. 无法出资。这是指股东由于股东意志以外的原因导致股东没有出资。比如，拟出资的资产在出资前灭失，拟出资的商标权在出资前被注销等。拒绝出资是股东意志以内的原因导致的，无法出资是股东无法控制的原因导致的。

3. 虚假出资。这是指股东用虚假证明文件、故意高估资产价值等方式出资。

4. 抽逃出资。这是指股东出资以后，又将所出资的资产暗中抽回的行为，但仍然保有公司的股份，享有股东权利。

5. 迟延出资。这是指股东虽然能够履行出资义务，但没有按照约定的期限出资。

6. 瑕疵出资。这是指股东缴纳的实物资产或权利在品质上存在瑕疵[1]。

这六种违反出资义务的情况与本书所说的股东长期不实缴出

〔1〕 郑曙光："股东违反出资义务违法形态与民事责任探究"，载《法学》2003年第6期。

资的情形还有明显区别：

第一，以上六种违反出资义务的情形是比较明显、具体地违反法律、公司章程或股东间约定的行为。而本书所说的情况并未明显地违反法律规定或合同约定，只能从立法目的、法律原则的角度认为其具有一定的违法性。

第二，对于违反出资义务的情形，《公司法》规定了相对完善的追究制度，但对于本书所说的情况，法律并未规定需要承担法律责任，因为其形式上是合法的。

（四）股东违反出资义务所侵害的对象

第一，股东。出资协议是股东之间缔结的，股东违反出资协议首先影响的是其他股东的利益。按照《公司法司法解释三》第13条的规定[1]，因股东违反出资义务可能导致公司设立失败，或公司成立后缺少经营资产，也可能导致其他股东被追究连带责任。有人认为股东不履行出资义务只损害已出资股东的利益而不损害未出资股东的利益，这种看法有失偏颇，未出资股东虽然违反了出资协议，但其对公司设立的期待利益依然存在，所以可以成为股东不履行出资义务的受害方。

第二，公司。公司是股东出资义务的指向对象，股东的出资

---

〔1〕《最高人民法院关于适用〈中华人民共和国公司法〉若干问题的规定（三）》［简称公司法司法解释（三）］第13条第3、4款　股东在公司设立时未履行或者未全面履行出资义务，依照本条第1款或者第2款提起诉讼的原告，请求公司的发起人与被告股东承担连带责任的，人民法院应予支持；公司的发起人承担责任后，可以向被告股东追偿。股东在公司增资时未履行或者未全面履行出资义务，依照本条第1款或者第2款提起诉讼的原告，请求未尽公司法第147条第1款规定的义务而使出资未缴足的董事、高级管理人员承担相应责任的，人民法院应予支持；董事、高级管理人员承担责任后，可以向被告股东追偿。

构成公司成立之初最原始的资本，股东不履行、不适当履行，或履行出资义务有瑕疵，均可能影响到公司的正常经营。按照我国《公司法》的规定，如果公司资本显著不足，还可能影响到公司的独立人格，导致公司被否认法人人格，所以公司是股东不履行出资义务最直接的受害者。有学者认为股东不履行出资义务损害到公司法人财产权。有些国家公司法规定，如果股东不履行出资义务，董事会可以代表公司向股东追缴出资。

第三，债权人。股东不履行出资义务肯定影响到公司的经营能力、偿债能力，进而影响到债权人的利益，所以为了保护债权人的利益，我国《公司法》允许债权人在公司清偿不能时直接追究股东的责任，股东应在虚假出资、出资不实的范围内承担填补责任。

（五）现行资本制度下股东的出资义务并未消失

在现行认缴资本制度下，《公司法》允许股东仅认缴就设立公司，并未规定认缴期限，会给人造成设立公司可以认而不缴或长期不缴的认识。实际上，股东一日不实缴出资，公司就一日不能形成应有的独立财产，股东的出资义务就不算完成。《公司法》允许认缴，不等于鼓励不实缴，股东实缴出资的义务并没有发生变化。其实在以前的资本制度下，也不是绝对的实缴制，《公司法》也允许股东先认缴再实缴，只是《公司法》对认缴期限有比较严格的限制。如果股东长期不实缴出资或故意约定畸长的认缴期，虽然工商行政管理部门允许公司设立，但在司法中也可以认为股东的行为违反了法定义务。因此，行政审批和司法对违法性的理解可以不同。

此次公司资本制度改革后，法定最低资本额被取消，使得很多人认为股东从此没有了出资义务，不出资算不上违法，也算不上过错，这其实是一种误解。以前《公司法》设定的最低资本限额，是法律要求股东出资的最低限额，最低资本限额被废除之后，股东的出资数额没有了底限，但是股东的出资义务并没有消失，股东应当按照出资协议承担出资义务，这也体现了出资义务的约定性。新公司资本制度实行后，很多公司的注册资本还将很高，高于以前的法定最低注册资本，对于这类公司，股东的出资义务除了期限外，可以说没有任何变化。如果公司的注册资本低于以前的最低资本限额，也并不是说现在股东的出资义务被免除了，而仅仅是出资的数额发生了变化。即使股东设立了一元公司，那么其出资义务就是一元，而不是没有出资义务。

所以，在现行公司资本制度下，股东的出资义务确实发生了变化，体现在出资限额和认缴期限更加灵活，但绝不是没有了出资义务，股东以其认缴额为限对公司承担责任也没有发生变化，认而不缴的行为在形式上符合《公司法》的规定，但在实质上仍然是违反股东出资义务的行为。从违反出资义务的角度分析，股东仍然是存在过错的。

五、股东的主观恶意

上文主要从违法性的角度讨论股东的过错，抛开违法性，单纯从主观标准的角度来看，设立公司的股东长期不实缴出资在主观上都可能具有故意这一过错，作为商业投资者应该能够认识到：其一，设立高资本公司或不实缴出资可能给公司债权人造成误导，误以为公司具有较强的资本实力或股东能够实缴出资而与公司进行交易。虽然人们已经能够认识到现代公司的信用不是资本信用而是资产信用，但是由于我国长期以来实行法定资本制，人们对注册资本还是有合理信任，这是正常的，很多公司也愿意以高额注册资本展示自己的实力，有些领域的进入也要求具有较高的注册资本，比如企业上市或组建企业集团、参加招投标、从事某些行业等。虽然债权人能够了解到企业资本的认缴情况、实缴情况，但是对于债权人而言，调查每一个股东的投资能力也不太可能，即使知道股东存在未实缴出资的情况，但未必知道股东有无能力实缴，所以债权人有一定理由相信公司的注册资本。其二，长期不实缴资本可能影响到公司的正常经营，进而影响到公司的偿债能力。其三，实缴资本较少的行为本身并不存在过错，但《公司法》允许实缴资本较少的本意也是降低公司设立的门槛，而且，某些行业的经营也不需要太多的经营资本，比如零售、小食品生产、信息中介等。实缴资本较少的公司从事这些行业的生产经营，即使亏损损害到债权人的利益，也只能认为是正常的商业风险，不存在过错。但如果所从事的行业需要的资本、承担的风险明显超出公司所能承受的范围，便可以考虑投资者存在一定的过错。对这些情况，公司的股东是能够预料到的，由此便认定公司股东具有放任损害结果发生的主观故意，当然，还应结合股东的投资能力、行业状况等综合确定。

综上，法律并未明确禁止股东长期不实缴资本，使资本处于待缴状态，也就是说，设立这样的公司虽然并不违反《公司法》的规定，但有可能违反《公司法》《合同法》《民法通则》中的法律原则、立法目的。公司资本制度改革的主要目的是降低公司设立的门槛、鼓励投资，而不在于设立“无赖公司”“侏儒公司”。但是，违反法律精神、法律原则能够在理论上有一定的根据，但在诉讼中作为请求权的基础有些单薄。尽管如此，即使没有明确依据认定其违法，也不绝对阻碍认定其存在过错，因为以过错吸收违法性毕竟只是学者的一种观点，我国《侵权责任法》也未将违法性明确地作为构成要件。在诉讼当中，如果债权人说明股东存在违法性有难度，根据债权受到损害的事实、股东不实缴出资的事实，结合案例的具体情况，债权人可以提出股东具有过错的论点。这应该也符合《侵权责任法》以保护受害人为出发点的立法本意。

第二节　股东行为与债权人受到损害之间的因果关系

因果关系是侵权责任的构成要件，承担侵权责任要求侵权行为与损害结果之间存在因果关系。我国《侵权责任法》第6条对侵权行为与损害结果之间的因果关系作出了要求，但并没有就因果关系的判断标准作出明确的规定，因为立法机关认为因果关系的判断在实践中比较复杂，因果关系理论本身并不成熟，如果由法律作出硬性规定，反而会束缚法官的权力，不利于个案审理，所以在立法中未予规定，这也符合很多国家的做法[1]。

〔1〕 王利明：《侵权责任法研究》，中国人民大学出版社2010年版，第378页。

一、判断因果关系的诸学说

判断因果关系主要有以下几种理论：

（一）条件说

该说是大陆法系因果关系理论中历史最悠久的理论，是从刑法中的因果关系理论发展演化而来的，该说主要认为凡在损害结果的发生过程中起到作用的条件都是导致损害结果发生的法律上的原因。按照该说，造成损害结果的原因有很多，这些原因可以具有同样的价值。该说的缺点是显而易见的，其所列的因果关系的链条过长，一个微不足道的条件都可能被作为损害结果发生的法律上的原因，行为人可能因此承担侵权责任，所以不利于对行为人自由的保护，已为各国立法所摈弃。但条件说中的某些理论仍为其他因果关系理论所吸收。

（二）相当因果关系说

该说最早由德国学者克里斯于 1880 年提出，该说认为被告应对其行为构成充分原因的损害承担赔偿责任，如果其行为不构成充分原因，而仅仅是一般的条件，则不需负责。该说被认为是大陆法系因果关系理论中的通说。

相当因果关系说认为，相当因果关系是由“条件关系”和“相当性”构成的，在判断因果关系时，应首先判断侵权行为与损害后果之间是否具有事实上的因果关系，如果答案是肯定的，再继续判断该条件是否具有相当性。条件关系是指行为的发生与权利受到损害之间是否具有不可或缺的条件关系，也就是说，行为是否为结果发生的必要条件。这一判断主要解决行为与结果之间是否具有客观的关联性的问题，找出对损害结果起作用的条件，防止放大行为人的责任。所以有学者将条件关系的判断称为事实上因果关系的判断，将其定义为“损害是否是在自然发生的过程中形成的，或者依据特别情况发生的，是否有外来因素的介入。”[1] 条件关系的判断采用“若无，则否”的检验方式，就是“无此行为，一定不会发生此种损害。”[2] 但学者们也认为对条件关系的判断也并非仅是观察机器的、纯自然的判断，在有些情况下也要加入价值判断因素或者考虑行为人的主观心理状态。所以王泽鉴先生认为以事实上的因果关系称之并不准确[3]，但条件关系的判断主要还是对客观事实的判断，否则对因果关系的判断就失去了独立存在的意义，完全变成了对相当性的判断。

对相当性的判断是判断“有此行为是否足以产生损害”[4]，对于是否足以产生损害的判断标准有：①主观说，即以行为人行为时所知的知识、经验为标准进行判断，从行为人的角度出发；②客观说，即以行为人行为时或案件审理时人类所能知悉的一切知识经验作为判断标准；③折中说，也有学者称之为最优观察者

---

〔1〕 王利明：《侵权责任法研究》，中国人民大学出版社 2010 年版，第 382 页。

〔2〕 王泽鉴：《侵权行为》，北京大学出版社 2009 年版，第 187 页。

〔3〕 王泽鉴：《侵权行为》，北京大学出版社 2009 年版，第 187 页。在一些案例中，即使不满足“若无，则不”的判断标准，法院还是可能认为存在条件关系。如医生知悉患者患有心脏病而未及时治疗，导致患者死亡，鉴定意见认为“急性心肌梗塞死亡率颇高，虽经适当治疗，亦不一定有存活希望。”也就是说，即使没有不予治疗的事实，也可能发生患者死亡的结果，但是台湾“最高法院”仍然判决存在因果关系。另外，在核辐射受害案件中，欲证明若无辐射，则一定不能发生损害结果，也是不可能。所以在这些案件的事实因果关系判断中，难以避免地会受到价值判断的影响。

〔4〕 王泽鉴：《侵权行为》，北京大学出版社 2009 年版，第 196 页。

说，既应考察行为人行为时所知的经验、知识，又应审视行为人在行为时所处的特定环境和条件。在三种观点中行为人所面临的责任存在较大不同，在客观说中行为人所面临的责任最重，因为若以人类所知的知识经验作为判断标准，行为与结果之间很容易被确定为存在因果关系，行为人稍有不慎就要受到处罚。主观说对于保护受害人最为不利，因为完全从行为人的自身状况出发，可能会姑息行为人的无知。很多学者认为折中说是比较妥当的。有学者认为行为人的主观心理状态对于相当性的判断往往发挥着十分重要的作用，对于相同的行为，故意造成的，就可能被认为具有因果关系，过失造成的，就可能被认为不具有因果关系[1]。与条件关系判断的最大不同之处在于，相当性的判断更加从立法目的、法律政策的角度出发判断因果关系。相当性的判断不能脱离条件关系的判断，否则可能使侵权责任的成立失去正当性基础，造成无辜的行为人承担责任，也不能在条件判断中加入过多的价值判断因素，否则可能违反事物之间联系的客观性。有学者将相当因果关系分成两种：责任成立中的因果关系和责任范围的因果关系，这种思维方式虽然十分细致，但其必要性也被许多学者质疑。有学者认为，这种划分只是初始损害因果关系和后续损害因果关系的划分[2]，主要意在解决责任成立的因果关系和责任范围的因果关系，权利的损害是一般性的，而具体的损害不是一般的、概括的，而是可以细分为具体的项目，被告只是对其中具有相当因果关系的部分负赔偿责任，这样理解可以避免认识上

〔1〕 王泽鉴：《侵权行为》，北京大学出版社 2009 年版，第 197 页。

〔2〕 张新宝：《侵权责任构成要件研究》，法律出版社 2007 年版，第 306 页。

的混乱，有助于实践操作。

相当因果关系中比较难理清的是因果关系同过错之间的关系问题，有学者认为过错作为责任的主观构成要件，具有限定责任的作用，体现了社会正常秩序的需要[1]，能够解释行为人承担侵权责任的正当性的问题，所以难以避免地会同因果关系这一构成要件在功能上存在一定程度的耦合。也有学者认为因果关系要件和过错构成要件不能混同[2]，二者在理论意义上是截然分开的，混为一谈不利于因果关系理论的建立和发展；同时又认为主观心理状态在因果关系的作用中具有不同的功能[3]，实际上也认可了主观心理状态在因果关系判断中的作用，并认为因果关系和过错之间之所以会在认定上存在交叉是因为现实可预见性和可能性在两个范畴中都发挥了作用。所以可以认为，在判断因果关系时，完全将主观心理状态因素剔除是不可能的，但也不能过于强调主观心理状态在判断因果关系中的作用，否则也将使因果关系构成要件失去独立地位。

（三）法规目的说

该说认为，判断侵权责任能否成立，不取决于是否存在相当因果关系，而是取决于损害的客体是否属于法规保护的目的，如果损害的客体属于法规保护的目的，则可以成立侵权责任。该说认为行为人是否应当承担侵权责任是法律的价值判断问题，而法

〔1〕 王卫国：《过错责任原则：第三次勃兴》，中国法制出版社 2000 年版，第 179 页。

〔2〕 张新宝：《侵权责任构成要件研究》，法律出版社 2007 年版，第 299 页。

〔3〕 张新宝：《侵权责任构成要件研究》，法律出版社 2007 年版，第 299 页。

律的价值判断问题不应该依据因果关系判断，而应考虑法律目的。上文已经提及，在确定相当性时，要考虑法律政策的问题，以此认定因果关系在某些情况下确实有些牵强，法规目的说正是为了弥补相当因果关系说的缺点而提出的，该说并没有彻底否定相当因果关系说，在判断因果关系之前也主张应在确定行为与损害之间存在事实上的因果关系的基础之上，再以法规目的说进行判断。

二、长期不实缴资本与债权受损之间的必要条件关系

如上所述，学界将必要条件作为判断相当因果关系的第一步，有学者提出采用“替代说”或“删除说”[1]，以判断侵权行为和损害结果之间的必要条件关系。王泽鉴先生称之为“若无，则不”的认定方法。按照这种判断方式，首先应判断如果没有不实缴资本行为，则债权受到损害的事实是否还会发生，如仍然会发生，则认为二者无必要条件关系；如果不会发生，则二者之间存在必要条件关系。从另一角度来看，这也是在判断实缴资本在公司经营、债权人获得清偿之间的关系。

实缴资本主要发挥两项作用：其一，为公司经营提供物质基础。公司的日常经营，尤其是公司成立初期的日常经营需要以股东投入的资本作为物质基础，公司实缴资本不足会影响公司的正常生产经营。资本雄厚的公司，抵御经营风险的能力自然会比资本薄弱的公司更强，能为公司债权人提供更可靠的偿债保障。正

〔1〕 王利明：《侵权责任法研究》，中国人民大学出版社2010年版，第382页。

是因为这个原因，在实行严格的法定资本制的国家除了要求股东在公司成立初期必须投入一定数额的资本外，还要求公司在经营过程中也维持一定数额的资本。其二，作为从事商业行为的诚意金，为债权人提供一定的保障。商业行为是存在风险的行为，从事商业活动可能给他方造成损害。以公司的身份从事商业行为，由于公司使得股东得以承担有限责任，这对其他市场主体来说意味着潜在的威胁和巨大的不公平。为利益平衡计，公司制度要求股东投入一定数量的资本，既作为对债权人的初始保障，也可体现出股东投资经营商业的诚意。

近年来，对公司注册资本尤其对注册资本作用的质疑之声不断，主要基于以下几点。其一，实缴资本数额过高，人为地提高了公司设立的门槛，而且，较高的实缴资本为公司经营所不需，造成资源浪费。其二，实缴资本并不能为公司债权人提供保障：首先，实缴资本只是公司资产负债表中一个抽象的静态数字，而公司在实际经营过程中，资产数额随时都在发生变化，相对于实缴资本的数额，资产更有保障债权实现的意义，相对于资本，债权人更关注资产；其次，即使实收资本再多的公司，在公司经营过程中也可能亏损殆尽，无法为债权人提供保障；最后，股东完全可以通过提供虚假出资证明文件、抽逃出资等方法使得注册资本的数额仅仅是一个空壳。

以上对实缴资本的批评具有一定的道理，这里涉及一个问题，实缴资本在保障公司偿债能力的过程中究竟能够发挥什么样的作用？以上批评的合理之处在于认为实缴资本并非公司拥有偿债能力的充分条件，也就是说，不论公司实缴多少资本都无法保证公司一直拥有偿债能力。事实也是如此，不管多高的注册资本都无法保证债权人全部能够获得清偿。但是同时也应认识到这种批评的不合理之处，因为实缴资本制度的目的就不在于使全部债权人获得清偿，而仅仅是为债权人提供一定程度的保障。但是，尽管如此，也不能否定资本实缴同债权受到损害之间的关系。因为不论是我国立法还是其他国家立法或者学界，均未要求侵权行为与损害后果之间具有充分因果关系，也就是没有要求只要有侵权行为就一定能发生损害后果，只要股东实缴、多缴资本就一定能够保证债权获得清偿，只要股东未实缴资本债权就一定不能获得清偿。否则，将不当加重受害人的证明责任，不利于对受害人的保护。

抽象地判断不实缴资本与债权受到损害之间的关系不能得出二者存在必要条件关系的结论，公司丧失偿付能力损害到债权人的债权可能是由很多原因导致的，经营不善、市场宏观经济条件的影响都有可能导致公司丧失偿债能力。或者也可以说即使资产也不能成为公司具有清偿能力的必要条件，有很多陷入破产的公司拥有大量不良资产，因其缺少经营能力，仍然难免资不抵债。

在具体的侵权责任中判断侵权行为是否为损害发生的必要条件并不是一般性的判断，而是更加具有针对性的判断。有些案件中，在实缴资本过少时资本仍然能够成为债权受到损害的必要条件：

第一，公司成立后因投入资本过少使得公司无法投入经营。公司投入生产经营至少需要办公场所（即使是网络公司也需要网络环境），如果股东投入的资本过少则有可能导致公司无法投入经营，此时如果造成债权受到损害的后果，则可以认为股东的实缴资本较少的行为与债权受到损害之间具有事实上的因果关系。应注意的是，此时不实缴资本与债权受损之间已经不仅仅是必要条件关系，而且是充分条件关系，因为股东不实缴资本的行为直接导致公司无法经营，损害到债权人的利益。这种情况下判断行为与结果之间的因果关系是比较直接的。

第二，在公司经营过程中，如果因公司资本不足而发生经营困难、资不抵债的情形，此时如果仍有股东没有到认缴期也没有实缴资本的，则应分别进行讨论：如果股东的认缴期畸长，则可以认为股东不实缴资本的行为同债权受到损害之间存在因果关系，因为股东设立公司的目的毕竟是通过公司正常的生产经营获利，如果眼睁睁看着公司陷入经营困难、资不抵债的情况而不实缴出资，则完全有可能导致公司破产。此时若股东实缴了出资，则债权人就可以全部或部分地得到清偿，公司就不至于破产。如果没有股东不实缴的行为，债权受到损害的结果很有可能会被避免。所以可以认为此时不实缴的行为同债权受到损害之间满足必要条件关系；如果股东的认缴期并不畸长，从因果关系的角度，仍可以认为未实缴出资与债权受损之间存在事实上的因果关系。但此时应注意的是，由于股东认缴的期限不是很长，股东正常的期限利益也不应被忽视，应认为虽有事实上的因果关系，但股东没有过错或过错较小，或者不存在法律上的因果关系，不具有相当性，也就是在相当性认定方面维护股东的期限利益。

三、不实缴资本与债权受到损害之间相当性的判断

相当性的判断，也有学者称为法律上因果关系的判断，一般

是在事实因果关系的基础上判断行为人是否应当承担侵权责任，其根据不仅仅是客观事实规律，还包括侧重参考法律政策、立法目的等。有学者提出应以“有此行为、一般会发生”的判断模式检验之。在因股东实缴资本较少导致公司不能投入经营的情况下，因为不实缴的行为已经构成公司无法投入经营的充分条件，可以认为二者之间满足相当性的判断。在公司已经陷入经营困难、资不抵债而又存在未实缴资本的情况下，也可以得出“股东不实缴出资，一般会导致债权受到损害”这种结论。如果以行为是否使某种危险发生的可能性作为判断相当性的标准，也可以得出存在相当性的判断，因为股东不实缴出资确实有可能增加债权受到损害的风险。

对于一般的公司来说，判断相当性应考虑这些问题：

第一，公司面临经营危机的具体原因。比如，公司是否因为重大诉讼承担巨额赔偿责任，因重大安全责任事故受到巨额处罚，所在行业遭遇共同风险，经营决策出现重大失误，内部管理出现重大问题，反腐中受到重大牵连等。如果公司是因为这些问题导致经营危机、陷入资不抵债的情况，即使股东存在未实缴的情况，法官也应充分考虑股东的行为与损害结果的相关性是否达到相当因果关系，因为已经有证据证明公司陷入经营困难、损害债权人利益是因为其他原因导致的，再追究股东的侵权行为不符合因果关系原理。在这种情况下，应由被告证明公司丧失偿债能力是由于不利诉讼等其他原因导致的。

第二，公司存续时间。一般情况下，公司注册资本在公司经营中发挥的作用与公司存续时间呈反相关关系。公司成立的时间越长，影响公司偿债能力的因素就会越多，比如管理层的领导能力、员工的工作能力、宏观经济状况、技术状况等，这些因素都会对公司的经营产生影响，进而影响公司的偿债能力。公司存续的时间越长，除资本以外的其他因素就越可能发挥较大影响，而资本发挥的影响就会越小，比如，在目前影响百年老店同仁堂偿债能力的各个因素中，初始资本发挥的作用已经微乎其微，主要还是靠十几代人的辛勤经营。

第三，待缴资本的数额及其占全部资本的比例。未实缴资本的数额越大、占全部资本的比例越高，就越可能影响公司的偿债能力。比如，未实缴资本比例达到全部资本比例的70%，此时公司陷入财务困境，可以考虑具有相当性，或者未实缴资本的数额远远超过未获清偿的债务的数额，亦可考虑具有相当性。

第四，股东的主观心理状态。已经有学者主张，过错与因果关系应为不同的构成要件，在侵权责任的构成中发挥不同的作用，但在相当性的认定中也难免涉及对行为人的主观状态的判断。如果股东能够一直良好地履行出资义务，只有部分出资不能实缴，其相当性就应较弱；如果股东明明有能力出资却故意不实缴大额出资，其相当性就应较强。

第三节　股东行为对债权之损害

一、债权侵害的争论

对于债权人而言，股东不实缴资本的行为主要阻碍了债权人债权的实现，但债权能否纳入侵权法的保护范围是值得研究的。

否定说认为：其一，如果将债权纳入侵权法律制度的保护范围，则将可能影响社会成员的自由，因为债权一般不需要向其他社会成员公示，不为其他社会成员所知悉，故不应对其他社会成员苛以过高的注意义务，否则会影响其他社会成员的自由，使得人人自危。其二，物权和债权的划分是民法中最基本的权利划分，物权具有排他力，债权不具有排他力，如果建立债权的侵权法律制度，就等于赋予了债权排他力，破坏了物权和债权的划分，影响到民法体系。“这种不顾大陆法系基本逻辑规则的理论创新，为动摇民法学理论体系开创了先河，其危险性可想而知”[1]。其三，民法中现有的法律制度，比如代位权制度，可以比较好地解决债权保护的问题，没有必要进行所谓的制度创新。其四，混淆利益和权利之间的划分，债权确实能够体现出财产利益，但财产利益和权利并非同一概念，权利能够列入侵权法的保护范畴，但并不是所有的利益都能纳入侵权法的保护范围。其

〔1〕 魏盛礼：“第三人侵害债权理论：理论创新还是法学歧途?”，载《河北法学》2005年第9期。

五，在现实生活中，债权与第三人的关联性较低，第三人一般不会对债权造成损害，故这一规定就没有现实必要性，如果在劳动合同等领域存在第三人侵权问题，可以在特别法中对其进行规定，无需在《侵权责任法》中作出规定。

赞成说认为：其一，权利受到侵害就应得到救济，债权作为一种合法存在的权利，受到侵害以后也应得到救济。但是债权是一种本权请求权，也有学者称之为原权请求权，这种请求权本身不具有救济的功能，只能诉诸其他。其二，法律的目标是追求社会的公平正义，由于社会的发展，以前的法律制度不能适应权利保护的需要，所以需要寻求新的方法维护正当权利。这是从一般法理的角度进行论证的；其三，为防止市场经济中的不正当竞争，应建立债权侵权制度保障市场经济的健康有序发展，债权侵权制度的产生是社会发展的必然要求[1]。这是从社会发展的角度论证的。

很多国家在立法和司法实践中均承认了第三人侵害债权责任制度：

英国被认为是最早建立侵害债权责任制度的国家，称其为破坏合同权利或合同关系的行为。英国是从1853年“lumley诉Gge”一案逐渐建立起侵害债权责任制度的，法院认为承诺履行合同本身就是无形财产，破坏这种承诺就等于损害了无形财产，所以侵害债权就等于损害了无形财产，同样应当承担赔偿责任。美国也是通过判例的形式确立了对债权的保护，并在《侵权行为

---

〔1〕 佟强：“侵害债权制度法律性质考察”，载《现代法学》2005年第2期。

法重述》中系统阐述了这项制度，1978 年美国法学会编纂的《侵权行为法重述》规定，缔结合同并从中获得利益是应受到法律保护的财产权利，第三人阻止合同订立、履行的行为均是侵权行为。法国《民法典》第 138 条规定，因自己的过失而致他人受到损害，应对他人负赔偿责任。该条没有将债权排除在应受保护的范围之外。1908 年通过“raudnit 与 deouillet”一案认为第三人侵害债权属于侵权行为，应该受到侵权法的保护，这一判决得到法国最高法院的认可，法国最高法院认为侵害第三人债权的行为虽不是因违约行为而承担违约责任，但可构成准侵权行为而承担侵权责任。

我国在很多领域已经初步建立了第三人侵害债权责任制度：

《合同法》讨论稿曾经规定了第三人对债权的损害赔偿制度，但是由于种种原因，立法机关最终公布的《合同法》并没有采纳这一制度，但已经有相当一部分学者赞同这一制度。《违反〈劳动法〉有关劳动合同规定的赔偿办法》第 6 条[1]、《劳动法》（1994 年）第 99 条[2]、《关于实行劳动合同制度若干问题的解释》第 11 条第 3 款都有对于相关问题的规定。除此以外，最高人民法院在两个批复中也涉及此问题：1988 年 10 月 18 日

---

〔1〕 用人单位招用尚未解除劳动合同的劳动者，对原用人单位造成经济损失的，除该劳动者承担直接赔偿责任外，该用人单位应当承担连带赔偿责任。其连带赔偿的份额应不低于对原用人单位造成经济损失总额的 70%。向原用人单位赔偿下列损失：①对生产、经营和工作造成的直接经济损失；②因获取商业秘密给用人单位造成的经济损失。

〔2〕 用人单位招用尚未解除劳动合同的劳动者，对原用人单位造成经济损失的，该用人单位应当依法承担连带赔偿责任。

《最高人民法院关于信用社违反规定手续退汇给他人造成损失应当承担民事责任的批复》[1]、1995 年 5 月《最高人民法院关于信用社非法转移人民法院冻结款项应如何承担法律责任的复函》[2] 都体现出应对债权进行保护的思想。从法院的判例来看，尚没有发现破坏现有的民法体系的情形，也没有明显地造成对第三人的不公平，导致诉讼激增的状况[3]。只要恰当把握侵害债权的适用要件，就能够发挥这一制度的积极作用。

二、我国现行法律制度存在对公司债权保护的适用空间

我国《民法通则》第 5 条、第 106 条以及《侵权责任法》第 2 条均认为受到法律保护的不应仅仅局限于权利，财产权益也应在保护范围之内，债权作为能够体现财产利益的权利，应列为《民法通则》《侵权责任法》的保护范围，只是应严格把握其适

---

〔1〕“……花园乡信用社违反《中国人民银行结算办法》第 10 条第 7 项‘汇款单位对汇出款项，要求退汇时，应备正式函件、携带原汇款回单向汇出行申请退汇’的规定，不仅没有‘准确及时地办理结算’将货款及时汇给收款人，反而在未收回自己出具的汇款证明、申请人手续不全的情况下办理了退汇手续，从而给收款人联合公司造成了经济损失。参照《中华人民共和国民法通则》第 106 条第 1 款和第 2 款规定之精神，可以将信用社作为诉讼当事人，依法追究其民事责任……”

〔2〕“……任何金融机构都有义务协助执行人民法院依法冻结有关单位的账户，成都市新华东路城市信用社（以下简称信用社）在案件当事人的存款账户被冻结期间与被冻结账户的当事人串通，转走应入被冻结账户的款项，非法将资金转移，致使人民法院生效的法律文书无法执行，其行为是违法的。根据《中华人民共和国民事诉讼法》第 103 条的规定，信用社应承担妨害民事诉讼的法律责任，什邡县人民法院对其处以罚款是正确的。同时，由于信用社的行为还侵犯了债权人的权益，对此信用社亦应在被转移的款项数额内承担连带赔偿责任……”

〔3〕余尘：“我国第三人侵害债权制度的构建”，载《社会科学家》2013 年第 3 期。

用条件。

一般认为，构成侵害债权行为应具有以下构成要件：其一，行为人的主观心理状态必须是故意；其二，债权受到侵害，存在不能获得清偿或实现难度增加的情况；其三，行为人的行为与债权受到损害之间具有因果关系；其四，债权是合法存在的。前三个构成要件在上文已述，对于第四个构成要件试析如下：

对于股东认缴较少的小资本公司，在公司设立时并不存在合法债权，但是应该认为股东能够认识到公司成立之后，在公司经营过程中，一定会对外发生债权债务关系。侵害债权行为之所以将债权的合法存在作为构成要件，就是为了防止让行为人对行为之后的债权承担责任而造成的对行为人的不公平。但让股东对公司设立之后形成的债务承担责任并不会加重股东的责任，股东完全能够预料到公司成立之后会对外负债。而且，将债权的合法存在作为债权侵权行为的构成要件属于理论上的探讨，立法尚未明确认可，从文义和结构上看，如果确将债权纳入《侵权责任法》第 2 条的保护范围，由于该条也并未明确要求侵害债权必须以债权的合法存在作为构成要件，所以必然发生的债权也可以纳入保护范围。

对于认缴而未实缴出资的股东，其未实缴出资的行为持续在公司经营的整个过程之中，是持续行为，而在公司的经营过程中，债权已经发生，对于股东而言，债权属于已经合法存在，股东不实缴出资的行为损害了已经合法存在的债权。股东能够认识到如果股东此时实缴已经认缴的出资，公司可以用实缴的出资恢复生产经营，使企业起死回生，也可以用于归还公司的应付账款。

与其他债权不同的是，公司债权更加具有可预测性、确定性，所以，相对于其认缴资本处于长期待缴状态的股东，可以将债权作为《侵权责任法》保护的对象。由于我国目前没有明确地将债权列为《侵权责任法》的保护对象，并且目前仅有的司法判例也主要是在劳动合同领域，所以将公司债权列为《侵权责任法》的保护对象的意义还在于为债权的侵权法保护摸到了第一块石头。相对于民法债权而言，公司债权毕竟仅仅是一小部分，将其列为保护对象应该不至于动摇大陆法系物债二分的逻辑基础，受到追索的仅仅涉及公司股东，股东与公司债务的关联性较强，不会加重其他社会成员的注意义务，影响其他社会成员的自由。

第四节　《公司法》第20条之下的请求权同侵权请求权的关系

如上所述，在我国可以依据《侵权责任法》要求股东对公司债务承担个人责任，也可以依据《公司法》第20条第3款向股东提出请求，这两种请求权都能够达到向股东追索责任的目的，但这两种请求权应该是什么关系？是并列关系、竞合关系或是从属关系，应该厘清。

上文已经提到在德国法律中并不存在叫做穿透的请求权基础，法人人格否认在德国仅能被称为是一种理论或方法，也可以被称为法律适用产生的结果。在德国很多法律规范都可能导致股东被追究直索责任，不同法律规范的构成要件不同就导致不同案件中追究直索责任的构成要件不同。如果以诚实信用原则作为请求权基础，诚实信用原则包含的构成要件就是追究股东直索责任的构成要件；如果以公司法中的相关条款作为请求权基础，相关条款中包含的构成要件就是追究股东直索责任的构成要件。所以，在德国法人人格否认不是一项独立的请求权基础，而侵权请求权则是一项独立的请求权，所以就不会产生侵权请求权同法人人格否认请求权制度有无区别、是何关系的问题。

如果我国2005年《公司法》没有引入所谓的法人人格否认制度，而使其仍然停留在理论状态，我国就不会面临这一问题。在学理上，可以类似于德国的做法，将依据《公司法》相关条款要求股东对公司债务承担的责任，称为真正的直索责任；将依据民法相关条款要求股东对公司债务承担的责任，称为不真正的直索责任。虽然我国实务中依据民法相关条款请求股东承担责任的案例是十分罕见的，但那主要是因为法律施行的问题导致的，并不能说明在我国不能以《公司法》以外的请求权基础提出请求权。

正是因为我国2005年《公司法》规定了法人人格否认制度，使法人人格否认从理论上升为一种制度，才必须解释我国《公司法》第20条第3款同其他功能相同的制度之间的关系。

一、种属关系

种属关系就是将《公司法》第20条第3款仍然视为是一项

原则，起到概括作用。其他功能类似的条款，比如将《侵权责任法》应用于法人人格时，理解为第 20 条第 3 款下的法律规则或具体适用，将《公司法》第 64 条、《最高人民法院关于适用中华人民共和国公司法若干问题的规定（二)》第 18 条等其他功能相似的条款也理解为《公司法》第 20 条第 3 款项下的具体适用，他们之间的关系仍然类似于德国法中二者之间的关系，法人人格否认是一种理论或原则，其他制度只是在该理论之下的具体制度，这样就谈不上理论和具体制度之间的冲突问题，因为它们不是同类事物。

如果是这样，《公司法》第 20 条第 3 款就只能被理解为一项法律原则，法律原则是一定法律关系、法律制度、法律规则的指导思想，是基础的、本原的、稳定的法律原理。法律原则一般不具有具体的、明确的三段论式的结构，与法律规则相比具有明显的区别。比如民法中的诚实信用、公平、平等原则，刑法中的罪刑法定原则等。但从文义上来看，《公司法》第 20 条第 3 款显然不符合法律原则的结构，其具有明确的适用主体、适用条件和法律后果，已经具体到很多学者开始深入讨论其构成要件的地步，所以不能认为《公司法》第 20 条第 3 款是原则性条款，该条与其他功能相似的条款在应用于法人人格否认时与该条也非种属关系。

二、并列关系

应将《公司法》第 20 条第 3 款与其他功能相似条款理解为并列关系。从法人人格否认的作用和目的可以看出法人人格否认应是一种方法或理论，并不是一项独立的法律制度或请求权基础。从美国、德国的审判实践看来，都曾以公平原则、诚实信用原则或其他法律中功能类似的条款来判决股东对公司债务承担责任。此时，这些原则和制度均可以被视为法人人格否认理论下的制度。如果法人人格否认作为一项独立的制度，则《公司法》第 20 条第 3 款显然就是这一制度。那么产生的问题就是其他功能相同的条款似乎被排除在法人人格否认之外，它们将不再起到追究股东责任的功能，这种结果显然不符合逻辑，也不符合德国法中的法人人格否认理论。

所以将《公司法》第 20 条第 3 款理解为《公司法》为法人人格否认设立的一项独立的请求权基础，该条具有自己独立的构成要件，债权人根据该条可以直接向股东提出请求，不用再借助其他的法律规定。该条并不是法人人格否认的全部内容，除了该条，债权人还可以依据其他请求权基础向股东提出请求，它们之间互不影响，可以分别独立成立。只有这样才能理顺该条与其他请求权基础之间的关系，避免体系上的矛盾。类似于德国，该条可以被理解为真正的法人人格否认请求权基础，公司法之外的其他请求权基础可以被称为不真正的请求权基础，二者都可以实现使股东承担责任的作用。

将该条与侵权请求权等请求权基础之间的关系理解为并列关系可以解决该条是否将因果关系作为构成要件的问题，如前文所述，该条已经暗含了主观过错要件，结果要件也已被明确要求，如果再加上因果关系要件，该条就会同侵权行为的构成要件基本一致。该条的立法目的就是赋予债权人一种更加便利的请求权基础，如果其构成要件与侵权行为的构成要件相同，就失去了单独规定该条的意义。事实上，在不同的案件中，股东的行为与债权人利益受损的结果之间可能有因果关系，也可能没有因果关系，但是《公司法》第20条第3款并未要求因果关系构成要件。该条的优点也恰恰在于没有要求因果关系构成要件，如果债权人没有十足的把握证明因果关系，可以考虑以此条作为请求权基础，如果有把握证明因果关系的存在，可以考虑以《侵权责任法》作为请求权基础，侵权行为是要求因果关系要件的。该条的缺点在于对结果要件的要求过于苛刻，以严重损害债权人利益作为构成要件，如果股东的行为没有严重损害到债权人的利益，可以考虑以侵权法作为请求权的基础。

第五节　德国民法第826条之下的股东直索责任

德国学界将直索责任分为真正的直索责任（echte purch griff shaf utung）和不真正的直索责任（unechte purch griff shaf utung）。真正的直索责任是指股东根据公司法中的规定对公司的债务所承担的责任；不真正的直索责任是指股东不是依据公司法而是依据民法、侵权法、合同法等对公司债务承担的责任[1]。在德国，直索责任不是一项制度而是一种方法，或者说是很多制度均可能导致的一种法律结果。有德国学者将其称为“规范使用

〔1〕范剑虹、李海敏、李翀：《中、美、德“公司法人格否认”比较研究》，澳门大学出版中心2013年版，第95页。

说”，认为是对民法中的制度的适用结果。与我国最大的不同就是德国公司法中没有一项制度可以被称为法人人格否认制度，在德国审判实践中，揭开公司面纱案件大多数是以公司法以外的其他法律规范作为请求权基础，以公司法作为请求权基础仅仅是一种补充性方法。公司法中的请求权基础主要有防止滥用法人形式、资本维持等规定。德国法院依据公司法揭开公司面纱是十分谨慎的，“目前德国联邦最高法院的基本立场是，债权人的利益首先应通过资本缴付和资本维持原则、侵权行为、合同上的请求权、缔约过失等有关制度获得保护，只有其他制度都难以提供公平合理的保护时，直索责任（真正的直索责任）才发挥作用”。[1]“《德国民法典》第826条亦被广泛使用”。[2]在司法实践中尤其喜欢适用《德国民法典》第826条，并把它作为得到民法承认的、符合公司法原则的穿透责任的一般性构成要件[3]。在判决股东承担直索责任的案例中，法院较多地涉及《德国民法典》第826条。

一、德国《民法》第826条的基本内容

德国《民法》第826条规定，以违反善良风俗的方法损害他人的，应赔偿他人损失。相对于德国《民法》第823条，第826

---

〔1〕 范剑虹、李海敏、李翀：《中、美、德“公司法人格否认”比较研究》，澳门大学出版中心2013年版，第58页。

〔2〕 范剑虹、李海敏、李翀：《中、美、德“公司法人格否认”比较研究》，澳门大学出版中心2013年版，第57页。

〔3〕［德］托马斯．莱赛尔、吕迪格．法伊尔：《德国资合公司法》，高旭军等译，法律出版社2005年版，第485条。

条具有两项主要特点：其一，第826条是一个概括性条款，起到一定的兜底作用，防止某些权利或利益未能被纳入保护范围，它是德国侵权行为法中“第三个小的概括性条款”[1]。第一个是第823条中规定的“其他权利”，第二个是第823条第2款。第826条没有要求损害是一个确定的法益，而是侧重于纯粹的财产损失的赔偿。它能够对第823条起到一定的补充作用，能够使人们以主流的价值观念判断某种行为是否构成侵权。其二，由于第826条的“概括性”，为防止限制他人自由，第826条还通过故意违反善良风俗要件防止侵权行为法被滥用。

第826条有四项构成要件：其一，损害。损害的发生是适用第826条的前提条件，与第823条不同的是，第826条所说的损害更注重强调纯粹的财产损失；其二，违反善良风俗。德国学者认为对于违反善良风俗应从主观方面和客观方面进行区别。善良风俗的确定与宗教和哲学没有必然的联系，其内容是很难界定的，应主要来源于法律伦理和社会伦理，是每个社会成员都能接受的最低标准，以此防止有人打破这一底线。德国联邦最高法院将其归纳为“一切能够公正、公平地进行思考的人的正常感受”[2]；其三，过错。只能是故意而不能是过失，包括间接故意，即行为人预见并放任了损害结果的发生。所谓预见，并不要求预见到所有损害发生的细节，只要求一般性地意识到损害结果

〔1〕［德］马克西米利安·福克斯：《侵权行为法》，齐晓琨译，法律出版社2006年版，第162页。

〔2〕［德］马克西米利安·福克斯：《德国侵权行为法》，齐晓琨译，法律出版社2006年版，第164页。

发生即可。其四，因果关系。即要求行为与损害结果之间具有因果关系，这种因果关系应达到相当性。

二、德国《民法》第826条应用案件类型

（一）错误的介绍信、证明、鉴定结论

这种案例可以表现为雇主明明知道雇员有失职行为却故意隐瞒这一事实，向其他雇主介绍该雇员从来没有失职行为，能够胜任工作，结果雇员给其他雇主造成了损害；鉴定人做出鉴定时信口雌黄。这些行为在审判时都可能被认为是违反善良风俗的行为。

（二）诱使违约

合同一般应严格遵守相对性原则，因他方行为导致的违约只能由合同一方承担违约责任。但是联邦最高法院在判决中也明确认为如果第三人以违反善良风俗的方式介入合同导致违约的，也将依据第826条承担侵权责任。

（三）以违反善良风俗的方式意图对抗不正确的判决、裁定、命令等

按照德国判例，当事人可以基于第826条针对不正确的命令、判决、裁定提起诉讼。被诉的命令可能在获取的程序上违反善良风俗，比如，贿赂办案人员、证人，提供虚假的证据等。如果获得命令之后存在违反善良风俗的行为，也可能因此受诉。

（四）对债权人造成不利影响

“对债权人造成损害”被德国审判实践十分明确地纳入到第826条的适用范围，在实践中有两类十分典型的案例：一类是信

用欺诈，另一类是与本书紧密相关的情形，公司的股东设立公司的目的就是利用公司的形式，使自己仅承担有限责任，在公司陷入财务困难或破产时，债权人不能向自己提出诉讼请求。虽然按照《有限责任公司法》第 13 条第 2 款，债权人只能向公司提出请求，但如果股东的行为如此明显，以致于其恶意已经显露无遗，则法院不考虑《有限责任公司法》第 13 条第 2 款，而且，该条本身就不具有阻却侵权之债成立的功能。这其实正是前文所说的非真正的直索责任。德国司法实践中以第 826 条追究股东的直索责任是十分明确的，在机制滥用、生存毁灭、实质资本不足的情况下都可能涉及对第 826 条的适用[1]。第 826 条在有些情况下是单独适用，在有些情况下是与其他规定合并适用。有学者认为以前德国法院比较热衷于适用第 826 条，但目前对第 826 条的适用有所限制，以前凭借第 826 条可追究股东的外部责任，现在却有将其内部化的趋势。

三、德国《民法》第 826 条应用于追究股东直索责任的构成要件

在德国司法实践中，以第 826 条追究股东直索责任的案例类型有几种，在不同案件中构成要件各有不同，总体说来，仍有四个构成要件。

（一）股东的侵权行为

在以资本显著不足为由追究股东责任的案例中，法院并没有

〔1〕 范剑虹、李海敏、李翀：《中、美、德“公司法人格否认”比较研究》，澳门大学出版中心 2013 年版，第 48 ~ 58 页。

将资本显著不足作为毁灭公司生存的一种类型，但仍认为可以依据第826条追究股东的侵权责任。在这种情况下，认为股东的行为实际上是利用公司的形式，获得承担有限责任的特权，或者是利用公司进行欺诈，这种行为可被界定为侵权行为。

在毁灭公司生存的案例中，股东的行为可以表现为直接挪用公司资产，或在与公司的关联交易中，价格不公允、抢占公司经营范围、利用公司经营机会等，并且没有给公司合理补偿。有学者还认为股东的行为需要造成公司破产的结果[1]。

（二）违反善良风俗

违反善良风俗是第826条的构成要件，德国联邦最高法院在追索股东直索责任的案件中逐渐形成了两项标准：其一，股东的行为减少了公司的资产，进而使债权人无法从该项资产中获得清偿；其二，股东从该行为中获得利益。虽然善良风俗的抽象概念难以定义，但在具体案件中还是能够掌握的。

（三）股东行为应出于故意

如果股东事先知道或应当知道其行为将损害到公司的利益，进而使债权人的债权得不到清偿，就可以认为股东具备了故意的构成要件，在毁灭公司生存、公司实质资本不足的案件中都不难证明股东存在故意。

（四）股东行为和债权受到损害之间具有因果关系

在毁灭公司生存的案件中，债权人的证明责任分成两步：第一步是证明股东的行为给公司造成损害，要证明公司财产的实际

〔1〕高旭军：《德国公司法典型判例15则评析》，南京大学出版社2011年版，第418页。

数额和股东侵害公司资产之前公司财产的数额，两者的差额就是给公司造成的损失；第二步是证明股东的行为给债权人造成的损失。在以前的案例中，债权人需要向法院证明其全部债权，股东需对其全部债权承担责任。在“特里旅馆案”之后，债权人不用再证明其全部债权受到损害，只要证明其因股东的行为而受到损害的范围。这似乎是减轻了债权人的举证责任，但实际上是缩小了债权人受赔偿的范围，是对债权人一个不利的变化。

四、实例应用

特里旅馆案：A 有限责任公司是一家于 1991 年成立的有限公司，成立以后，债务人 A 公司向股东承租了一块土地及其地上旅馆，然后开展经营，当时，被告拥有 A 公司 52% 的股权，其余的 48% 为其妻子拥有。被告的母亲控制着 W 公司，被告同时也是 W 公司的授权代表。被告代表 A 公司和 W 公司签订了一份合同，约定 A 公司将旅馆的全部资产转让给 W 公司，A 公司负责旅馆的经营，并获取一定的报酬。1997 年 A 公司出现经营困难，2000 年 A 公司提出破产申请，法院同意启动破产程序，启动破产程序时查明，A 公司只有 108 马克财产，其他财产已经被被告处理。

一审法院和二审法院均认为被告应对公司的债务负责，应清偿已经登记的破产债权，认为 A 公司的股东实施了毁灭 A 公司生存性质的行为，包括将特里旅馆的全部财产在其母亲没有提供对价的情况下抵押给其母亲，使债务人失去了利用资产融资的能力；被告在代表 A 公司和 W 公司签订合同时，都做出了对 A 公司不利，而对其母所控制的公司有利的安排。

最高法院最终撤销了二审法院的判决。最高法院认为以前存在滥用法人权利的独立责任机制，使股东直接对公司债权承担赔偿责任，但在本案中，最高法院放弃了这种责任机制，并没有追究股东的直索责任，理由是：其一，虽然以前通过司法判例允许债权人依据第 826 条追究股东的外部责任，但那仅仅是一种例外，而不是一种普遍的情况，股东的有限责任应当具有首要的意义；其二，第 826 条规定的是一种内部责任，而不是外部责任，只应适用于公司向股东追索，而不适用于债权人向股东追责，毁灭公司生存责任是第 826 条之下的一种特殊案例类型，适用于股东侵占公司、挪用公司资产，使公司丧失清偿能力、陷入破产的情形；其三，由于《有限责任公司法》已经有关于资本维持的规定，如果股东侵占、挪用了公司资产，可以采用该条追究股东责任，当然也可以第 826 条作为请求权基础，所以在处理第 826 条和《有限责任公司法》第 30、31 条的关系时，应认为二者是竞合关系。而且使用《有限责任公司法》第 30、31 条是能够解决问题的，没有必要抛开第 30、31 条而适用第 826 条。至少不应该单独适用第 826 条，而应该结合使用两类规范，第 826 条起到的是一种补充作用。在"特里旅馆案"之前，在发生股东挪用、侵占公司资产而损害公司利益，进而损害债权人利益的案例中，法院曾以第 826 条剥夺股东有限责任的特权，所以债权人对第 826 条寄予厚望，但最高法院在"特里旅馆案"中的判决让人们大失所望，引起争论。

赞成者认为，其一，在现有的制度框架下，对于追究股东责任的问题，资本维持原则的适用和侵权责任的适用本身存在着界限不清晰的问题，此案的判决将第826条和《有限责任公司法》第30、31条理解为竞合关系解决了长期以来在法律适用方面的模糊问题；其二，不以第826条追究股东的直索责任，可以解决法律的不安定性，让股东清楚其所面临的责任问题；其三，从债权人的角度考虑，以前因以资本维持问题起诉股东，将适用公司注册地的法律，这意味着如果欲起诉一家在英国成立而在德国开展经营活动的公司，只能去注册地英国起诉，这将毫无疑问给债权人造成巨大不便。而如果将第30、31条和第826条理解为竞合关系，股东对公司的损害可以被明确地定性为侵权行为，因此，债权人就可以依据侵权行为地的准据法提起诉讼，这对保护债权人是有利的。

质疑者认为：其一，以前已经有明确的案例以第826条追究股东的侵权责任，这是一种“法官造法”[1]，这一案例明显违反了以前形成的判例，是对现行法律的破坏，反而造成了法律的不确定性。其二，如果将第826条和《有限责任公司法》第30、31条理解为竞合关系，产生的结果将是第826条的构成要件被套用于内部责任，其会使内部责任的适用十分困难。因为原告必须首先要证明股东故意地违反善良风俗。其三，从法条之间的关系来说，第30、31条确实存在这种固有缺陷，体现在第30、31条一般只保护公司与注册资本相当的财产，最高法院的判决也是为了弥补这一不足，所以才引入了第826条。但是很显然，两种

〔1〕 高旭军：《德国公司法典型判例15则评析》，南京大学出版社2011年版，第416页。

请求权基础存在巨大不同，第30、31只要求了客观条件，而第826条却要求了两项主观要件，即故意和违反良俗。两者的法律后果也不同，第30、31条产生的责任是退还财产，而第826条产生的后果是损害赔偿。所以德国联邦最高法院在此案中拒绝以第826条追究股东直索责任的判决是站不住脚的。

五、小结

（一）德国《民法》第826条是一个获得法院裁判认可的追究股东直索责任的请求权基础

结合上文可知，德国法院在很多追究股东直索责任的案件中均有可能涉及《民法》第826条的使用，尤其是在早期的一些判决中更是比较直接地涉及第826条的使用，使得债权人追索股东案件成为第826条项下一类比较典型的案件。法院认为股东的行为如果符合侵权行为的构成要件，有限责任也不能成为免除承担侵权责任的阻却事由。在这种情况下，债权明确地属于第826条的保护范围。当然，第826条并不是民法中唯一的请求权基础，但肯定是选择之一。“近代中国民商法主要是对德国法直接或间接的继受，从历史渊源上看，有限责任公司和股份有限公司也是继受德国法而来”[1]，这从理论上说明我国也可以尝试从侵权法的角度追究股东的责任。

---

〔1〕 范剑虹、李海敏、李翀：《中、美、德“公司法人格否认”比较研究》，澳门大学出版中心2013年版，第59页。

（二）第826条的适用并非一成不变，而是受到社会环境变化的影响

在“特里旅馆”案之前，法院较多地运用第826条追究股东的外部责任，在“特里旅馆案”之后，则缩小了第826条的保护范围，一方面是因为第826条和《有限责任公司法》确实存在竞合关系，另一方面是因为德国法院在调整第826条在直索案件中的适用范围时，采取了更加谨慎的态度，更加倾向于保护股东而不是债权人。

有学者认为德国法院之所以减少了对第826条的适用有着深刻的社会原因。在理论上，认为德国法律过于注重对债权人的保护，而忽视了对股东的保护，股东的有限责任十分不稳定，可能随时面临债权人的起诉，这极大地增加了股东投资的风险，打击了股东投资的积极性，使人们怀疑有限责任公司形式存在的必要性。不仅是法学界，而且很多政界、金融界人士也持相同观点。在实践中，前几年以来，全球金融危机席卷德国，德国经济面临严重的下行压力，内需不足，出口不畅，大批企业破产、裁员，失业率不断上升，在这种情况下，如果坚持以前的做法，显然将恶化股东、企业的投资、经营环境，不利于德国经济的回调。所以限制第826条的适用范围是受到学界和社会环境双重影响的结果。

在我国情况恰恰相反，此次公司资本制度的改革，明显对股东保护比较有利，而对债权人保护不力。公司资本制度改革之后，对股东有利的倾向更加明显，所以在我国应该是强化对债权人的保护，允许、鼓励债权人通过多种途径主张权利。

（三）法院对于法律规范的认识对请求权的成功行使十分重要

法律规定债权人拥有某项权利不等于当事人在事实上拥有这项权利，虽然侵权法规定了请求权基础，如果债权人不经常使用这项基础，这类案件就不能形成一类典型案件，而如果当事人频繁地使用这一请求权基础，这类案件将会成为典型案件，当事人获得胜诉的可能性就比较大。在德国由于法院已经将公司债权人的保护列为第826条项下一类典型的案件，所以债权人以之提起诉讼获得胜诉的可能性就会较高。但在我国，公司债权人仅以《侵权责任法》起诉股东的案件还十分罕见，所以欲将《侵权责任法》发展成为债权人向股东主张权利的一项稳定的请求权基础还需要审判实践的发展。

除了德国以外，美国也曾以侵权法理论允许债权人追究股东的责任。明尼苏达州最高法院曾认为如果债权人接受了公司信息所称的所有股份已实缴而其实未缴，债权人就属于受到了欺诈，可以依据侵权法向股东主张请求权。这种情况与本书所称的少缴、未实缴出资尚有较大不同，但是至少可以说明，在美国，侵权法可以作为债权人向股东主张请求权的基础。由于美国侵权法理论与我国有较大不同，故不再展开讨论[1]。

---

〔1〕 参见王涌："论公司债权人对未实缴出资股东的请求权"，载《中国工商报》2014年8月9日，第3版。

本章小结

一般认为，股东投资设立公司之后就获得仅以其投资为限承担有限责任的权利，债权人因公司经营产生的债务只能向公司主张请求权，不能向股东主张。但是股东作为民事主体，其行为应受民事法律规范的调整，如果股东设立公司的行为具有恶意，仍然可能构成侵权行为，承担侵权责任，此时公司仅仅是股东用以实施侵权行为的工具。判断股东应否承担侵权责任，需从侵权行为的构成要件出发：故意长期不缴纳出资的行为具有主观恶意，而且违反了诚实信用原则和公平原则；在很多情况下，股东的行为与债权受损之间能够成立相当因果关系；公司债权成为侵权法保护的客体不会造成对股东的重大不利，能够为侵权法理论所容许。在其他大陆法系国家，如德国，都有案例表明，债权人可以凭借侵权法向股东主张请求权，所以，在中国的一些案例中，债权人可以以《侵权责任法》为依据向股东主张请求权，且已有实例表明之。但在实践中，这种理论能否应用于长期不实缴的待缴股东，还需要进一步验证。

第五章　其他请求权

本章意在解决这些问题：民法中的代位权能否用于债权人向股东提出请求？《公司法司法解释三》第 13 条及相关条款能否适用于本书所说的长期处于待缴状态的股东？我国是否规定了法定债务请求权？在适用中有何问题？是否可采用其他法律中加速到期的规定，解决公司经营过程中债务承担与认缴出资中待缴出资远水不解近渴的矛盾问题等。本章在梳理民法债权人代位权理论的基础上，基于《公司法司法解释三》第 13 条第 2 款系对民法上的债权人代位权改造而创设的新型代位权的事实，笔者提出了“债权人出资代位求偿权”的概念，以区别于民法上的债权人代位权以及保险法上的保险代位权。尽管《公司法司法解释三》实际上创设了区别于民法债权人代位权的“债权人出资代位求偿权”此种新型代位权制度，当然这种制度完全不同于民法中的代位权制度，但是在现有司法解释规定的情况下，需要对之进行扩展解释才能适用于公司债权人对待缴股东的债权请求。对于以公司法规定待缴股东对公司负有缴纳出资的义务为据来直接主张法定债务请求权，笔者认为还需要最高人民法院做出进一步的解释或做出案例指导。

第一节　代位权概述

一、代位权

债权人代位权，是指债权人为了保全其债权，以自己的名义行使债务人请求权的权利。当债务人享有对第三人的权利而又怠于行使，致使其财产能增加而不增加，危害债权实现时，债权人可代位行使属于债务人的请求权，以增加债务人的财产，从而使自己的债权得以实现。在代位权关系中，对债务人负有债务的第三人，相对于债权人而言，可称为“次债务人”。[1] 现代民法中债权人的代位权和撤销权，是为了增加债务人的责任财产以保障债权人的债权能够顺利实现而创设的制度，两者构成债的保全制度。

有学者将代位权定义为实现已经到期的债权，债权人为了保证自己的债权免受损害，而以自己的名义向法院提出请求，行使债务人怠于行使的债权的权利。[2] 有学者认为，代位权是债权人为了确保自己的债权获得受偿，在债务人怠于行使其对第三人的财产权利而危及自己的债权时，而以自己的名义代替债务人行使财产权利的制度[3]；有学者将代位权定义为“债权人为了保

〔1〕 王卫国主编：《民法》，中国政法大学出版社 2012 年版，第 319 页。
〔2〕 江平主编：《民法学》，中国政法大学出版社 2011 年版，第 419 页。
〔3〕 李永军：《合同法》，法律出版社 2010 年版，第 440 页。

全自己的债权，以自己的名义行使属于债务人权利的权利”[1]。关于代位权的性质，学者们比较一致地认为代位权是实体法上的权利[2]，是法律所规定的固有权利[3]，既不是代理[4]，也不同于形成权，而是一种管理权[5]，也有学者认为其是一种可能权[6]。

二、代位权行使的条件

(一) 债权人对债务人拥有合法的债权

虽然法律对此未作出规定，但这是行使代位权不言而喻的前提。如果债权不合法，则无代位权可言。代位权是债权对外效力的一种体现，是债权的一种权能，所以拥有合法存在的债权是行使代位权的前提。不合法的债权不能行使代位权。

(二) 债务人怠于行使权利

怠于行使一般是指应该行使、能够行使而不行使。应该行使是指如果债务人不行使权利，就可能使权利在法律上消失、丧失

---

〔1〕 韩世远：《合同法总论》，法律出版社 2008 年版，第 282 页。

〔2〕 李永军：《合同法》，法律出版社 2010 年版，第 442 页；韩世远：《合同法总论》，法律出版社 2008 年版，第 285 页；崔建远主编：《合同法》，法律出版社 2010 年版，第 150 页；江平主编：《民法学》，中国政法大学出版社 2011 年版，第 420 页。

〔3〕 江平主编：《民法学》，中国政法大学出版社 2011 年版，第 419 页；崔建远主编：《合同法》，法律出版社 2010 年版，第 150 页。

〔4〕 李永军：《合同法》，法律出版社 2010 年版，第 441 页；江平主编：《民法学》，中国政法大学出版社 2011 年版，第 419 页；崔建远主编：《合同法》，法律出版社 2010 年版，第 150 页。

〔5〕 韩世远：《合同法总论》，法律出版社 2008 年版，第 285 页；李永军：《合同法》，法律出版社 2010 年版，第 441 页。

〔6〕 江平主编：《民法学》，中国政法大学出版社 2011 年版，第 420 页。

或罹于诉讼时效，或在事实上无法实现，比如第三人恶意转移财产等。能行使是指债务人在客观上有条件行使其权利，如果债务人在客观上不能行使其权利则不符合此条件，比如债务人正处于破产状态，按照法律规定已经不能处理其财产，应由破产管理人行使，则不属于能行使而不行使。不行使是指债务人消极不作为，不管是基于故意还是过失，不向第三人主张权利[1]。

（三）债务人迟延履行债务

一般情况下，如果债务尚未发生迟延履行，债权人的债权能否实现尚难预料，若此时允许债权人行使代位权，则过分地干涉了债务人的权利，也不符合债权的特点。相反，如果债务人已经迟延履行债务，债权人的债权能否实现已经面临现实的危险，故有必要赋予债权人一定的对外效力。例外的情况是存在保存行为，保存行为是指为了防止债务人权利的变更、丧失致使财产减少而为的行为，如申报破产债权、中断诉讼时效等，不构成对债务人的过分干涉，而且保存行为的结果对债务人有利，若不及时为保存行为，不但可能使代位权无从行使，也可能使债务人的权利受到损失。有学者指出，日本民法典和我国台湾地区民法典均规定允许债权人为保存行为[2]。

三、代位权的客体

代位权制度的目的在于保证债权的实现，保全债务人的财产，因此，理论上，除例外情形，能够成为债务人财产者，都可

〔1〕 韩世远：《合同法总论》，法律出版社2008年版，第287页。
〔2〕 韩世远：《合同法总论》，法律出版社2008年版，第289页。

以作为代位权的客体，包括物权请求权、债权请求权、登记请求权、解除权、撤销权、选择权、买回权，甚至某些公法上的权利，即凡是能够给债务人带来财产利益者均可以成为代位权的客体。法国民法典规定，债权人可以行使债务人的一切权利和诉权，我国台湾地区和日本立法对代位权客体的界定均十分宽泛。可见，在这些国家和地区，法律对债务人的限制还是很大的。

专属于债务人自身的债权不能成为代位权的客体。根据我国《合同法司法解释一》第12条的规定，基于扶养关系、抚养关系、赡养关系、继承关系产生的给付请求权和劳动报酬、退休金、养老金、抚恤金、安置费、人寿保险、人身伤害赔偿请求权等权利，债权人不得代位行使。

四、代位权行使的效力

创设债权人代位权制度的宗旨在于保障债务人的一般财产不至于因其消极不作为而不当减少，进而致使债务人的偿债能力降低。因此，既然只是权利行使的代位而不是权利的法定转移，那么，债权人代位权行使的效果应当直接归属于债务人，相应财产应归属于债务人并充实其偿债的一般责任财产。这是债权人代位权应有的本义，学理上称为“入库规则”。行使代位权所获的财产必须先入库，即便债权人代为受领亦是如此，而后再在债务人的债权人之间平等受偿，一般称为“先入库，再受偿”。我国《合同法》第73条规定的本意即如此，且契合代位权的原理，而非缺乏对代位权行使效力的规定。但是，最高人民法院通过《合同法司法解释一》第20条的规定，改变了代位受偿的结果，规定由次债务人直接向债权人履行清偿义务，债权人与债务人、债务人与次债务人之间的相应债权债务关系即予消灭。该规定表明谁行使权利谁受益，效果等同于债权人“自己债权的保全”，或有减少“搭便车”及鼓励债权人行使代位权之意，显属对传统民法债权平等原则的突破，实质是对民法债权人代位权原理的制度改造，以“机会公平”取代了“结果公平”。

第二节 《公司法司法解释三》第 13 条第 2 款之下的请求权

公司债权人的利益与股东的出资义务密切相关，股东的出资形成公司的资本及所产生的资产，构成公司对债权人权益实现的一般担保。在认缴制下，股东出资由于认缴而存在已缴及待缴两种情况，有可能出现因公司认缴资本未到缴纳期而使得公司出现偿债困难甚至危机。因为营利性的追求使得公司具有极大的冒险冲动及动机，而公司营业冒险成功无疑使其营业收益大为增加，但如果公司冒险经营受挫则将有可能使债权人权益的实现遭遇公司已缴资本不足偿债的风险。对此，《最高人民法院关于适用〈中华人民共和国公司法〉若干问题的规定（三）》（以下简称《公司法司法解释三》）第 13 条第 2 款规定了公司债权人可以代公司之位直接诉请股东在其未出资的本息范围内承担补充赔偿责任[1]，与代位（subrogation）本意相符[2]，笔者将此界定为“债权人出资代位求偿权”，以有别于民商法体系内的其他代位权制度。本节对该制度进行分析并探讨其扩张适用，以解决公司债权人在股东资本待缴时债权实现的困境问题。

一、债权人出资代位求偿权

《公司法司法解释三》第13条第2款规定：“公司债权人请求未履行或者未全面履行出资义务的股东在未出资本息范围内对公司债务不能清偿的部分承担补充赔偿责任的，人民法院应予支持；未履行或者未全面履行出资义务的股东已经承担上述责任，其他债权人提出相同请求的，人民法院不予支持。”本条款规定了公司债权人可以直接向公司待缴股东主张其未出资本息范围内的债权，实际上已经突破了债的相对性原则。代替“公司”之位置向其股东主张出资的权利并由股东承担补充赔偿责任，确立的是有别于《合同法》债权人代位权制度的《公司法》上特别的债权人代位权制度，我们可将其称为“债权人出资代位求偿权”，以与《合同法》上的债权人代位权及保险法上的保险代位权相区别。

从《公司法司法解释三》前述条款之规定，我们可以得出债权人出资代位求偿权的构成要件如下：

---

〔1〕笔者同意这一制度不同于民法中的代位权制度，而是一种新的制度。

〔2〕“代位 subrogation”一词源于拉丁语“subrogare”，意为“使一人处于另一人的位置上（to put one person in the place of another）”。详见［日］我妻荣编：《新法学词典》，董璠舆等译，中国政法大学出版社1991年版，第352页。

第一，公司债权人对公司享有的债权已到期且未得到清偿，即公司对债权人所负的债务已经陷于给付迟延状态，否则债权人不得行使代位求偿权，惟专为保存公司之权利的代位行为应设为例外。对于保存公司之权利的行为，例如，公司出资义务未尽股东申请破产而公司并未进行破产债权申报与登记，此时债权人代位行权实施申报与登记行为，对公司有利无害，且若不及时为之，日后再无行使之可能，在此类情形下应允许债权人在即使公司并未迟延履行债务之时，也可代位行权，以达到保全效果[1]。

第二，公司股东对公司未完成出资义务，包括出资义务未履行或未全面履行。最高法院民事审判第二庭在其编著的《最高人民法院关于公司法解释（三）、清算纪要理解与适用》中将“未履行或者未全面履行”做了字面含义的限缩解释。该书指出：“根据行为方式的不同，股东违反出资义务的行为表现为未履行或者未全面履行出资义务。未履行出资义务是指股东根本未出资，具体包括拒绝出资、不能出资、虚假出资等。未全面履行出资义务包括未完全履行和不适当履行，其中未完全履行是指股东只履行了部分出资义务，未按规定数额足额出资。不适当履行是指出资的时间、形式或手续不符合规定，包括迟延出资、瑕疵出资等。”[2] 显然，最高法院所称的“未履行或者未全面履行”是指股东出资违约的有关情形，并未包括股东认缴出资下合法待缴

---

〔1〕 我国台湾地区“民法”第243条即有此规定，其原理之阐述，可参见陈猷龙：《民法债编总论》，五南图书出版股份有限公司2011年版，第188页。

〔2〕 最高人民法院民事审判第二庭主编：《最高人民法院关于公司法解释（三）、清算纪要理解与适用［注释版］》，人民法院出版社2014年版，第214页。

的情形。

第三，公司股东承担的是一次性的、有限的补充赔偿责任，仅在其未出资本息范围内对公司债务不能清偿的部分承担补充赔偿责任，该责任是一次性的，具有补充性质。股东负有以认缴的出资数额为限对公司出资的责任，该责任既来源于公司设立协议或发起人协议的约定，也来源于公司法的明确规定，具有约定性和法定性。股东如有违反，自应在公司不能清偿债务的情况下承担补充损害赔偿的责任，其损害赔偿责任的上限应为其未出资数额的本息。在出资违约的股东已经承担补充赔偿责任后，其他债权人不得再向其提出代位求偿请求。

第四，需要指出的是，本条款并不要求债务人满足怠于行使的条件，而是在结果上要求只要达到债权未能清偿的条件，就可以向股东主张请求权，不需要债权人再证明公司存在怠于催缴的行为。实际上，在债权人未获清偿而股东又存在未实缴出资的情况下，可以推定公司存在怠于催缴的情况[1]，但由于法律没有明确要求此要件，就等于降低了债权人的举证责任，股东也不能以公司不存在怠于催缴的行为来抗辩。

二、债权人出资代位求偿权与普通债权人代位权的比较

债权人出资代位求偿权与合同法上的债权人代位权相比，显然存在不同。

第一，合同法上的债权人代位权要求债务人对于第三人（次

---

〔1〕 李小宁："评债权人代位权在公司法中的应用——股东违反出资义务时的债权人救济"，载《河南财经政法大学学报》2013 年第 4 期。

债务人）的债权要到期，即对于非到期债权，不能行使代位权，其结果是限制了债权人的权利并加大了可能承担的债权不能实现的风险。从立法用语上来看，《合同法》上的债权人代位权对于债务人对次债务人的债权到期要求非常明确。《合同法》第73条第1款规定："因债务人怠于行使其到期债权，对债权人造成损害的，债权人可以向人民法院请求以自己的名义代位行使债务人的债权，但该债权专属于债务人自身的除外。"《合同法司法解释一》第11条进一步明确规定："债权人依照合同法第73条的规定提起代位权诉讼，应当符合下列条件：①债权人对债务人的债权合法；②债务人怠于行使其到期债权，对债权人造成损害；③债务人的债权已到期；④债务人的债权不是专属于债务人自身的债权。"这些规定均明确将债权人对次债务人的债权到期列为构成要件。但是，《公司法司法解释三》从其规定用语来看，并未明确将出资到期列为构成要件，其表述的是"未履行或者未全面履行出资义务"。就字面含义来说，"未履行或者未全面履行出资义务"既可以包含出资义务已到履行期而"未履行或者未全面履行"（此时股东出资已属于违约出资状态，不属于本书所探讨的范围），也可以包含由于出资义务因认缴期限尚未届满而"未履行或者未全面履行"（即股东处于合法的出资因认缴期未至的待缴状态，属于本文探讨的范围）。虽然最高人民法院民事审判第二庭编著的《最高人民法院关于公司法解释（三）、清算纪要理解与适用》中将"未履行或者未全面履行"解释成前一种情形，但是如后文将述，基于该司法解释出台于《公司法》资本制度彻底修改之前的缘故，也出于鼓励交易及倾斜保护债权人利益的理由，笔者认为将其从宽解释为包含后一种情形更为妥当。

第二，《合同法》上的债权人代位权强调必须存在债务人怠于行使权利的情形，即债务人对于次债务人的权利应行使且能行使却不行使，从而使得该权利有变更、消灭或丧失之虞，进而害及债权人的债权。但是，如前所述，债权人出资代位求偿权的构成要件并无此要求。究其原因，笔者认为公司与股东之间关系密切，这与其他主体之间非密切型债的关系不同。诚如旁人并无必要去证明某对夫妻感情并无破裂一样，要让作为“局外人”的债权人去探究及举证两者之间存在“怠于”情形，既毫无必要，也与商法鼓励交易、追求效率以及倾斜保护债权人利益的原则不符。因此，债权人出资代位求偿权基于公司法及商法本身的特性，没有必要要求债权人负有证明“怠于行使权利”的情形，公司是否“怠于”请求股东出资均与债权人代位权的行使无关。

第三，两者行使权利的客体并不完全相同。《合同法》规定的债权人代位权的客体（对象）是“到期债权”，《合同法司法解释一》第13条又将其外延限缩为“具有金钱给付内容的到期债权”，无疑使债权的范围大为缩小。《公司法司法解释三》则将公司债权人代位权的行权对象指向未履行或者未全面履行出资义务的股东，而股东的出资范围较为广泛，因而公司债权人代位权的客体范围也相应较为广泛。《公司法》第27条规定，除了法律或行政法规特别规定不能用于出资的财产外，股东可以用货币出资，也可以用实物、知识产权、土地使用权等可以用货币估价并可以依法转让的非货币财产作价出资。《公司登记管理条例》

第14条则对此进行了“负面清单式”的补充规定，明确股东不得以劳务、信用、自然人姓名、商誉、特许经营权或者设定担保的财产等作价出资。显然，公司法上对股东出资的财产范围规定得较为广泛，不在“负面清单”范围内又可以货币估值衡量的任何财产，均可作为出资的财产，进而成为公司债权人在行使代位权时的客体。当然，如果是非货币出资，届时需要通过估值转换为“未出资本息”。

第四，债权人出资代位求偿权在行使上也有别于合同法上的债权人代位权。由于《公司法》第13条第2款规定“未履行或者未全面履行出资义务的股东”仅在未出资本息范围内对“公司债务不能清偿的部分”承担“补充赔偿责任”，因此公司债权人在行使权利时负有举证证明公司已经不能偿债，这类似于赋予公司股东如同一般担保责任项下的“先诉抗辩权”。笔者以“股东损害债权人利益责任纠纷”为案由进入“中国裁判文书网”进行案例查询，发现在司法实践中确实如此处理，不少公司债权人是凭着之前诉公司的判决无法执行或未得到执行的证据，另行起诉公司的股东，要求其在“未出资的本息范围内对公司债务不能清偿的部分承担补充赔偿责任”。笔者以为，如此制度设计显然偏向于保护公司股东的利益，并不当加大了公司债权人行使出资代位求偿的成本，也给司法机关增添了案件处理负担。而合同法上的债权人代位权则无此麻烦问题。

三、债权人出资代位求偿权的法理基础

作为民法的特别法，《公司法司法解释三》第13条第2款规

定的并为笔者所界定的“债权人出资代位求偿权”，其法理基础来源于民法的代位权原理。如上节所详述，债权人代位权是债的保全制度的一种具体方式。由于债务人是以自己的全部财产作为偿债的一般担保，债务人责任财产的不当减少关系到债权人的债权最终能否实现以及实现的程度。为保障债权的实现以及正常的交易流转秩序，如果债务人怠于行使其到期债权将害及债权人债权实现时，债权人得代债务人之位，以自己的名义行使属于债务人的请求权，以增加债务人的责任财产，从而保障自己的债权得以实现。

民法债权代位权原理其他部分的内容，前已述及，于此不赘。需要进一步追问的是，代位权的源头法理基础是什么。笔者认为，债务人与次债务人之间债的发生原因即代位权的最终法理之源，有法定之债、合同之债、侵权之债、单方行为或团体行为之债等。股东出资是“指出资人为取得股权，在公司设立或者增资时根据法律、章程、协议的规定，向公司履行给付义务的法律行为。”[1] 公司与股东之间的出资关系虽然法律也予以规定，但在本质上股东之间是基于公司设立协议、发行人协议或具有协议性质的章程而对公司负有出资的义务，即公司对股东的出资请求权在本质上是源于契约的。因此，在公司法中，债权人代位向股东求偿出资，是股东违约出资的结果。尽管如第四章所述，在股东具有侵权故意的情况下，债权人也可以凭侵权责任向股东主张请求权。但是，如溯本追源，笔者无法同意债权人出资代位求偿

[1] 李建伟：《公司法学》，中国人民大学出版社2014年版，第166～167页。

权的法理基础来自第三人侵害债权说[1]。这是因为，股东与公司之间在事实上或者至少在观念上存在着出资协议关系，“股东承担的出资义务，是股东依照约定或者公司法规定承担的特殊合同义务，以公司和股东存在出资授受关系作为基础。在公司实践中，无论公司股东是否与公司签订书面出资协议，在观念上，必须承认公司与股东存在某种出资协议。”[2] 在公司成立之前，发起人之间存在包含出资内容在内的公司设立协议；在公司设立之后，股东出资内容载明于发起人股东签章确认的生效公司章程之中；在公司增资或发行股票时，公司与股东之间存在着相应协议。在股东出资义务上，既然其根源在于契约，公司设立后的出资义务规定不过是对出资契约的法律确认，那么，第三人侵害债权说要作为债权人出资代位请求权的法理基础，显然缺乏足够的说服力。

四、债权人出资代位求偿权的适用条件及范围

如上所述，《公司法司法解释三》第 13 条第 2 款规定的“债权人出资代位求偿权”适用的前提条件是存在“股东未履行或者未全面履行出资义务”这一出资违约或违法的情形。就其具体适用条件而言，必须存在债权人与公司之间存在合法的债权债务关系、债权人与公司之间的债权已经到期且未得到清偿、股东

---

〔1〕 关于公司债权人追究瑕疵出资股东出资责任的理论基础，目前学界有所分歧，主要有债权人代位权说及第三人侵害债权说两种不同的观点，详见赵旭东主编：《公司法学》，高等教育出版社 2012 年版，第 246 ~ 247 页。

〔2〕 叶林：“公司股东出资义务研究”，载《河南社会科学》2008 年第 4 期。

未履行或者未全面履行出资义务以及出资违约的股东尚未承担补充赔偿责任。鉴于“股东未履行或者未全面履行出资义务”是核心条件，因此，如果股东处于合法的出资期限尚未届满的待缴状态，且对“未履行或者未全面履行出资义务”仅作限于出资违约的狭义理解时，出资代位求偿权就无法适用于本书所探讨的情形。

第三节　债权人出资代位求偿权的扩展适用

如果对《公司法司法解释三》第 13 条第 2 款中的“股东未履行或者未全面履行出资义务”做如上节所述的“狭义”理解，那么对本书所探讨的债权人对待缴股东的债权请求权毫无意义。但是，问题的关键是我们是否可以对“股东未履行或者未全面履行出资义务”做所谓的“广义”理解？在司法实践中是否存在广义理解的判例？如果答案是肯定的，那么，无疑我们在目前的法律及司法解释现状这一大背景的前提下，通过对上述公司法解释规定做广义的理解和解释，进而使得债权人出资代位求偿权也能够扩展适用于本书所研究的待缴股东的补充赔偿责任的承担问题。

一、待缴股东对公司债权人承担补充赔偿责任的判例介绍[1]

【简要案情】

2010年12月31日，张某某和李某某共同投资3000万人民币设立小河有限责任公司。两人在合同中约定：两人分别认缴出资一半，即1500万，实际缴纳20%，各实际出资300万元，其余的80%在公司设立后的两年内，即2012年12月31日前实际缴纳，但具体如何实际缴纳，未做明确约定。在这两年间，李某某于2011年3月前将其余的1200万元人民币实际缴纳完毕。张某某于2010年8月实际缴纳出资400万元，其余的800万人民币一直拖延不缴。2011年7月，小河公司经营不善，财务陷入困境，债台高筑，正常经营无法继续。公司债权人刘某某于2012年3月将小河公司和张某某、李某某起诉，诉讼请求为清偿债务1000万元人民币。法院经审理认为，案件争议的焦点为张某某有没有义务在公司章程约定的最后期限2012年12月31日到来之前，就其没有实际履行的800万元人民币及利息向刘某某偿还债务。很显然，张某某按照公司章程约定的出资期限尚未届满，从严格的文义解释角度，尚满足《公司法司法解释三》第13条第2款规定的适用条件，但如果从维护公司债权人利益的角度出发，适用《公司法解释（三）》第13条第2款“公司

〔1〕 本判例根据王士鹏撰写的案例评析《未全部出资股东在公司期限未到前的债务承担》一文整理，为保护当事人权利，进行了必要的处理。该文见 http：//www. chinacourt. org/article/detail/2012/07/id/531894. shtml，最后访问时间：2015年5月28日。

债权人请求未履行或者未全面履行出资义务的股东在未出资本息范围内对公司债务不能清偿的部分承担补充赔偿责任的，人民法院应予支持”也属应有之义。所以法院最终判决，张某某在其未实际缴纳出资的800万元对公司债权人刘某某承担责任。同时法院参考了《公司法解释（二）》第22条第1款“公司解散时，股东尚未缴纳的出资均应作为清算财产。股东尚未缴纳的出资，包括到期应缴未缴的出资，以及依照公司法第26条和第81条的规定分期缴纳尚未届满缴纳期限的出资”，法院认为此时公司虽未进入解散程序，不符合本案适用条件，但关于加速到期的思想是一致的。

裁判要旨：

如果公司经营陷入困境，已经资不抵债，而此时如果公司尚有待缴出资，即公司尚有已经认缴，但因尚未届满出资期限而没有实缴的出资，债权人可以依据《公司法司法解释三》第13条直接向待缴股东主张请求权，不必等到公司章程约定的出资期限届满或者解散事由的出现。

上述案例（下称“刘某诉张某、李某及小河公司案”）虽未见相应裁判文书，但作者系湖北省随县人民法院法官，相应案例分析发布于权威性极高的中国法院网，且有“裁判要旨”，因此可信赖为确有其案、确有其判，可作为研究的素材。从该文作者的案例分析中归纳的裁判理由及裁判结果来看，该案虽然在援引《公司法司法解释三》第13条第2款作出裁判时，参酌了《公司法司法解释二》第22条第1款的规定，但是考虑到这是在《公司法》2013年修改之前、在当时有限的资本认缴制情况下做出的裁判，仍然对现行所实施的完全的资本认缴制下债权人代位行使对待缴股东的出资求偿权纠纷裁判具有借鉴意义。众所周知，《公司法司法解释三》最初颁布于2011年1月27日，根据2014年2月17日《最高人民法院关于修改适用〈中华人民共和国公司法〉若干问题的规定的决定》修正后重新公布施行，尽管该解释有所修改，但第13条第2款的规定内容始终没有任何更改。上述案例的重要意义在于在司法实践中，裁判者已经对《公司法司法解释三》第13条第2款做了扩展适用，即对“未履行或者未全面履行出资义务”采纳了“广义”的解释，从而将“待缴出资”的股东在其所投资的公司偿债不能时以其“待缴出资”承担补充赔偿责任的情形囊括其中，即扩展适用了《公司法司法解释三》创设的债权人出资代位求偿权制度。

二、债权人出资代位求偿权扩展适用的正当性

“刘某诉张某、李某及小河公司案”鲜明标注其裁判要旨并在权威的中国法院网对外发布，足以表明其裁判得到认可。该案的裁判实践直指《公司法司法解释三》第13条第2款的扩展解释及适用问题。股东认缴了出资，法律也允许其按认缴的期限缴纳出资，那么，在公司偿债不能时，让其待缴出资“提前到位”去承担补充赔偿责任的理由何在?

第一，从司法解释制定机关制定《公司法司法解释三》的背景和目的来看，面对公司资本的形成与维持、股东投资者之间的利益平衡、公司债权人利益保护所涉的诸多问题，最高人民法院在征求全国人大法工委、国务院法制办等国家机关意见之后，

出台了《公司法司法解释三》，意在实现公司法的如下效果："一是具体落实公司不同参与者的义务和责任，制约公司参与者的不诚信行为，促进公司依法规范设立及运营；二是促使公司资本的稳定与维持，为与公司交易的第三人的利益提供保障；三是按照商法规律正确解决一些在实践中长期存在分歧的问题，依法引导各级法院树立商法意识，强化商法理念，妥善审理公司诉讼案件。"[1] 制约公司参与者的不诚信行为及保障与公司进行交易的第三人的利益，是《公司法司法解释三》追求的解释目的，该解释出台前征求了最高立法机关和行政机关的意见，因此，其内容得到后者的认可，且其权威性毋庸置疑。既然如此，在遇到具体规则的适用效果与其追求的解释目的相背离时，无疑应当以其追求的价值及利益平衡来调整规则适用的"离心"偏差。笔者认为，股东的利益实现来源于公司，公司利益的实现来源于与其进行交易的第三人，如果对与公司进行交易的第三人利益不予优先保护，公司及股东的利益最终也势必成为无源之水、无本之木。质言之，公司与债权人之间的关系类似于皮毛关系，"皮之不存，毛将焉附"。从利益保护的衡量及倾斜的角度看，应当以保护公司债权人利益为本。进而，在公司股东未完全出资而致使公司偿债不能时，无疑应当对《公司法司法解释三》第 13 条第 2 款进行扩充解释，对"未履行或者未全面履行出资义务"进行"广义"解释，将"待缴出资"的情形也纳入其中。

---

〔1〕"最高人民法院民二庭负责人就《关于适用〈中华人民共和国公司法〉若干问题的规定（三）》答记者问"，载 http：//www. court. gov. cn/shenpan－xiangqing－2501. html，最后访问时间：2015 年 5 月 28 日。

第二，如知名学者梁上上教授所言，“给予债权人优先保护还符合股东趋利避害的选择。”[1] 出资义务未尽股东在《公司法司法解释三》第13条第2款中承担的是第二位责任，在公司能够承担偿债责任时，即便其存在违约未履行或未全面履行出资义务的行为，他也能坐享其成，享受公司经营的收益。那么，在公司因股东未履行或未全面履行出资义务致使公司陷入偿债不能的困境时，让包括待缴出资在内的未尽出资义务的股东在其未缴出资本息范围内承担补充赔偿责任，也是理所当然的。否则，公司债权人被迫启动公司破产程序，未尽出资义务的股东不仅依然需要缴足其待缴的出资，还落下公司破产投资打水漂此种“鸡飞蛋打”“竹篮子打水一场空”的下场。两利相衡取其重，两害相权取其轻。对“未履行或者未全面履行出资义务”进行“广义”解释，将“待缴出资”的情形也纳入其中，此种债权人出资代位求偿权的扩展适用其实也符合公司及其股东甚至社会利益最大化的原则。

第三，从权利义务责任相一致这条最古老最根本的原理来看，投资者因为《公司法》修法降低投资门槛、放松管制、改革红利释放而大受其惠，可以轻而易举地开办公司投资创业，获得创业致富的机会。投资者的投资机会越多，权利越多，与此同时，也应承担与之相称的义务与责任，这是天经地义的道理。在公司、股东参与社会交易的活动中，实际上都在不断轮换着债权人和债务人的角色，如果只重股东利益、公司利益而轻债权人利

[1] 梁上上：“未出资股东对公司债权人的补充赔偿责任”，载《中外法学》2015年第3期。

益，那么这种制度缺陷的副作用最终会通过“以其人之道反治其人之身”的方式反作用于自身，最终害人害己。从这个意义上说，对“未履行或者未全面履行出资义务”进行“广义”解释，将“待缴出资”的情形也纳入其中，符合交易各方的利益，也应当是《公司法》修法目标追求的题中之义。

三、债权人出资代位求偿权如何扩展适用

在目前情况下，对于《公司法司法解释三》第13条第2款规定的债权人出资代位求偿权，可通过对“未履行或者未全面履行出资义务”进行“广义”解释，将“待缴出资”的情形也纳入其中，从而实现该规定的扩展适用。

如能对《公司法司法解释三》第13条第2款的规定进行修改，将其单列出来成条规定，并明确规定在公司陷入偿债不能的困境时，公司债权人有权代公司之位向已认缴出资但尚处于合法的待缴状态的股东主张在未出资本息限额内的补充赔偿责任，将扩展适用以规则的形式确定下来，即可实现当事人的权利义务的平衡及全国司法尺度的统一。

考虑到对司法解释进行修改并不容易，建议可根据《最高人民法院关于案例指导工作的规定》第7条“最高人民法院发布的指导性案例，各级人民法院在审判类似案件时应当参照”的规定，公布对《公司法司法解释三》第13条第2款予以广义解释、扩展适用的指导案例，这样也可以达到矫正认缴制千虑一失的缺憾及实现全国司法尺度的统一。

四、债权人出资代位求偿权扩展适用的权宜性

在最高人民法院对债权人出资代位求偿权扩展适用做出修改并另立条文予以明确规范之前，将该制度通过扩展解释或发布指导案例的形式予以扩展适用，都只能是权宜之计。这是因为，对《公司法司法解释三》第13条第2款“未履行或未全面履行”做广义的扩展解释处理时，遭遇了同条第1款相同用语的不同含义的困境问题。该条第1款规定：“股东未履行或者未全面履行出资义务，公司或者其他股东请求其向公司依法全面履行出资义务的，人民法院应予以支持。”本条款中“股东未履行或者未全面履行出资义务”指的就是股东出资违约的情况。根据一般的法律解释规则，在同一部法律文本之中出现的相同文字或者概念应该做相同的解释[1]。“未履行出资或者未全面出资”在同条第1款中是指股东出资违约的情形；如果在同条次款又将其解释成广义的包括未到期合法的待缴出资情形，尽管从中性纯语文的角度看，似乎不成问题，因为不考虑法律上违约与否的差别，在中文中“未履行出资或者未全面履行出资”的确可以包含待缴出资未缴纳的意思，但是毕竟在法律的语境中其含义并不相同，因此，广义的扩充解释及相应的扩展适用只能是迫不得已的权宜之计，最终需要的是相应司法解释规定的修改，如果别无选择的话。除此以外，还需要重点考虑的是，我国法院裁判以严格遵守法条为最高准则，只要法律有明确的规定，就严格按照法条的明

〔1〕 梁上上：“未出资股东对公司债权人的补充赔偿责任”，载《中外法学》2015年第3期。

确规定判案，不敢越雷池一步，这也是法官用以避免职业风险的避风港，如果需要做出扩张解释，显然是在拷问法官的勇气，不扩张解释对于法官而言当然要安全得多。

第四节　法定债务请求权

美国加利福尼亚的公司法有这样的规定：股东必须至少按照股票面值出资。这样的规定应该说十分平常，很多国家或地区的公司法中均有类似的规定，主要目的是保证公司资本的真实，防止资本虚报。但公司法起草人巴兰亨将其解释为股东直接向债权人承担责任的法律基础，凭借该条债权人可以直接向股东主张权利。加州最高法院也认为，该条就是为了那些相信股东已实缴出资的债权人设立的，因此可以作为请求权基础使用。美国学者将股东的这种债务称为法定债务[1]。

我国《公司法》第3条第2款也规定："有限责任公司的股东以其认缴的出资额为限对公司承担责任；股份有限公司的股东以其认购的股份为限对公司承担责任。"该条内容与加州公司法中的规定没有实质差异。如果将其也解释为股东对债权人的法定债务，就将给债权人减少很多麻烦。

该条能否发挥这个作用还需解决以下几个问题：

第一，从立法目的上看，该条的目的应在于限定股东的有限

〔1〕王涌："论公司债权人对未实缴出资股东的请求权"，载《中国工商报》2014年8月9日第3版。

责任，明确规定股东只以其认缴的出资额承担责任，除此之外，不承担任何责任，并无赋予债权人请求权基础之意。法定债务论的目的是将该条解释为股东要以认缴的出资为限向债权人承担责任，这种解释与该条的立法目的不一致，除非解释成社会环境发生变化后，法律发生了变迁，这在现行资本制度下有一定道理。

第二，如果股东的认缴数额本身较少，此条就无法发挥作用；在股东认缴期限很长的情况下，如果需要使用此条就要忽视股东的期限利益。如果将股东关于认缴期的约定视为仅有对内效力，该条的适用当然畅通无阻，这种理解具有一定的合理性，因为该条确实意在界定股东的对外责任。从股东的角度讲，认缴就意味着要承担债务，只是或早或晚，对于诚意经营的股东而言也无实质影响。而且该条也确实没明确规定要以认缴期届满为要件，因此留有适用空间。

第三，该请求权是在个案中行使还是要在破产程序中行使。如果在破产程序中行使，该条就完全失去意义。破产程序旷日持久，根本等不到债务的清偿。如果在个案中行使就需要解决偿还顺序的问题。对于偿还顺序，该条未作规定，所以应理解为先到先得，最先获得生效判决的债权人最先受偿，否则若采用类似“入库”的做法，将极大地损害债权人的积极性。

第四，统计中没有一案援引该条，说明法官和当事人都没有考虑到该条的这种用法，所以可能需要由最高人民法院作出司法解释或作出案例指导。如果这一请求权基础能够成立，对债权人而言，将是最便捷的。

本章小结

公司法下债权人出资代位求偿权和法定债务下的请求权都是公司法中规定的两种请求权，这两项请求权都仅要求股东在认缴出资的范围向债权人承担责任，并不要求股东承担无限责任，实质上仍是一种出资责任，虽然法律允许债权人直接向股东主张权利，但其法理基础并不相同。如果这两项请求权能够成立，将十分有利于债权人。

《公司法司法解释三》第 13 条第 2 款不同于民法中的代位权，实际上创设了债权人出资代位求偿权这一制度。该制度是源于对《合同法》债权人代位权的公司法改造，要将股东待缴出资的情形也纳入该条款的适用范围，必须对股东未履行或未全面履行出资义务做出扩充解释，使其能包含股东违约出资行为及股东合法的待缴出资情形这两种情况。由于同条同一用语的不同含义、不同解释违背法律解释的基本规则，债权人出资代位求偿权扩展适用的最佳办法是对相应司法解释进行修改。在未对《公司法司法解释三》第 13 条第 2 款进行修改以包括股东合法的待缴出资的情形时，只能通过对该条款进行扩充解释或者由最高法院发布指导案例以解决其扩展适用的问题，但这只能是权宜之计。毕竟，扩展适用的结果涉及忽视股东出资的期限利益问题，只要发生债权人未获清偿的情况，未实缴出资的股东就会被追究补充赔偿责任。

至于法定债务论下的请求权虽然在逻辑上能够说得通，但实践中从未有过这样的案例。该理论被提出后，受到了很多国内学者的注意，但反对者甚多，不过有很多学者更愿意将此条作为其他请求权基础的补充理由使用，不将此条单独作为一项独立的请求权基础，说明这些学者并未忽视此条的作用。该条的具体适用也需要司法解释和指导案例的出现。

第六章　债权人对股东行使请求权的实证统计分析

第一节　样本概况

表一：样本信息表

序号	案件名称	审理法院	案号	事实理由	法律依据	是否揭开面纱及理由	判决日期
1	中国东方资产管理公司哈尔滨办事处与中粮生化能源（肇东）有限公司等借款合同纠纷上诉案	中华人民共和国最高人民法院	（2012）民四终字第14号	逃避债务，财务混同，人格形骸化	《中华人民共和国合同法》第20条第3款	否。举证不能。	2013年5月31日

续表

序号	案件名称	审理法院	案号	事实理由	法律依据	是否揭开面纱及理由	判决日期
2	广州市康体运动用品有限公司等诉李植彬房屋买卖合同纠纷案	广州市中级人民法院	(2012)穗中法民五终字第1953号	未依法清算	《中华人民共和国合同法》第20条第3款	是。未依法清算，代收账款	2013年4月18日
3	徐珠诉上亭(上海)营销策划有限公司等合伙协议纠纷案	上海市普陀区人民法院	(2012)普民二(商)初字第1333号	个人财产与公司财产混同	《合同法》第60条第1款、第93条第1款、第97条及《公司法》第20条第3款	否。举证不能。公司能清偿债务，债权未严重受损	2013年12月25日
4	上海樽泰实业有限公司诉上海旭毅餐饮管理公司等买卖合同纠纷案	上海市虹口区人民法院	(2013)虹民二(商)初字第1474号	账目混同、资产混同	《合同法》第60条第1款、第94条第1款第4项，《公司法》第20条第3款	否。举证不能	2013年12月25日
5	王振亚与李学清、郑州清秀汽车美容养护有限公司河南清秀汽车租赁有限公司民间借贷纠纷案	河南省中牟县人民法院	(2013)牟民初字第2284号	利用公司法人独立地位和股东有限责任	依照《合同法》第206条、第207条，《担保法》第19条、第21条，《公司法》第20条第3款	是。承担连带责任	2013年12月23日

续表

序号	案件名称	审理法院	案号	事实理由	法律依据	是否揭开面纱及理由	判决日期
6	株洲市唯美装饰有限公司诉株洲磐基文化实业发展有限公司等装饰装修合同纠纷案	湖南省株洲市芦淞区人民法院	（2013）芦法民一初字第642号	抽逃出资	《合同法》第60条、第109条,《公司法》第20条、第36条,《最高人民法院关于适用〈公司法〉若干问题的规定（三）》第14条第2款、第21条	否。构成抽逃出资,承担补充责任	2013年12月20日
7	梁金华诉广州市超现实服装有限公司等特许经营合同纠纷再审案	广东省广州市中级人民法院	（2013）穗中法审监民抗再字第55号	利用公司法人独立地位和股东有限责任，逃避债务	依照《合同法》第93条、第97条根据《合同法》第141条、第145条规定，《公司法》第20条	否。不符合否认条件	2013年12月20日

续表

序号	案件名称	审理法院	案号	事实理由	法律依据	是否揭开面纱及理由	判决日期
8	吴江天甬纺织有限公司诉江苏宝心缘服饰有限公司等买卖合同纠纷案	江苏省盐城市中级人民法院	(2012)盐商初字第0173号	财产混同	《合同法》第60条、第107条、第109条、第159条、《公司法》第20条第1款、第3款	否。会计账目不规范，但不是混同	2013年12月19日
9	湖南新华晒北滩水电开发有限公司诉南宁广发重工集团有限公司等买卖合同纠纷案	湖南省永州市中级人民法院	(2011)永中法民一初字第8号	股东与公司界线模糊、人员和财产混同	依照《合同法》第60条第1款、第90条、第107条、第111条、第112条、第113条、《公司法》第20条第3款	是。人员财产混同	2013年12月19日
10	北京玖源国盛商贸公司诉北京宝业恒基投资有限公司买卖合同纠纷案	北京市延庆县人民法院	(2013)延民初字第4944号	一人公司，财产混同	《公司法》第3条、第20条第3款、第64条	否。财产不混同	2013年12月19日

续表

序号	案件名称	审理法院	案号	事实理由	法律依据	是否揭开面纱及理由	判决日期
11	李海良与焦作市世豪置业有限公司合同纠纷上诉案	河南省焦作市中级人民法院	（2013）焦民二终字第00472号	人格混同	《合同法》第8条、《民事诉讼法》第64条第1款	否。人格不混同	2013年12月18日
12	王新才与焦作市世豪置业有限公司合同纠纷上诉案	河南省焦作市人民法院	（2013）焦民二终字第00470号	人格混同	《合同法》第8条、《民事诉讼法》第64条第1款	否。人格不混同	2013年12月18日
13	原告安徽隆平高科种业有限公司诉被告河南双丰种业有限公司、被告李付群侵犯植物新品种权纠纷案	河南省郑州市中级人民法院	（2013）郑知民初字第488号	财产混同，人事混同	《侵权责任法》第2条、第15条第1款第①项、第⑥项、《公司法》第20条第1款、第3款	是。财产混同，人事混同	2013年12月18日
14	山东省博兴县盛和新型材料有限公司诉滨州市欣阳钢铁有限公司等买卖合同纠纷案	山东省博兴县人民法院	（2013）博商初字第571号	关联关系	依据《合同法》第130条、第159条，《公司法》第20条	否。无关联关系	2013年12月18日

续表

序号	案件名称	审理法院	案号	事实理由	法律依据	是否揭开面纱及理由	判决日期
15	冯转有诉台山市红岭炬鹿科技有限公司等债权转让合同纠纷案	广东省台山市人民法院	(2013)江台法民一初字第1329号	财产混同,一人公司	《合同法》第79条、第80条、第108条,《公司法》第20条	否。与案件无关	2013年12月14日
16	刘康忠与南京新雨阳贸易有限公司等民间借贷纠纷上诉案	南京市中级人民法院	(2013)宁商终字第1259号	滥用公司人格	《合同法》第196条,《公司法》第20条	否。判决书未陈述理由	2013年12月13日
17	汤桂洪等诉广州市花都第一建筑工程有限公司股东损害公司债权人利益责任纠纷案	广东省广州市中级人民法院	(2013)穗中法民二终字第346号	股东转让公司财产,从而损害债权人	《合同法》第107条、《中华人民共和国公司法》第20条、《民法通则》第106条第1款	是。股东具有过错,损害债权人利益	2013年12月11日

续表

序号	案件名称	审理法院	案号	事实理由	法律依据	是否揭开面纱及理由	判决日期
18	山东天说橡胶有限公司诉三门宏盛化纤有限公司等买卖纠纷案	山东省桓台县人民法院	（2013）桓商初字第223号	人格、财产、业务的混同	《民法通则》第106条第1款、第108条、第111条，《公司法》第20条，《最高人民法院关于适用〈公司法〉若干问题的规定（三）》第12条、第14条第2款、第21条	否。不存在混同	2013年12月10日
19	原告武建诉被告河南路桥建设股份有限公司、新乡中油销售有限公司民间借贷纠纷案	河南省郑州市中级人民法院	（2012）郑民四初字第221号	逃避债务	《公司法》第20条	否。未实体审查	2013年12月4日

续表

序号	案件名称	审理法院	案号	事实理由	法律依据	是否揭开面纱及理由	判决日期
20	陈一等与李某某股东损害公司债权人利益责任纠纷上诉案	江门市中级人民法院	（2013）江中法民二终字第215号	人格混同	《公司法》第20条第3款	是。滥用法人人格	2013年11月3日
21	杨友耕诉上海九领置业有限公司等房屋租赁合同纠纷案	上海市松江区人民法院	（2013）松民三（民）初字第2180号	唯一股东，管理人员混同	《合同法》第60条第1款、第119条第1款、第212条和《公司法》第20条第3款	是。人格混同	2013年11月29日
22	原告陈少松诉被告登封市宏泰置业有限公司、被告王天兴、被告金丽丽、被告王亚楠合同纠纷案	河南省登封市人民法院	（2013）登民二初字第15号	滥用法人独立地位和有限责任。抽逃资金	《公司法》第20条、《合同法》第52条第五项、最高人民法院《关于审理商品房买卖合同纠纷案件适用法律若干问题的解释》第2条、第9条	是。人格混同	2013年11月29日

续表

序号	案件名称	审理法院	案号	事实理由	法律依据	是否揭开面纱及理由	判决日期
23	范德兵诉湖北恒兴缘房地产开发有限公司等劳动争议纠纷案	湖北省武汉东湖新技术开发区人民法院	（2012）鄂武东开民二初字第00161号	人格混同	《劳动合同法》第14条第3款、第38条第1款第②、③项、第46条第①项、第47条、第82条第1款,《最高人民法院关于审理劳动争议案件适用法律若干问题的解释（一）》第6条,《公司法》第20条第3款	是。人格混同,公司股东滥用公司法人独立地位	2013年11月26日
24	深圳市深哈特科技有限公司诉东莞市虎门豫龙电子有限公司等买卖合同纠纷案	广东省深圳市宝安区人民法院	（2013）深宝法民二初字第1975号	非法恶意转移公司大量资产,隐匿公司财产	《合同法》第107条、第109条、《公司法》第20条	否。举证不能	2013年11月26日

续表

序号	案件名称	审理法院	案号	事实理由	法律依据	是否揭开面纱及理由	判决日期
25	原告登封市阳城工业区吴家村村民委员会诉被告郑州市宇龙磨料有限公司、李秉润合同纠纷案	河南省登封市人民法院	（2013）登民二初字第152号	滥用公司法人独立地位和股东有限责任	《民法通则》第4条、《合同法》第60条、《公司法》第20条	否。举证不能	2013年11月26日
26	邹红诉重庆远润建筑劳务有限公司法定代表人佘荣杨租赁合同纠纷案	重庆市巴南区人民法院	（2013）巴法民初字第09968号	滥用公司法人独立地位和股东有限责任	《合同法》第107条、第226条、第227条和《公司法》第20条第3款	否。举证不能	2013年11月22日
27	金某诉上海a企业管理有限公司等房屋租赁合同纠纷案	上海市松江区人民法院	（2013）松民三（民）初字第2105号	存在公司法上的人格混同	《合同法》第97条、第98条、第114条、第227条和《公司法》第20条第3款	是。人格混同	2013年11月19日

续表

序号	案件名称	审理法院	案号	事实理由	法律依据	是否揭开面纱及理由	判决日期
28	高宝平与许昌信立机械制造有限公司、徐志强工伤保险待遇纠纷案	许昌市魏都区人民法院	（2012）魏半民初字第165号	滥用人格、未依法清算	《公司法》第20条、第184条,《合同法》第107条、第109条	是。未依法清算	2013年11月19日
29	洛阳银电光伏材料有限公司诉上海九碧电子科技有限公司等加工合同纠纷案	河南省偃师市人民法院	（2012）偃镇民初字第279号	处分原告财产	《合同法》第107条、第113条、第251条、第253条第1款、《公司法》第20条第3款	是。被告行为损害原告合法权益	2013年11月18日
30	河南中原铁道物流有限公司济源分公司诉孟州市禾口王商贸有限公司等买卖合同纠纷案	孟州市人民法院	（2013）孟民二初字第00263号	财产混同	《民法通则》第88条、《公司法》第20条	是。公司账目和个人账目不清	2013年11月18日

续表

序号	案件名称	审理法院	案号	事实理由	法律依据	是否揭开面纱及理由	判决日期
31	王甲诉上虞市玉水××工××司等承揽合同纠纷案	浙江省上虞市人民法院	（2013）绍虞丰商初字第48号	违反清算义务	《民法通则》第140条、《合同法》第107条、第263条，《公司法》第3条第1款、第20条、第184条	否。公司仍存在财产、账册，具备清算的可能性	2013年11月11日
32	济南永君物资有限责任公司诉济钢集团有限公司等不当得利纠纷案	山东省济南市中级人民法院	（2012）济商初字第77号	公司领导人员均一致，两公司存在人格混同	《民法通则》第92条，《公司法》第20条第3款	否。未能证明	2013年11月11日
33	上海北方玻璃技术工业有限公司诉王国樑、蒋森钧承揽合同纠纷案	洛阳高新技术产业开发区人民法院	（2013）洛开民初字第249号	公司执照被吊销后怠于履行清算义务	《合同法》第107条、第109条、第114条、《公司法》第20条、第184条、《最高人民法院关于适用〈公司法〉若干问题的规定（二）》第18条	是。怠于履行清算义务，导致公司的主要财产灭失	2013年11月7日

续表

序号	案件名称	审理法院	案号	事实理由	法律依据	是否揭开面纱及理由	判决日期
34	北京实兴腾飞置业发展公司与北京伟恩达科贸有限公司股东损害公司债权人利益责任纠纷上诉案	北京市第一中级人民法院	（2013）一中民终字第11037号	过度控制；管理人员混同、业务混同、办公地点混同等	《公司法》第20条第3款	否。举证不能	2013年11月6日
35	上诉人许昌市劳动就业局与被上诉人许昌市飞达物资经贸有限公司、叶晓青、张照荣借款合同纠纷案	河南省许昌市中级人民法院	（2013）许民三终字第347号	未履行清算义务	根据《合同法》第60条、第206条、第207条《公司法》第20条、第184条，最高人民法院《关于适用〈公司法〉若干问题的规定（二）》第18条	是。未履行清算义务	2013年11月6日

续表

序号	案件名称	审理法院	案号	事实理由	法律依据	是否揭开面纱及理由	判决日期
36	淄博丽江文化娱乐有限公司等与田向东房屋买卖合同纠纷上诉案	山东省淄博市中级人民法院	（2013）淄民一终字第308号	办事机构和财务管理混同	《民法通则》第4条，《合同法》第10条第2款、第36条，《城市房地产管理法》第41条，《公司法》第20条第3款	是。人格混同，违背了诚实信用和公平原则	2013年11月29
37	原告上海连成有限公司诉被告登封市建生煤矿、郑州荣达工矿集团有限公司、刘书贤买卖合同纠纷案	河南省登封市人民法院	（2013）登民二初字第37号	债务承继	《合同法》第60条第1款、《公司法》第20条、175条	是。债务承继	2013年10月28日
38	天津市同盛发机械设备经销有限公司等与徐勇买卖合同纠纷案	河南省商丘市中级人民法院	（2013）商民再终字第79号	财产混同、人员混同	《公司法》第20条第3款、《公司法》第148条、《公司法》第149条	是。丧失公司财产独立性，违背了诚实信用原则	2013年10月28日

续表

序号	案件名称	审理法院	案号	事实理由	法律依据	是否揭开面纱及理由	判决日期
39	李阳诉上海宝灿钢铁有限公司等民间借贷纠纷案	上海市松江区人民法院	（2013）松民二（商）初字第1410号	滥用股东权利	《合同法》第206条、《公司法》第20条	否。依据不足	2013年10月25日
40	上海山青实业有限公司诉上海青浦南洋建筑工程有限公司等债务转移合同纠纷案	上海市青浦区人民法院	（2012）青民二（商）初字第1572号	滥用公司独立法人地位和股东有限责任	《公司法》第20条、《最高人民法院关于适用〈公司法〉若干问题的规定（二）》第18条第2款	是。怠于履行义务，无法提供账册清算	2013年10月25日
41	立邦涂料有限公司诉上海风润能源科技有限公司等服务合同纠纷案	上海市闸北区人民法院	（2012）闸民二（商）初字第602号	滥用法人人格	《合同法》第6条、《公司法》第20条第3款	否。举证不能	2013年10月24日
42	魏建良与江苏苏糖物流有限公司仓库租赁合同纠纷上诉案	江苏省南京市中级人民法院	（2013）宁民终字第2581号	人员、财物等多方面混同，属于法人人格混同	《合同法》第52条第（五）项、第58条、第216条、第236条，《公司法》第20条第3款	是。业务、财产和人员存在高度混同	2013年10月24日

续表

序号	案件名称	审理法院	案号	事实理由	法律依据	是否揭开面纱及理由	判决日期
43	上海A报业有限公司诉上海B文化传播有限公司等广告合同纠纷案	上海市闵行区人民法院	(2013)闵民二(商)初字第906号	滥用人格	《合同法》第60条第1款、第107条、第109条,《最高人民法院关于适用〈公司法〉若干问题的规定(三)》第13条第2款	否。举证不能	2013年10月24日
44	冷翠霞与马伏景、濮阳县金滩印刷有限公司提供劳务者受害纠纷案	河南省濮阳县人民法院	(2013)濮民初字第1002号	财务混同、财产混同	《公司法》第20条	是。财务混同、财产混同	2013年10月24日
45	上诉人中原石油勘探局钻井二公司等与被上诉人山东海化丰源矿盐有限公司等施工合同纠纷案	河南省高级人民法院	(2013)豫法民一终字第102号	滥用公司法人独立地位损害债权人利益	《民法通则》第84条、第87条,《合同法》第107条,《公司法》第3条	否。举证不能	2013年10月18日

续表

序号	案件名称	审理法院	案号	事实理由	法律依据	是否揭开面纱及理由	判决日期
46	上海某某纺织品有限公司诉英属维尔京群岛某某公司（某某 Group Holding Limited）买卖合同纠纷案	上海市普陀区人民法院	（2012）普民二（商）初字第S292号	横向人格混同	《合同法》第5条、第6条、第60条第1款、第107条、第130条、第159条、第161条	否。横向人格混同无法律依据	2013年10月17日
47	黄玉林诉许晓明等买卖合同纠纷案	四川省隆昌县人民法院	（2013）隆昌民初字第2184号	财产混同、人格混同	《合同法》第60条第1款、第107条、第159条、第161条、《公司法》第20条第3款	是。财产混同，人格混同	2013年10月14日
48	俞某诉南京某建设集团有限公司等建设工程分包合同纠纷案	上海市松江区人民法院	（2012）松民三（民）初字第1115号	人格混同	《合同法》第52条第⑤项、第58条、第286条，《公司法》第20条第1款、第3款	否。举证不能	2013年10月14日

续表

序号	案件名称	审理法院	案号	事实理由	法律依据	是否揭开面纱及理由	判决日期
49	诸暨市优尼特机械有限公司诉浙江双拳机械有限公司等房屋租赁合同纠纷案	浙江省诸暨市人民法院	（2013）绍诸民初字第1070号	滥用法人人格	《合同法》第94条、第97条、第114条、第226条、《物权法》第190条、《公司法》第20条	否。举证不能	2013年10月12日
50	孟沛贤等诉清远市金里程房地产中介有限公司等建设工程施工合同纠纷再审案	广东省高级人民法院	（2013）粤高法审监民再字第23号	滥用股东权利	《民法通则》第108条、《合同法》第52条第5项、第91条第2项、第98条、第120条	否。举证不能	2013年10月12日
51	范涛等与许昌市腾飞起重设备有限公司等担保追偿权纠纷案	河南省许昌市中级人民法院	（2013）许民申字第35号	转移财产，滥用有限责任和公司法人地位	《公司法》第20条	是。转移财产，滥用法人人格	2013年10月12日

续表

序号	案件名称	审理法院	案号	事实理由	法律依据	是否揭开面纱及理由	判决日期
52	孟沛贤等与清远市金里程房地产中介有限公司等建设工程施工合同纠纷申请再审案	广东省高级人民法院	（2013）粤高法审监民再字第23号	侵占公司财产	《公司法》第20条	否。举证不能	2013年10月12日
53	XX市XX有限公司诉XX买卖合同纠纷案	上海市奉贤区人民法院	（2013）奉民二（商）初字第1614号	虚假出资、不实出资，导致公司实收资本与经营实际需要相比显然不足。	《公司法》第36条、《最高人民法院关于适用〈公司法〉若干问题的规定（三）》第12条第①项、第14条第2款、第19条第1款	否。补充责任	2013年10月8日
54	姚忠文与梁羡英等股东损害债权人利益责任纠纷上诉案	广东省广州市中级人民法院	（2013）穗中法民一终字第3334号	出资不实，财产混同。	《公司法》第20条、第184条，第185条第2项和第5项	否。举证不能	2013年9月30日

续表

序号	案件名称	审理法院	案号	事实理由	法律依据	是否揭开面纱及理由	判决日期
55	李某诉吕某等民间借贷纠纷案	山东省枣庄市市中区人民法院	（2013）市中民初字第69号	滥用股东权利，处理公司资产	《民法通则》第108条，《合同法》第205条、第206条，《公司法》第20条第3款，《最高人民法院关于人民法院审理借贷案件的若干意见》第6条	是。滥用股东权利，处理公司资产	2013年9月11日
56	某某银行股份有限公司某某支行诉杭州某某金属工艺品有限公司等金融借款合同纠纷案	杭州市萧山区人民法院	（2013）杭萧商初字第689号	人员混同、财产混同、机构混同	《合同法》第107条、第205条、第206条、第207条，《担保法》第19条、第21条，《公司法》第20条第3款	否。证据不足	2013年9月11日

续表

序号	案件名称	审理法院	案号	事实理由	法律依据	是否揭开面纱及理由	判决日期
57	阳xx诉嘉禾县xx公司等买卖合同纠纷案	湖南省嘉禾县人民法院	（2013）嘉民二初字第570号	滥用股东权利	根据《合同法》第6条、第94条③项、第97条、第107条、第130条、第138条、第139条、《公司法》第20条	是。滥用公司法人独立地位和股东有限责任、逃避债务的行为。具有明显的过错	2013年8月22日
58	中国银行股份有限公司武汉某支行与武汉某甲实业有限责任公司等借款合同纠纷再审案	湖北省高级人民法院	（2013）鄂监二抗再终字第00040号	人员混同、地点混同、财务混同，业务混同	《公司法》第20条	否。举证不能	2013年8月22日
59	中国印刷物资总公司与广东省煤炭工业总公司等股东滥用权利纠纷上诉案	广东省广州市中级人民法院	（2010）穗中法民二终字第1402号	民事侵权；不履行清算义务；滥用法人资格	《公司法》第20条及《最高人民法院关于适用〈公司法〉若干问题的规定（二）》第18条	否。举证不能	2013年8月12日

续表

序号	案件名称	审理法院	案号	事实理由	法律依据	是否揭开面纱及理由	判决日期
60	曹兴全诉杜娟等买卖合同纠纷案	金华市婺城区人民法院	〔2013〕金婺商初字第372号	不履行清算义务，转移财产	《公司法》第20条第1款、第3款、第181条第1款第④项、第184条、《最高人民法院关于适用〈公司法〉若干问题的规定（二）》第7条第1款、第18条第1款	是。转移财产，不履行债务	2013年8月12日
61	四川澳浜融资担保有限公司与绵阳市福潮高新建材制品有限公司等担保追偿权纠纷上诉案	四川省高级人民法院	（2013）川民终字第186号	一人公司，人格混同、财产混同	《公司法》第64条	是。财产混同、人格混同	2013年7月3日

续表

序号	案件名称	审理法院	案号	事实理由	法律依据	是否揭开面纱及理由	判决日期
62	张国辉与监利县狮子山棉业有限公司买卖合同纠纷上诉案	湖南省岳阳市中级人民法院	（2013）岳中民二终字第51号	挪用财产，滥用股东权利	《合同法》第159条、第107条，《公司法》第20条第3款	否。举证不能	2013年7月3日
63	顾柏青诉上海福城投资管理有限公司等股权转让价款返还纠纷案	上海市虹口区人民法院	（2012）虹民二（商）初字第890号	财产混同、人员混同、业务混同	《民法通则》第4条、《合同法》第5条、第6条、第32条、第97条、第113条、《担保法》第18条、《公司法》第20条第1款、第3款	否。举证不能	2013年6月23日
64	曹金香与孟献壁、焦作市寓隆房地产开发有限公司、周应臣、王锦梅债权转让合同纠纷案	解放区人民法院	（2013）解民二初字第97号	未依法清算	《民法通则》第108条、《合同法》第79条、第80条、第81条、第82条、《公司法》第20条、第184条	是。未依法清算	2013年6月23日

续表

序号	案件名称	审理法院	案号	事实理由	法律依据	是否揭开面纱及理由	判决日期
65	某某好车行汽车销售有限公司等与某某荣昌汽车销售服务有限公司买卖合同纠纷上诉案	张家界市中级人民法院	(2013)张中民二终字第8号	人格混同,财产混同	《合同法》第60条、第121条、第112条、第148条及《公司法》第20条	是。收益混同,账目不清,业务混同,人格混同	2013年6月17日
66	重庆易泰永道商贸有限公司与韩春娇租赁合同纠纷上诉案	四川省南充市中级人民法院	(2013)南中法民终字第797号	财产混同,资本显著不足	《公司法》第20条、64条	是。资本过低,财产混同	2013年5月29日
67	丁某某等与甲混凝土公司清算责任纠纷上诉案	上海第一中级人民法院	(2013)沪一中民四(商)终字第689号	未履行清算义务	《公司法》第20条第3款、《最高人民法院关于适用〈公司法〉若干问题的规定(二)》第18条第2款	是。未依法清算	2013年5月20日

续表

序号	案件名称	审理法院	案号	事实理由	法律依据	是否揭开面纱及理由	判决日期
68	泗阳县医药有限公司等诉包立山企业经营权转让纠纷案	江苏省宿迁市中级人民法院	（2013）宿中商终字第0056号	财产混同	《合同法》第5条、第94条第④项、第96条、第97条、第98条、第107条、《公司法》第20条第3款	是。财务混同	2013年5月20日
69	刘某等诉会同县京鑫板业有限责任公司等买卖合同纠纷案	会同县法院	（2013）会民二初字第25号	滥用股东权利，未履行清算义务	《公司法》第20条第1款、第3款、第184条，最高人民法院《关于适用〈公司法〉若干问题的规定（二）》第18条，《合同法》第111条	是。未履行清算义务	2013年5月15日

续表

序号	案件名称	审理法院	案号	事实理由	法律依据	是否揭开面纱及理由	判决日期
70	长沙市某重型锻造有限公司诉湖南某液压油缸有限公司等买卖合同纠纷案	湖南省浏阳市人民法院	（2012）浏民初字第3448号	转移公司财产	《合同法》第130条、第159条、第161条，《公司法》第20条	是。转移财产，滥用股东权利	2013年5月15日
71	宁波绣丰彩印实业有限公司与浙江杭州湾汽配机电市场经营服务有限公司等合同纠纷再审案	最高人民法院	（2012）民提字第208号	财产混同	《合同法》第48条、第50条、第107条，《公司法》第16条第2款、第20条第3款	是。财产混同	2013年4月28日
72	宝钛集团有限公司诉青岛鸿涵电器有限公司等买卖合同纠纷案	陕西省宝鸡市中级人民法院	（2012）宝民二初字第00020号	财产混同，未依法清算	《民法通则》第108条、《公司法》第20条	是。未依法清算	2013年4月28日

续表

序号	案件名称	审理法院	案号	事实理由	法律依据	是否揭开面纱及理由	判决日期
73	乐清市天华树脂厂诉乐清市石泰电器有限公司等买卖合同纠纷案	浙江省乐清市人民法院	(2012)温乐柳商初字第829号	明显违反了股东义务,具有侵债权的故意	依照《合同法》第107条、第159条、第161条、第167条、《公司法》第20条第1款和第3款	是。损害了债权人的利益	2013年4月22日
74	李淦等诉袁汉林等债权人利益责任纠纷案	江苏省盐城市中级人民法院	(2013)盐商终字第0080号	未依法清算	《公司法》第20条第1款和第3款	是。未履行清算义务	2013年4月18日
75	安徽塑料机械总厂等与安庆市雷迪尔电气自动化有限公司买卖合同纠纷上诉案	安徽省高级人民法院	(2013)皖民二终字第00080号	滥用股东权利，侵害公司财产权，人格混同	《合同法》第60条第1款、第67条、第107条，《公司法》第20条第1、第3款	否。股东侵害公司权利,仅在获利范围内赔偿	2013年4月11日

续表

序号	案件名称	审理法院	案号	事实理由	法律依据	是否揭开面纱及理由	判决日期
76	甲汽车公司与乙巴士公司损害公司利益责任纠纷案	上海市第一中级人民法院	（2013）沪一中民四（商）终字第398号	滥用股东权利	《公司法》第20条	否。举证不能	2013年4月10日
77	陈如雅诉温州合丰纸业有限公司等买卖合同纠纷案	温州市龙湾区人民法院	（2013）温龙商初字第287号	滥用股东权利，财产混同	《公司法》第20条	否。不能仅凭预付款认为股东与公司财务混同	2013年4月17日
78	上诉人洛阳揽天建材有限公司与被上诉周艳丽民间借贷纠纷案	河南省洛阳市中级人民法院	（2013）洛民终字第199号	滥用股东权利	《公司法》第20条	否。举证不能	2013年4月3日。
79	原告范兰斌诉被告河南吉利清洁能源有限公司、常淮河民间借贷纠纷案	梁园区人民法院	（2012）商梁民初字第2524号	财产混同、人格混同	《公司法》第20条第3款，《合同法》第6条、第8条、第196条、第200条、第201条第2款、第206条、第207条、第211条	是。人格混同、财产混同	2013年4月3日。

续表

序号	案件名称	审理法院	案号	事实理由	法律依据	是否揭开面纱及理由	判决日期
80	甲印刷公司等与乙发展公司债权人利益责任纠纷上诉案	上海市第一中级人民法院	（2012）沪一中民四（商）终字第2163号	出资不足，滥用法人人格	《公司法》第20条	否。构成出资不足，但不能证明滥用人格	2013年3月14日
81	某企业管理公司等与甲等房屋租赁合同纠纷上诉案	上海市第一中级人民法院	（2013）沪一中民二（民）终字第335号	人格混同	《公司法》第20条、64条	是。人格混同	2013年3月13日
82	某甲公司等与叶某某等财产损害赔偿纠纷上诉案	浙江省温州市中级人民法院	（2012）浙温民终字第1630号	财产混同	《民法通则》第106条、第117条第2款，《消防法》第13条、第16条、第19条、第22条，《合同法》第216条、第222条、第236条，《公司法》第20条，	是。侵害债权，财产混同	2013年1月28日

续表

序号	案件名称	审理法院	案号	事实理由	法律依据	是否揭开面纱及理由	判决日期
83	陈艳铃诉徐州建成抵押贷款服务有限公司等民间借贷纠纷案	徐州经济技术开发区人民法院	(2012)开民初字第14号	抽逃注册资金、公司财产与家庭财产混同	《合同法》、107条、第196条、第206条,《公司法》第20条,最高人民法院《关于适用〈婚姻法〉若干问题的解释(二)》第24条	是。抽逃出资,但只在抽逃的范围内承担连带责任	2013年1月16日
84	临沂杰能新能源材料有限公司诉东莞市宇丰能电池有限公司等买卖合同纠纷案	山东省临沂市河东区人民法院	(2011)河商初字第588号	出资不足,滥用法人资格	《民法通则》第84条、第106条、第108条、第134条第1款第④、⑦项,《公司法》第20条	是。财务混同、人格混同、资本过低	2013年11月23日

续表

序号	案件名称	审理法院	案号	事实理由	法律依据	是否揭开面纱及理由	判决日期
85	马某诉某餐饮有限公司等合同纠纷案	上海市长宁区人民法院	(2012)长民三(民)初字第2697号	财产混同	《合同法》第108条、《公司法》第20条第3款	是。财产混同	2013年2月19日。
86	上海盛祥工贸有限公司等与枣庄华腾服饰有限公司买卖合同纠纷上诉案	上海市第二中级人民法院	(2012)沪二中民四(商)终字第1050号	股东占用公司财产	《合同法》第60条第1款、第91条第②项、第109条,《公司法》第20条第3款	是。有过错	2013年2月20日
87	哈尔滨通胜糖业中心与宝清县农村信用合作联社金融借款合同纠纷上诉案	黑龙江省高级人民法院	(2013)黑高商终字第1号	人员混同、财产混同、业务混同	《公司法》第20条第3款	是。人员混同、财产混同、业务混同	2013年2月26日

续表

序号	案件名称	审理法院	案号	事实理由	法律依据	是否揭开面纱及理由	判决日期
88	上海某有限公司诉丁某等清算责任纠纷案	上海市徐汇区人民法院	（2012）徐民二（商）初字第252号	未依法清算	《公司法》第20条第3款、《最高人民法院关于适用〈中华人民共和国公司法〉若干问题的规定（二）》第18条第2款	是。未依法清算	2013年3月20日
89	梁新中诉康海军民间借贷纠纷再审案	湖南省娄底市中级人民法院	（2012）娄中民再终字第39号	财产混同	《国民法通则》第108条、《合同法》第20条第3款	是。存在过错	2013年3月25日
90	李彦斌诉广东振戎能源有限公司等买卖合同纠纷案	广东省高级人民法院	（2013）粤高法民二终字第93号	财产混同	《公司法》第64条	是。财产混同	2013年12月17日

续表

序号	案件名称	审理法院	案号	事实理由	法律依据	是否揭开面纱及理由	判决日期
91	梁政与阳山县鸿达房地产有限公司等建设工程施工合同纠纷申请再审案	广东省高级人民法院	(2012)粤高法审监民再字第52号	转让公司资产	《公司法》第20条	是。滥用股东权利，处理公司资产	2013年11月13日
92	泰安钢诺物资有限公司诉安阳市鹏诚伟业商贸有限责任公司、王保林、谢长俊、杨利国、第三人孙莎买卖合同及股东损害公司债权人利益责任纠纷案	安阳市文峰区人民法院	(2012)文民三初字第258号	财产混同	《合同法》第107条、第109条、《公司法》第20条、第172条	是。财产混同，财务混乱	2013年9月23日
93	李小南与三亚市河东区东岸村民委员会等商品房预约合同纠纷上诉案	三亚市中级人民法院	(2013)三亚民一终字第35号	滥用股东权利	《公司法》第20条第3款	否。举证不能	2013年9月22日

续表

序号	案件名称	审理法院	案号	事实理由	法律依据	是否揭开面纱及理由	判决日期
94	株洲市某某有限公司诉湖南某某有限责任公司等企业借贷纠纷案	湖南省株洲市石峰区人民法院	(2013)株石法民二初字第126号	滥用法人资格	《合同法》第8条、第60条、第107条、《公司法》第13条、第20条第3款	否。举证不能	2013年9月3日。
95	陈某等诉上海a企业管理有限公司等房屋租赁合同纠纷案	上海市松江区人民法院	(2013)松民三(民)初字第1022号	人格混同	《合同法》第96条第1款、第97条、第98条、第114条、第227条和《公司法》第20条第3款	是。人格混同	2013年8月5日
96	童某某诉昆山某某有限公司等民间借贷纠纷和保证合同纠纷案	上海市徐汇区人民法院	(2013)徐民二(商)初字第619号	过度控制	《合同法》第206条、第207条、第211条、《担保法》第18条、第19条、第31条、《公司法》第20条第3款	否。举证不能	2013年7月26日

续表

序号	案件名称	审理法院	案号	事实理由	法律依据	是否揭开面纱及理由	判决日期
97	延边石岘白麓纸业公司与新乡市天盛流体净化设备有限公司、延边石岘白麓纸业股份公司合同纠纷案	河南省新乡市中级人民法院	(2013)新中民二终字第166号	滥用法人资格	《公司法》第20条第3款	否。举证不能	2013年6月24日。
98	甘肃天昱置业有限公司与深圳市朗钜实业集团有限公司损害公司利益责任纠纷上诉案	甘肃省高级人民法院	(2013)甘民二终字第40号	滥用股东权利	《公司法》第20条第3款	是。滥用股东权利	2013年6月20日
99	王永义诉焦作市积玉钙业有限公司、被告焦作市元丰投资担保有限公司、姬双明、邹敬敬、买杰、刘永涛、乔海明、王胜春借款合同纠纷案	解放区人民法院	(2012)解民初字第1209号	滥用法人资格	《公司法》第20条第3款	是。出资不足	2013年6月13日

续表

序号	案件名称	审理法院	案号	事实理由	法律依据	是否揭开面纱及理由	判决日期
100	东莞市裕邦制衣有限公司等与黄后燕餐饮服务合同纠纷上诉案	广东省东莞市中级人民法院	（2013）东中法民二终字第438号	财产混同	《公司法》第64条	是。财产混同	2013年6月7日

第二节　样本分析

一、统计方法

本部分通过对法院案例进行统计分析得出结论，分析在司法实践中当事人、法院经常使用的事实依据和法律依据，以及与本书讨论相关问题的实践情况。本部分案例来源于北大法宝案例库，检索时间是2014年12月至2015年1月，共100个案例。截止时间是2015年1月20日，在北大法宝《公司法》第20条第3款项下共有案例899个。笔者进行了筛选，筛选的条件是：其一，有些案件虽然被列在20条第3款项下，但案件内容显然不涉及揭开法人面纱，判决内容也不涉及股东承担连带责任，将其剔除；其二，有些案件一方当事人人数众多，法院分别作出的判决，判决内容均一致，为避免重复，只取其一，剔除其余部分；其三，有很多案件比如股东抽逃出资案件，也许原告也意识到其揭开公司面纱的理由不够充分，但还是在诉讼中提出，法院也进行了审理，虽然案件明显不属于揭开公司面纱案件，但为了保证样本的随机性、客观性，仍将其纳入统计中；其四，为保证统计数据的时效性和完整性，笔者选择的案例都是2013年的，这是目前北大法宝所能查到的最新的整年案例，2014年的案例只有几个；其五，对于符合条件的案例笔者进行随机选取。

这100个案例对于本书问题的说明具有一定意义，但仍然具有一定的局限性：其一，本部分案例全部来自2013年，因为北大法宝案例更新并不是很及时，新《公司法》颁布之后法人人格否认案件还未能及时反映出来；其二，本部分反映的是诉讼案件，现实中有很多案件没有通过法院解决，无法反映在样本中；其三，在公布的判决中，包括高级法院和中级法院的判决，内容都比较简单，关键问题的推理过程都一带而过，至于如何得出的结论，很多判决书没有体现，笔者也不能妄下结论；其四，在这些样本中，仅从内容看，应该有部分错误判决，但未显示经过了法定程序纠正，本书目的不在于评析判决，所以也如实反映在样本中。

二、刺破率

表二：刺破率统计表

	样本总数	刺破	未刺破	刺破率
数量（件）	100	55	45	55%

上表反映出2013年我国法人人格否认案件的刺破率是55%，这一数据与黄辉教授得出的结论是基本相符的，黄辉教授计算出

2006 年至 2010 年刺破率分别为 53.85%、28.57%、67.44%、83.33%。我国对公司的刺破率高于美国、英国等国家，这说明：其一，实践中，我国滥用公司独立人格的情况较严重；其二，我国法院对法人人格否认制度的适用较多。

三、请求权基础使用统计

表三：请求权基础使用统计表

	20 条第 3 款	64 条	司法解释二第 18 条	提到侵权
适用案件数量	100	8	14	5
比率	100%	8%	14%	5%

此表反映出：

1.《公司法》第 20 条第 3 款已经成为揭开公司面纱案件中绝对被认可的请求权基础。不论判决是否支持原告诉请，原告都会以该条作为请求权基础，不论法院是否支持原告诉请，也都会将该条作为判决基础。这也许可以说明该条具有较强的概括性、原则性，每一类别案件都会援引该条，其他的请求权基础被该条吸收，原告也就不再援引其他请求权基础。比如在汤桂洪等诉广州市花都第一建筑工程有限公司股东损害公司债权人利益责任纠纷案和哈尔滨通胜糖业中心与宝清县农村信用合作联社金融借款合同纠纷上诉案中，股东的行为完全符合侵权行为的构成要件，德国法对类似案件也曾采用德国民法第 826 条处理，但在我国，法院却没有援引《侵权责任法》，也许是因为侵权行为的构成要件与第 20 条第 3 款十分接近，或者法院认为可以完全囊括在第

20条第3款中，使当事人和法院都认为没有必要以其他法条作为请求权基础。

2.《公司法》第64条和《公司法司法解释二》第18条的使用频率较高，分别占8%和14%，说明在一人公司中个人财产和公司财产混同的情况比较突出，公司解散后股东不依法履行清算义务的情况也比较普遍；也可以说明，在实践中，除了第20条第3款，《公司法》第64条和《公司法司法解释二》第18条也发挥着揭开公司面纱的作用，类似于德国法中的真正的直索责任，是比较稳定的请求权基础。所以仅认为第20条第3款构成揭开公司面纱制度的全部的观点是不正确的。还表明，在实际运用过程中，在一人公司和涉及公司解散的法人人格否认案件中，当事人和法院都将《公司法》第64条和《公司法司法解释二》第18条叠加使用，凡是涉及《公司法》第64条和《公司法司法解释二》第18条，都会同时提到《公司法》第20条第3款，在实践中《公司法》第20条第3款与《公司法》第64条和《公司法司法解释二》第18条是一般条款和特殊条款的关系，这与黄辉教授得出的结论是一致的[1]。

3. 以代位权、《公司法》第3条第2款作为请求权，或涉及其使用的，概率为零。这也许说明：其一，在实践中发生的能够适用于代位权的案件本身就很少，在以前的资本制度下，股东的认缴期有比较严格的要求，一般不会发生认而不缴的情况，与代位权制度的构成要件不相符合，而且，代位权制度本身也不能用

〔1〕 黄辉："中国公司法人格否认制度实证研究"，载《法学研究》2012年第1期。

于追究股东的连带责任；其二，《公司法》第 3 条第 2 款的原则性较强，结果带有一定的不确定性，也没有足够的案例积淀，说服法官比较困难，所以当事人不愿意选择此条作为请求权基础；其三，当事人和法院对代位权和《公司法》第 3 条第 2 款还缺少足够的认识和挖掘，认为此条不能发挥直接向股东追究责任的作用，否则，就可能将其作为请求权基础之一在起诉书中列明，至少不会起到反作用。也能说明，一项请求权基础如果不能为人们充分认识，并反复应用于审判实践，不论在理论上能否成立，都不能起到维护当事人合法权益的作用。

4. 揭开公司面纱理论在审判实践中发挥着十分重要的作用，同时也存在着使用不规范的问题。有很多学者提出 20 条第 3 款原则性较强，需要进一步细化，否则不便于实践操作。但是样本统计并未完全支持这种观点，因为所有判决都没有拘泥于法律的规定，而是主动地将学界讨论的比较成熟的人格混同、侵占公司财产、资本显著不足等理论应用于审判实践，使得这些理论几乎成了揭开公司面纱的法定事由。有些判决书还对这些理论进行了详细的论证，说明理论在审判实践中发挥着巨大作用，同时也反映出了理论应用于实践的不足，理论的不确定性在一定程度上导致了判决结果的不确定。在某些案件中反映的比较明显，比如法院因股东代收了公司的应收款认为股东和公司存在财产混同，法院这种观点未必成立。在德国司法实践中，判断财产混同不侧重于判断股东和公司的财产是否发生混合，比如堆放在一起，或者是股东占用了公司的财产，而是侧重于判断是否有清晰的会计账簿能否明显地反应出公司的资产，如果有，即使股东占用了公司的资产，或者股东和公司的资产杂乱地堆放在一起也不能认定股东与公司的财产发生了混同。由于我国学界对财产混同的认识和讨论都比较初步，所以难免在实务中对财产混同的认定会有不确定性，但总的来说，揭开公司面纱理论对审判实践起着积极的作用，也说明在现行公司资本制度下，讨论如何向股东主张请求权是有意义的。

四、以资本显著不足为由诉股东实例分析

在100件样本中，原告以资本显著不足为由刺破公司面纱的共有3件，占3%。法院判决刺破公司面纱的有2件，占2%。

深圳宇某能源公司是一家依法成立的有限责任公司，股东为汪某和蒋某，宇某公司设立时公司注册资本为10万元人民币，由汪某和蒋某各出资5万元人民币形成。公司并无自有生产办公场所，而是租赁他人的场地生产经营。宇某公司的主要生产经营范围为生产能源产品。自2009年开始，深圳宇某公司因生产经营需要，自临沂杰某公司处购买生产材料锰酸锂，自2009年到2011年，深圳宇某公司与临沂杰某公司出购得多批锰酸锂，经双方对账，宇某公司欠杰某公司货款73万余元，杰某公司多次向宇某公司催要货款，但宇某公司迟迟不予支付，临沂杰某公司遂将深圳宇某公司告上法庭，并将公司两名股东汪某、蒋某列为被告。在诉讼过程中，法院查明深圳宇某公司目前已经没有资产，公司生产场所已经人去楼空，没有偿还能力。法院要求宇某公司股东汪某、蒋某提供公司的会计账册，但汪某和蒋某没有提供。原告认为汪某、蒋某利用公司形式，故意设立资本显著不足

的公司，丧失商业信誉，应当对公司债务承担连带责任。两股东认为，深圳宇某公司是依法设立的有限责任公司，两名股东已经依法履行了出资义务，按照我国《公司法》的规定，股东仅以此出资为限对公司的债务承担连带责任，既然股东已经依法履行了出资义务，就不应该额外再对公司的债务承担任何责任，所以不应该判决股东对公司的债务承担任何责任，请求驳回原告的诉讼请求。法院最终因深圳宇某公司资本显著不足，判决公司的股东对公司债务承担连带责任〔1〕。

在本案中法院就是以公司注册资本的显著不足为主要理由揭开公司面纱的，法院认为公司的注册资本仅有 10 万元人民币，公司的主要经营业务是生产经销能源产品，10 万元的注册资本明显低于该行业可能面临的风险，根本不足以满足日常生产经营所需，而且，宇某公司没有自由生产场所，还需支付房屋租赁费用。在深圳宇某公司与临沂杰某公司的交易中，每次交易金额都超过 10 万元，累计达到 73 万余元，公司注册资本与公司承担的债务相比明显不成比例，可以认为公司注册资本显著不足。虽然法院在判决中没有提及以什么标准判断资本显著不足，但从审判思路上看，应该是以注册资本与公司所负债务的比例进行判断的，这主要由法院在实务上掌握。判决股东对公司债务承担连带责任是正确的。

本案是发生在公司资本制度改革之前，尚不属于本书所说的

---

〔1〕 案例来源：http：//www. pkulaw. cn/case/pfnl_ 119566558. html？keywords = % E4% B8% B4% E6% B2% 82% E6% 9D% B0% E8% 83% BD&match = Exact，最后访问时间：2015 年 5 月。

认缴资本较多、实缴资本较少的情况，但在理论上，在现行公司资本制度下，股东实缴的注册资本过低，依然可以资本显著不足为理由要求股东承担连带责任。

再如，在重庆易泰永道商贸有限公司与韩春娇租赁合同纠纷上诉案中，法院认为重庆易泰公司投入到南充易泰公司中的资本50万元与经营“新丽女人时尚城”所需的费用、承担的债务相比显著不足，其股权资本显著低于所从事的行业性质、经营规模所需的资本，而且股东和公司存在业务混同、人格混同、财务不独立的情况。

上例说明：

第一，以资本显著不足为由揭开公司面纱仍然是十分罕见的，单独以资本显著不足为由揭开公司面纱的例子更是几乎没有，这可能是因为法院和当事人都认为资本显著不足不是一个揭开公司面纱的较强理由，所以比较慎用，或者结合其他理由共同陈述；

第二，法院在判断资本显著不足时没有拘泥于最低资本，机械地以是否高于法定最低资本限额认定是否构成资本显著不足，而是结合所在行业性质、经营规模、债务规模等要素综合认定。这也说明，在现行资本制度下，虽然取消了最低资本限额，但是以资本显著不足为由揭开公司面纱还有适用空间；

第三，有人认为，最高人民法院1994年3月作出的《最高人民法院关于企业开办的其他企业被撤销或者歇业后民事责任承担问题的批复》在审判实践中发挥着重要作用，但统计结果并不支持这种观点，上例当中就没有反映出法院考虑了这种观点，可能是人们已经认识到该规定存在的问题，所以主动避免使用。也可能是因为该规定年代久远、层级低，已为人们所忽视，或者是样本数量较少，没有反映出来；

第四，虽然从理论上探索如何认定资本显著不足存在一定的困难，但在司法实践中，资本显著不足的认定往往没有那么复杂，统计样本中的两个案例都可以比较直接地反映出资本投入不足，所以以没有统一的理论判断资本显著不足而拒绝适用，也是缺少实践依据的。

五、以侵权请求权诉股东实例分析

案例1：

某建材有限公司诉吴某顺等人财产损害赔偿纠纷案[1]

案情介绍：

原告某甲建材公司拥有一个商场的房屋所有权，某甲建材公司于2009年4月与杭州某乙投资公司达成了关于该商场的房屋租赁合同，2009年11月6日通过签订三方协议，上海某丙经营管理公司变更为承租人，在丙经营管理公司中，两被告吴某顺持

〔1〕 案例来源：http：//www. pkulaw. cn/case/pfnl _ 120535373. html？ keywords = % E4% B8% 8A% E6% B5% B7% E5% AE% B6% E9% A5% B0% E4% BD% B3% E5% BB% BA% E6% 9D% 90% E5% 95% 86% E5% 9C% BA% E6% 9C% 89% E9% 99% 90% E5% 85% AC% E5% 8F% B8% E8% AF% 89% E5% 90% B4% E5% 91% 88% E9% A1% BA% E7% AD% 89% E8% B4% A2% E4% BA% A7% E6% 8D% 9F% E5% AE% B3% E8% B5% 94% E5% 81% BF% E7% BA% A0% E7% BA% B7% E6% A1% 88&match = Exact，最后访问时间：2015年5月29日。引用中，进行了必要修改。

股95%、吴某旭持股5%。2010年5月，原告某甲建材公司因为上海某丙经营管理公司拖欠租金向上海某法院诉称该公司违约，应承担违约责任，解除合同。法院判决解除原被告之间的合同并给付原告5万元赔款。一审判决后上海某丙经营管理公司不服一审判决提起上诉，后来又于2011年3月18日撤回了上诉，并将商场返还给了原告甲公司。同时，同案原告又另案起诉被告，要求被告返还商场占用期间的租金，在此案中，法院判处被告支付原告9 343 888.89元租金损失。在两个案件的审理过程中，被告公司股东吴某顺、吴某旭通过其所控制的上海某丙经营管理公司在2010年11月到2011年3月期间以明显低于市场价的5.5折租金条件与100多位次承租人签订房屋租赁合同，将诉争标的房屋转租给其他承租人，并一次性收取了50%的首付款。2011年3月15日，吴某顺、吴某旭将其所持有上海某丙经营管理公司的全部股份无偿转让给郑某生，2011年7月23日上海某丙经营管理公司解散并注销。事实证明被告吴某顺、吴某旭，在诉讼过程中，利用诉讼期间将房屋低价转租给第三人，收取租金。后又将股权转让给被告郑某生，郑某生又在其成为股东后很短的时间内注销了该公司。原告认为被告行为是在利用公司的形式，恶意交易，这种行为侵害了原告的债权，原告遂于2013年11月20日将被告再次起诉，被告为丙公司的股东，原告请求判令三个被告共同赔偿9 497 461.49元的损失。财产保全费、案件受理费由三个被告共同承担。

裁判要旨：

法院认为，债权是一种相对权利，只对相对人发生法律效力，一般不能成为侵权法保护的对象，但并非没有例外，如果合同当事人以外的第三人在明明知道债权存在的情况下，故意实施行为，意图使他人的债权得不到清偿，也应该按照《侵权责任法》承担侵权责任。本案在法律适用方面，有两点需要注意：一是三被告的行为是否是侵害债权的行为；二是三被告在主观上是否有故意。

首先，三被告行为能否构成侵权行为。上海某丙经营管理公司的主要经营业务实际上是转租、分租业务，将商场从原告处承租之后，再分散地租给其他承租人，在原告起诉与被告上海某丙经营管理公司解除合同的诉讼进行过程中，上海某丙经营管理公司与其他商户签订了为期三年的租赁合同，租金价格明显低于市场价格，仅为市场价格的5.5折，并同时向其他商户一次性收取了一半的租金。一审作出对被告不利的判决以后，上海某丙经营管理公司提出了上诉，而后又撤回的上诉，利用这一时间，又与其他三十位商户签订租赁合同并收取相应租金。之后，吴某顺与吴某旭将其所持有的丙公司的全部股权转让给其亲戚郑某，并办理了股权变更工商登记。上海某丙经营管理公司在办理完成股东变更登记后，由于法院判决上海某丙经营管理公司需要支付900多万元的租金，丙公司无意偿还且办理注销登记并解散公司。法院认为，通过以上一系列的行为可以看出，尽管上海某丙经营管理公司为合同相对人，但是上海某丙经营管理公司所有生产经营完全由本案被告吴某顺、吴某旭决定，合同的履行也完全由两股东决定。同时，被告股东也没有提供证据证明公司转租商场的收入归入了公司，但是丙公司对外转租所获的租金收入会直接影响到公司的债务的偿还能力，是丙公司的主要经营来源。上述行为明显了违反《公司法》规定的公司以营利为目的宗旨，对原告的权益造成了损害，直接导致公司丧失偿债能力，应承担相应责任。后来丙公司的两股东将公司股权全部转让给其亲戚郑某，但并未见到有资金往来，出让方、受让方均未以此营利，明显不具有商业实质，这一事实足够成为双方串通的事实。这一串通事实从法院判决上海某丙经营管理公司需要支付900多万租金的第五天开始，可以从被告决定解散公司且并未通知原告的行为中得到印证。被告的这些行为使公司无法承担丙公司对原告的违约责任，侵害了原告对丙公司的债权，属于侵权行为。

第二，三被告是否存在故意的过错。对于丙公司与原告之间的法律关系而言，原告与丙公司之间存在合同关系，丙公司没有按照合同规定向原告支付租金，所以被告有根据要求原告按照合同支付租金的同时支付违约金。作为丙公司仅有的两名股东，两名原始被告不可能不知道丙公司与原告的债权债务关系，也不可能不知道其所作出的行为将直接影响到丙公司对原告的清偿。所以，丙公司的两名原始股东不能以不知债权的存在作为抗辩理由。郑某作为丙公司债权的受让人，按照常理，受让公司不可能不知道公司对外债务情况，何况受让时公司正处于诉讼当中，将发生巨额赔偿。而且，郑某与两名原始股东系亲戚关系，这就更难解释郑某的不知情，所以应认为郑某对于公司债务的存在是明知的。三名股东对于其行为侵害原告的债权是明知的，具有主观上的故意。

综上，法院认为三名被告的行为构成侵权，支持了原告对三个被告的诉讼请求，赔偿范围为丙公司因签订、履行合同给原告造成的实际损失，法院最终认定的数额为 8 337 824. 94 元。原告提出，其对上海某丙经营管理公司享有的债权，受到三名被告的恶意侵权，符合法律规定。法院根据《民法通则》130 条进行裁判，判定被告支付 8 337 824. 94 元。

法理分析：

本案件是法院根据侵权法保护债权人对公司债权的案件。我国《公司法》第 20 条规定，公司股东应当遵守法律、行政法规和公司章程，依法行使股东权利，不得滥用公司法人独立地位和股东有限责任损害公司债权人的利益。公司股东滥用公司法人独立地位和股东有限责任，逃避债务，严重损害公司债权人利益的，应当对公司债务承担连带责任。该条规定为我们通常所称的法人人格否认制度，这是公司法中防止股东滥用股东地位及有限责任侵害公司债权人或者其他股东利益的一种制度，该制度直接“刺破”公司原有的股东有限责任制度，让股东因滥用公司有限责任而对债权人或者其他股东造成的损害承担连带责任。有学者认为我国是世界上第一个在成文法中规定法人人格否认制度的国家。在我国司法实践中，绝大部分刺破公司面纱、否定股东有限责任的案例均是以此条作为请求权基础。但是此条并不是我国唯一能够否认股东有限责任的法律依据，除此条以外，我国《侵权责任法》《民法通则》当中也有能够刺破公司面纱的法律依据。

在本案中法院并未以《公司法》作为请求权基础，而是以《民法通则》作为请求权基础，法院认为三名被告的行为属于侵害了公司的债权，所以应该依法承担侵权责任。虽然最后同样达到了要求股东对公司债权承担责任的结果，但是侵权责任与《公司法》第20条第3款项下的责任却不同，侵权行为的构成要件与《公司法》第20条第3款的构成要件也不同。这说明在我国司法实践中，公司债权可以作为侵权法保护的对象，侵权法保护的对象不仅仅限于绝对权，相对权亦可，侵害债权一般要求债权发生在先，行为人知道债权的存在，对债权的损害持故意状态；另外，同时也可以说明，在我国，除《公司法》第20条第3款，其他领域中也存在着可以追究股东无限责任的条款。

在比较法上，"第三人侵害债权"的侵权行为在《德国民法典》第826条及我国台湾地区"民法典"第184条都可以进行相应的认定，同时德国公司法领域将"第三人侵害债权"纳入"法人人格否认"的一种具体类型。我国认缴制实施的时间尚短，实务中还没有发现债权人以《侵权责任法》请求股东承担责任的案件，但如果股东故意不实缴出资的行为符合侵权行为的构成要件，也可以《侵权责任法》作为请求权基础。

案例2：

蔡某某等诉上海某有限公司股东出资纠纷案〔1〕

案情介绍：

蔡某、张某、赵某、王某、张某法、陈某于2007年3月共

〔1〕案例来源：http：//www.pkulaw.cn/case/pfnl_120266754.html？keywords=%E4%B8%8A%E6%B5%B7%E9%94%A6%E7%91%9F%E6%9C%8D%E9%A5%B0%E6%9C%89%E9%99%90%E5%85%AC%E5%8F%B8&match=Exact%2C%20Piece，最后访问时间：2015年5月29日。引用中，进行了必要修改。

同投资100万注册成立锦某公司，并于2012年底将锦某注册资本减为20万元。在公司办理减资之前锦某公司尚欠永某公司债务13万元。锦某公司于2012年在某法制报刊登减资公报，并在债务担保及清偿说明中记载“至2012年11月28日公司已向要求清偿债务或提供担保的债权人清偿了全部债务或提供了相应的担保。未清偿的债务，由公司继续清偿，并由全体股东提供相应的担保”。永某公司起诉7名股东未履行《公司法》第178条规定的通知义务，请求他们承担相应责任。

裁判要旨：

法院认为，股东负有依据现行《公司法》规定切实履行出资的义务并维持公司注册资本充实，公司减资时应依《公司法》的规定履行相应的义务，保障债权人在公司财产减少时可能面临的威胁。锦某公司在进行减资时，对永某公司的债权尚未完全清偿，公司的减资决定仅仅在报纸上公示，却未能通知债权人永某公司，致使债权人公司无法要求锦某公司提供担保或者提前清偿，违反《公司法》关于公司减资的程序性规定。《公司法》规定公司具有减资通知义务，但公司减资决议则是股东会决议的结果，具体的减资情况是由股东所决定的。在本案中，7名被告股东在明知锦某公司负债的情况下仍然进行减资行为，却没有向债权人提前清偿债务，或者为债权人提供担保，又向工商登记部门提供虚假的情况说明，可以认定该7名股东决定减资的行为客观上影响到了锦某公司的偿债能力，主观上存在故意的过错，因此该7名股东的减资行为构成了对公司债权的侵害。故法院参照适用最高人民法院《关于适用〈中华人民共和国公司法〉若干问题的规定（三)》关于抽逃出资的相关规定认定 7 名股东对锦某公司的债务在抽逃资金的范围内承担连带的补充赔偿责任。同时，即便部分股东已经将其股份转让给其他案外人，仍然不能免除补充赔偿责任的承担。

法理分析：

本案仍然是公司债权人以侵权法请求股东承担侵权责任的案件。《公司法》第 177 条规定："公司需要减少注册资本时，必须编制资产负债表及财产清单。公司应当自作出减少注册资本决议之日起 10 日内通知债权人，并于 30 日内在报纸上公告。债权人自接到通知书之日起 30 日内，未接到通知书的自公告之日起 45 日内，有权要求公司清偿债务或者提供相应的担保。"《公司法》第 177 条是公司法理论中"资本不变原则"的具体体现，"资本不变原则"使得公司能够维护其资产的独立性，形成对公司债权人的初步担保。如果公司减少注册资本，将会影响到公司的偿还能力，按照《公司法》规定公司债权人可以根据自己的利益自主决定是否要求公司提前清偿或者提供相应的担保。本案中，7 名股东决定减资，影响到了锦某公司的清偿能力，为保证公司的清偿能力，公司在做出减资之前，应当通知债权人并进行公告，允许债权人做出选择，以保证债权人的利益，本案中，锦某公司的减资程序不符合《公司法》关于减资的程序性要求。同时，法院判决指出"在本案中 7 名被告股东在明知锦某公司对外负债的情况下仍然进行减资行为，却没有依法通知债权人实现债权或者通知债权人要求公司提供担保，而且又向工商局提供了虚假证明材料，7 名股东的行为明显降低了公司的偿债能力，主观上具有过错，因此可以认定7名股东的减资行为是对公司债权人债权的侵害。”所以，在追究因公司减资而产生的责任时，法院虽然未直接援引《公司法》第20条第3款，但仍然能够追究股东的责任，因为股东决议减资的行为违反了《公司法》第177条的程序性规定，具有违法性，从本案的裁判中我们可以看出，法院明显是援用民法中“第三人侵害债权”的思路去解决这一问题，这也是一种途径。

以上两例法院直接以侵权法作为请求权基础，在司法实践中，有些判决虽然没有援引侵权法，但却体现出法院侵权请求权的分析方法。在笔者所做的统计中，很多案件强调了侵权行为的构成要件，体现出了当事人、法院的侵权请求权思维：

第一，强调股东具有主观过错。在其他判决书中，原告一般不单独强调股东具有过错，而是阐述股东滥用法人人格的事实，比如在汤桂洪等诉广州市花都第一建筑工程有限公司股东损害公司债权人利益责任纠纷案中[1]，原告认为股东转让公司财产的行为具有主观过错，从而损害了债权人的利益。

第二，请求权基础中有《民法通则》第106条，并结合《公司法》20条第3款进行综合论述。在中国印刷物资总公司与广东省煤炭工业总公司等股东滥用权利纠纷上诉案中，就是如此。这说明当事人已经注意到以侵权请求权为基础主张权利。之所以以《民法通则》作为请求权基础而不是《侵权责任法》，可能是当事人考虑到《侵权责任法》第2条没有将债权明确纳入保

---

〔1〕 此部分提及的案件如无特殊说明，均来自北大法宝，限于篇幅，不详细介绍案情。最后访问时间：2015年1月。

护范围，《民法通则》第106条的保护范围也许更宽。

第三，明确将债权作为受侵权法保护的客体。在乐清市天华树脂厂诉乐清市石泰电器有限公司等买卖合同纠纷案、上海盛祥工贸有限公司等与枣庄华腾服饰有限公司买卖合同纠纷上诉案中，原告都明确地提出股东的行为侵害其债权。如在乐清市天华树脂厂诉乐清市石泰电器有限公司等买卖合同纠纷案中，原告认为股东具有明显故意，侵害了原告债权，说明当事人认为债权应受到侵权法的保护。

第四，不审查股东是否具有逃避债务的目的。几乎在所有的判决中法院都没有阐述股东是否具有逃避债务的目的，而是注重审查股东的客观行为，似乎只要股东存在人格混同、财产混同、机构混同、侵占公司财产等事由，就当然地认为股东具有逃避债务的目的，或者法院认为股东是否具有逃避债务的目的并不重要。实际上，在有些案件中，股东逃避债务的目的比较明显，但在另外一些案件中，并不能轻易认定股东具有逃避债务的目的。比如在某甲公司等与叶某某等财产损害赔偿纠纷上诉案中，被告公司对火灾的发生具有一定的过错，所以与其他责任人共同对受害人承担赔偿责任，同时由于公司与股东的财产发生混合，所以判决股东对公司的债务承担连带责任。但实际上，火灾的发生具有偶然性，公司与股东的财产混同发生在前，当时股东和公司都无法预料到火灾的发生，也谈不上逃避因火灾发生产生的债务，但判决中直接略过了逃避债务问题的论述，直接认为股东的行为严重损害了原告的利益，判决股东对原告的火灾损失承担连带责任。这种思维也许是受到侵权法原理的影响。再如，在泰安钢诺物资有限公司诉安阳市鹏诚伟业商贸有限责任公司、王保林、谢长俊、杨利国、第三人孙莎买卖合同及股东损害公司债权人利益责任纠纷案中，法院在判决中也没有阐述股东是如何具有逃避债务目的的，只是根据存在财务混同的事实就判决股东承担连带责任。其实在财产混同、人员混同、机构混同，甚至在某些侵占公司财产的案件中，都很难直接认为股东具有逃避债务的目的，也许仅仅是管理不规范，或者是股东具有侵占公司财产的故意，却不具有逃避债务的目的。这说明我国司法实践中对这一构成要件的掌握并不严格，也从一个侧面反映出第 20 条第 3 款的构成要件缺少科学性，股东是否具有逃避债务的目的不应作强制性要求。

比如在德国，财产混同是比较典型的揭开公司面纱案件，法院并不十分注重对股东逃避债务目的的审查。再如美国近年来还产生了“单一商业体”理论，这种理论要求揭开公司面纱不以财产混同、滥用公司人格等为必要条件，只要关联公司之间的关系比较紧密，法院就可能认定这些关联公司是单一商业体，对彼此的债务承担连带责任。因为当今社会，公司对民众的影响巨大，公司内部控制关系、财务关系比较隐蔽，外部人员很难证明公司和股东之间的内部关系，苛求债权人的举证责任有违公平。尤其是在环境污染、产品责任等侵害群体利益的案件中，更应加大对公司、股东的惩罚力度，加强对债权人的保护，所以此时法官可能只审查成员之间的关联关系，从而决定是否揭开公司面纱。可见，此时刺破公司面纱的责任已经是状态责任，法官根本不考虑股东的主观目的。

第五，法院基本不审查债权受到损害的严重程度。在所有样本中，不论结果是否揭开公司面纱，从判决书内容看来，法院都没有审查对债权造成损害的严重程度，只要符合其他构成要件，就会判决股东承担连带责任，这是我国揭开公司面纱率较高的原因之一。判决书没有提到不需要证明债权受到损害的严重程度的原因，而是理所当然地认为债权受到损害就应该追究股东的责任。这种做法其实与第 20 条第 3 款要求的构成要件不相符合。法院这种有损害就要求赔偿的思维明显是受到了侵权法思维的影响。

法院这种不计损害程度即揭开公司面纱的做法，可能抑制侵权请求权等其他请求权基础的使用。侵权请求权不要求损害程度的优势难以发挥，这也可能是当事人不愿意选择《侵权责任法》作为请求权基础的实务原因，因为第 20 条第 3 款完全能够实现其想要的诉讼效果。

第六，强调因果关系。所有提到因果关系问题的判决书都一致认为，股东滥用法人人格的行为需要与债权人利益受损之间具有因果关系，有些判决书还比较详细地阐述了因果关系的存在，这可能是因为：其一，我国学者几乎一致认为股东行为需要与债权人受损结果之间有因果关系，这种观点影响了司法实践；其二，一些审判人员受到侵权请求权思维方式的影响，不自觉地认为如果判决股东承担责任，行为与结果之间就应当具有因果关系；其三，在某些案件中，案情确实反映出股东行为与债权人受损之间具有因果关系，比如，在梁政与阳山县鸿达房地产有限公司等建设工程施工合同纠纷申请再审案中，法院认为，鸿达公司将公司房产过户给股东，使公司资产减少，从而导致债权人债权无法获得清偿。但在有些案例中，判决内容并没有直接反映因果关系是否是必要构成要件。但是也不能因此认为法院否认了因果关系要件，只是没有提到，也正是因为这个原因，法院是否采纳因果关系要件的数据难以准确统计。在淄博丽江文化娱乐有限公司等与田向东房屋买卖合同纠纷上诉案中，法院认定大股东与公司财务混同、滥用法人人格，所以应对公司债务承担连带责任，但财务混同与债权人利益受损之间是否存在因果关系判决中并没有提到，此时连带责任的判决也许是基于状态得出的。

第七，在一些案件中，侵权请求权思维发挥着十分重要的作用。在海盛祥工贸有限公司等与枣庄华腾服饰有限公司买卖合同纠纷上诉案中，公司和股东之间并不存在人员、财产、地点混同等常见的揭开公司面纱事由，原告也并未以此诉请，法院认为公司将收回的38万元现金付给了股东，而没有偿还给债权人，具有过错，损害了债权人的利益，所以判决股东对债务人承担连带责任。应该说该案中股东并没有典型的滥用公司独立人格地位逃避债务的行为，可以认定为侵占了公司资产。这种行为在德国法中完全可以通过资本维持制度解决，要求股东承担内部责任，该案与《公司法》第20条第3款的构成要件并不十分契合，但法院还是以此条判决股东承担连带责任，可以看出法院明显受到了侵权请求权思维的影响。在汤桂洪等诉广州市花都第一建筑工程有限公司股东损害公司债权人利益责任纠纷案中，法院认为在股东作出转让行为之前，债权人的债权尚可以获得清偿，股东转让公司的资产以后，债权人的债权就无法得到清偿，所以股东的行为具有明显的故意，侵害了债权人的债权，所以应当承担连带责任。但是对于股东利用了法人的独立人格等事由，法院没有详细阐述。

但是侵权请求权却没有被当作一项独立的请求权基础，在样本中，没有任何一案的原告是单独以《侵权责任法》作为请求权基础，至多提出股东的行为是一种侵权行为，结合《公司法》第20条第3款论述，侵权责任的主张并不明显。法院在判决中也并没有依据《侵权责任法》，而是依据《公司法》第20条第3款，判决并不是要求股东承担损害赔偿责任，而是判令股东承担连带责任。这都说明，当事人已经注意到使用侵权法原理支持其诉讼请求，但法院还没有明确承认这种请求权基础。

这些问题还能在一定程度上说明我国法院运用第20条第3款存在不规范的问题，当事人和法院都在使用多个请求权基础，或受不同请求权基础的影响。当事人在共同诉讼中混用多个请求权基础，有的强调股东具有过错，有的强调股东行为与结果之间具有因果关系，似乎意在论证股东行为是侵权行为，但其依据的法律基础却是《公司法》第20条第3款，显然其主张的不是侵权行为，或者是人们普遍对第20条第3款的理解存在争议；即使是依据20条第3款提出请求，也未完全严格按照法律要求的构成要件论述，判决结果也是如此。这种混用请求权基础的方式在有些案件中对判决的实体结果影响不大，但在有些案件中对案件实体结果的影响还是存在的，比如如果股东以第20条第3款作为请求权基础，但未能说明债权所受的损害达到严重的程度，严格地说，股东当然可以以此成功抗辩。或者在财产混同案件中，债权人以侵权法作为请求权基础，但未能证明财产混同与债权受损之间具有因果关系，股东当然也可以以此抗辩。即使是基于诉讼技巧的考虑，将两种请求权基础同时使用，也应分别阐述，法院分别审查，所以清晰、正确地界定请求权基础还是十分必要的。

由于现行认缴资本制的实施，在实践中出现了大量的认缴期限很长、认缴数额较高的公司，使得公司有大量的待缴资本出现，但是由于现行认缴资本制实施的时间尚短，因为股东未实缴资本损害公司债权人的案件还不常见，实务中法院应当如何处理、当事人应当如何请求尚不得而知，这当然也是本书力图解决的问题。本部分债权人以《侵权责任法》向股东主张请求权的案例意在说明，除了《公司法》第 20 条第 3 款规定的法人人格否认制度以外，债权人也可能凭借《侵权责任法》向股东主张请求权权，从广义上讲，股东因此而承担的责任也是法人人格否认责任，只是其请求权基础不是《公司法》第 20 条第 3 款，而是《侵权责任法》。通过这两个例子可以说明司法实践中，法院已经允许通过《侵权责任法》追究公司股东责任，那么在现行认缴资本之下，债权人应该也可以依据《侵权责任法》向待缴股东主张请求权，这种实例目前也很少见，是否可行，还需要实例证明。

第三节　上海首例认缴资本出资案判决评析

一、判决原文

上海市普陀区人民法院民事判决书

（2014）普民二（商）初字第5182号

原告上海香通国际贸易有限公司，住所地上海市长宁区仙霞路335号1号楼608室。

法定代表人蒋莉桦，董事长。

委托代理人冯乐法，上海大邦律师事务所律师。

被告上海昊跃投资管理有限公司，住所地上海市嘉定区封周路655号14幢1006室-1。

法定代表人接长建，执行董事。

被告徐青松，男，1975年1月7日出生，汉族，住上海市。

被告毛晓露，女，1984年3月8日出生，汉族，住上海市。

被告接长建，男，1978年12月22日出生，汉族，住江苏省。

被告林东雪，女，1991年11月30日出生，汉族，住安徽省。

以上被告上海昊跃投资管理有限公司、被告接长建、被告林东雪共同委托代理人郭航，上海市协力律师事务所律师。

以上五被告共同委托代理人刘运，上海市协力律师事务所律师。

原告上海香通国际贸易有限公司与被告上海昊跃投资管理有限公司、徐青松、毛晓露、接长建、林东雪股权转让纠纷一案，本院于2014年10月17日受理后，依法组成合议庭，并于2015年2月6日、2015年3月31日公开开庭进行了审理。原告的委托代理人冯乐法参加了全部庭审，被告徐青松、毛晓露参加了第二次庭审，五被告共同的委托代理人刘运参加了全部庭审。本案现已审理终结。

原告上海香通国际贸易有限公司（以下简称“香通公司”）诉称，2014年5月1日，原告与被告上海昊跃投资管理有限公司（以下简称“昊跃公司”）签订了《股权转让协议》。根据该协议，本案被告昊跃公司同意以人民币7960万元（以下币种均为人民币）的价格购买原告持有的上海卫运贸易有限公司（以下简称“卫运公司”）99.5%的股权，被告昊跃公司应于股权转让协议签订后30日内向原告支付全部股权转让款。2014年5月，原告依约完成了上述全部股权转让的工商变更登记手续，但被告昊跃公司迟迟未依约支付股权转让款。在原告的多次催促下，2014年7月1日，原告与被告昊跃公司达成补充协议，约定了股权转让款的具体分期支付计划，首期2000万元股权转让款应在2014年8月30日前支付[1]。但直至起诉时，被告昊跃公司仍未能履行股权转让款的支付义务。被告徐青松、被告毛晓露是被告昊跃公司在设立之初的发起人，被告接长建、被告林东雪是被告昊跃公司的现任股东，被告徐青松、被告毛晓露、被告接长建、被告林东雪均未全面履行出资义务，被告接长建、被告林东雪在减资时未通知作为已知债权人的原告。故原告诉至法院，请求判令：1. 被告昊跃公司向原告支付股权转让款首期款2000万元；2. 被告接长建、被告林东雪在各自未出资本息范围内，就被告昊跃公司对上述转让款不能清偿的部分承担补充赔偿责任，被告徐青松、被告毛晓露、被告接长建、被告林东雪之间承担连带责任；3. 被告接长建、被告林东雪在减资本息范围内，就被告昊跃公司对原告上述股权转让款不能清偿的部分承担补充赔偿责任，被告徐青松、被告毛晓露在各自未出资范围内与被告接长建、被告林东雪承担连带责任；4. 诉讼费用由五被告共同承担。

被告昊跃公司对于原告的诉讼请求，未提出实质性的抗辩意见。

被告徐青松、被告毛晓露辩称，不同意原告诉讼请求中的第2项、第3项。对于诉讼请求的第2项，该两被告认为，从昊跃公司设立至今，其作为发起人股东已经履行了按期出资义务，并没有违反约定的出资时间。在向被告接长建、被告林东雪转让股权时，已经完成出资，并不负有对后面未到期认缴出资的履行义务。对于诉讼请求的第3项，两被告认为，在被告昊跃公司发生减资的时候，他们已经不再是公司股东，同时不再担任任何职务，已经与被告昊跃公司没有关系，昊跃公司的减资行为并非两被告主导，无论减资是否合法，均与自己没有关系。两被告自身并不存在对被告昊跃公司出资未到位的行为，因此，不存在承担连带责任的问题。

被告接长建、被告林东雪辩称，不同意原告诉讼请求的第2项、第3项。对于诉讼请求的第2项，他们认为，自己已经实际出资，其他认缴出资的时间尚未届满，没有法定的义务提前缴付出资。对于诉讼请求第3项，两被告认为，减资并非为了逃避债务，而是公司投资发展的需要，且已经按照工商机关的要求办理了减资手续，减资并未造成公司资产的流失，也没有对债权人产生实际损害。未通知已知债权人系疏忽所致，故不同意承担相应责任。

经审理查明，本案事实虽然涉及多个股东、多个公司，但总体上可以分为购买目标公司“卫运公司”股权的协议，以及被告昊跃公司的注册资本、股东、股权变更两个方面：

一、有关目标公司“卫运公司”股权转让协议的签订及履行情况

2014年5月1日，原告香通公司与被告昊跃公司签订一份有关目标公司“卫运公司”的股权转让协议，协议约定，原告香通公司将其持有的“卫运公司”99.5%股权转让给被告昊跃公司，昊跃公司应该于合同签订后的30日内，付清全部转让款。同日，“卫运公司”召开临时股东会决议，决议内容为：成立由昊跃公司、朱悦组成的新一届股东会；同日，通过了公司章程修正案。

2014年5月22日，目标公司“卫运公司”完成股权转让工商变更登记，由原先的香通公司享有“卫运公司”99.5%股权，变更为由昊跃公司享有“卫运公司”99.5%股权。

2014年7月1日，原告香通公司与被告昊跃公司签订关于“卫运公司”股权转让的补充协议，约定被告昊跃公司于2014年8月30日前付款2000万，2014年11月30日前付款2000万，2014年12月31日前付款2000万，2015年1月31日前支付剩余

的1960万。截止到原告香通公司向法院起诉之日为止，被告昊跃公司未向原告支付过上述股权转让款。

二、关于被告昊跃公司的注册资本、股东及股权变更方面的情况

被告昊跃公司成立于2013年11月1日，注册资本为2000万，实缴金额为400万。其中原发起人即本案被告徐青松认缴出资额为1400万（占公司资本额的70%），实缴出资额为280万，原发起人即本案被告毛晓露认缴出资额为600万（占公司资本额的30%），实缴出资额为120万。徐青松、毛晓露的认缴出资期限均为两年。2014年4月2日，被告毛晓露与被告林东雪签订股权转让协议，由林东雪出资120万元受让毛晓露持有的昊跃公司30%的股权，毛晓露、林东雪在该股权转让协议上签字。2014年4月6日，被告昊跃公司通过股东会决议，同意由被告林东雪出资120万元受让被告毛晓露的股权。同日，被告昊跃公司通过另一个股东会决议，决定成立新一届股东会，并将公司资本由2000万增资到10亿元，被告徐青松与被告林东雪在公司的股东会决议上签字。同年4月17日，工商登记机关准予昊跃公司注册资本金由2000万增至10亿元，实缴金额依然是400万元，章程约定，股东徐青松与林东雪在2024年12月31日之前缴纳出资。同日，工商登记机关核准昊跃公司的股东由徐青松、毛晓露变更为徐青松与林东雪。

2014年7月，被告徐青松准备将其在昊跃公司拥有的股权转让给被告接长建。徐青松称，由于不想按照10个亿的注册资本交税，他希望减资和转让股权一起操作；徐青松在和接长建商

量下来后，要先行减资。被告徐青松将减资事宜交给其工作人员办理。2014 年 7 月 20 日，被告昊跃公司作出股东会决议，决定公司注册资本金由 10 亿元减至 400 万元。公司减资后，被告接长建出资 280 万元，占 70%；被告林东雪出资 120 万元，占 30%。公司决议中的签字人为“接长建和林东雪”。[2] 2014 年 7 月 30 日，昊跃公司在《上海商报》上刊登了一份减资公告，内容为“昊跃公司经股东会决议注册资本由 10 亿元减至 400 万元，特告”。对于昊跃公司在《上海商报》上刊登减资公告事宜，徐青松庭审中表示“自己是知道的，是叫下面的员工去办理的”。

在 2014 年 8 月 21 日这一天，几个被告之间签订了一系列与股权转让相关的协议及公司决议。昊跃公司通过股东会决议，同意被告接长建出资 280 万受让被告徐青松持有的 70% 股权；被告徐青松与被告接长建签订股权转让协议，由被告接长建出资 280 万受让被告徐青松持有的被告昊跃公司的 70% 股权；修改公司章程；成立新一届股东会，法定代表人由接长建担任。2014 年 9 月 3 日，上海市工商行政管理局嘉定分局核准昊跃公司的股东由徐青松、林东雪变更为接长建、林东雪，并且核准了变更后的昊跃公司章程。

2014 年 9 月 22 日，昊跃公司向工商登记机关申请注册资本金额由 10 亿元减至 400 万元，公司法定代表人一栏的签名为“接长建”。在提交给工商登记机关的“有关债务清偿及担保情况说明”这一材料中，昊跃公司的表述为：“根据 2014 年 7 月 20 日昊跃公司关于减资的股东会决议，本公司编制了资产负债表及财产清单，在该决议作出之日起的 10 日内通知了债权人，并于2014年7月30日在上海商报报纸上刊登了减资公告。现就减资所涉及的债务清偿及担保问题做如下说明：根据公司编制的资产负债表及财产清单，公司对外债务为0万元。至2014年9月22日，公司已向要求清偿债务或者提供担保的债权人清偿了全部债务或提供了相应的担保。未清偿的债务，由公司继续负责清偿，并由接长建和林东雪在法律规定的范围内提供相应的担保"。被告昊跃公司以及担保人接长建和林东雪均在该材料上面签名。

2014年10月10日，上海市工商行政管理局嘉定分局准予昊跃公司注册资本金额由10亿元减资至400万元的变更登记，并核准了公司章程。

本院认为，对于本案被告昊跃公司应该根据其与原告达成的股权转让协议支付股权转让款，被告昊跃公司在庭审过程中并没有提出实质性抗辩，本院也未发现有其他依法应该认定股权转让协议无效的事由，因此，原告针对被告昊跃公司的诉讼请求可予支持。同时，由于在原告与被告昊跃公司签订股权转让协议之前的2014年4月2日，被告毛晓露已经将其持有的昊跃公司股权转让给了被告林东雪，昊跃公司也由股东会同意了由被告林东雪受让被告毛晓露的股权，毛晓露与林东雪之间的股权转让行为发生在原告香通公司与昊跃公司签订股权转让协议之前，因此，已经不是昊跃公司股东的被告毛晓露不应对原告香通公司主张的这一笔股权转让款承担责任。

本案的争议焦点可以概括为：被告徐青松、接长建和林东雪是否应该对被告昊跃公司的债务承担责任?

本院认为，有限责任公司的股东有权减少公司的注册资本，但是，这样的减资必须依照法律的规定进行。《中华人民共和国公司法》（以下简称“公司法”）第一百七十七条规定，“公司需要减少注册资本时，必须编制资产负债表及财产清单。公司应当自作出减少注册资本决议之日起十日内通知债权人，并于三十日内在报纸上公告。债权人自接到通知书之日起三十日内，未接到通知书的自公告之日起四十五日内，有权要求公司清偿债务或者提供相应的担保。”从《公司法》该条规定来看，公司如果想要在法律上有效进行减资，必须符合相应的条件：1、编制资产负债表及财产清单；2、在作出减少注册资本的决议之后，在法定时间内通知债权人；3、公司债权人要求进行清偿或者担保的，必须进行清偿或者担保。

根据本案查明的事实，被告昊跃公司的减资行为，尽管从表面上看经过了公司股东会决议、在报纸上公告、向工商机关申请这样的程序，但是，它在法律上存在严重缺陷。首先，昊跃公司决定减资的股东会决议并不是由公司的实际股东作出。昊跃公司决定将公司注册资本由10亿元减至400万的决议是于2014年7月20日作出的，当时昊跃公司的实际股东是被告徐青松和被告林东雪，在股东会决议上签字的却是“接长建、林东雪”，而接长建当时并不是昊跃公司的股东，接长建是在2014年8月21日才与被告徐青松签订股权转让协议的。之后，昊跃公司于2014年7月30日在《上海商报》上的公告、提交给工商登记的变更申请，都是以2014年7月20日的股东会决议作为基础。没有合法、有效的股东会减资决议，整个减资行为就没有法律基础。尽管被告昊跃公司在庭审中认为，股东会决议上落款日期“7月20日”是笔误，但是被告昊跃公司并没有提供决议上的日期为笔误的相关证据。从被告昊跃公司7月30日在《上海商报》上的公告内容来看，公告明确表示是“经股东会决议注册资本由10亿元减为400万元”。先有股东会减资决议，然后在报纸上进行公告才更合乎情理；而如果是先在报纸上进行减资公告，然后由股东会通过减资决议，显然与常理不符。

其次，昊跃公司的减资行为并没有通知本案原告这样的已知债权人。由于公司减少注册资本可能损害公司债权人的利益，因此，我国公司法规定，公司在减少注册资本时必须通知已知债权人，同时对于未知债权人要进行公告。尽管有的学者将减资未通知债权人的后果分为内部效力与外部效力，但从国际上看，也有一些国家规定，公司未履行保护债权人程序，可能成为减资无效或者撤销的理由，债权人可在法定期限内提起减资无效之诉[3]。

本案中的被告昊跃公司及股东徐青松在整个减资过程中是知道其对原告香通公司负有债务的。原告与被告昊跃公司的股权转让协议一开始确定的付款日期是在合同签订之后的30日（合同签订日期为2014年5月1日），随后变更的协议也明确，被告昊跃公司必须在2014年8月30日、11月30日、12月31日之前付款。被告昊跃公司在股权转让协议签订之后相当长的时间内并未主动与原告进行联系，直到被告昊跃公司在向工商机关提交变更登记申请时，仍然在申请材料中写明自己对外负债为“0万元”。

综上，我们认为，由于被告昊跃公司的减资行为违反了法律规定的必备条件，该减资行为属于无效的民事行为。某个民事行为被依法宣告无效之后，其法律后果就是恢复到行为无效之前的状态，对于本案来说，被告昊跃公司的注册资本就状态应该恢复到减资以前的状态，即，恢复到公司注册资本为10亿元的状态。

我们对于本案的分析当然不应该停留在昊跃公司减资无效，其注册资本应该恢复到减资以前的状态这一点。“恢复原状”是《中华人民共和国民法通则》确定的民事主体承担民事责任的方式之一，[4]权利人还可以根据案件具体情况，要求被告承担其他恰当的民事责任。如果仅仅是认定减资无效，被告昊跃公司的注册资本恢复到减资以前的状态，并不能解决原告的诉讼请求，我们必须进一步分析原告要求被告昊跃公司的自然人股东徐青松、林东雪，以及被告接长建是否应该承担责任。

股东对于公司负有缴纳出资的义务，这一点是没有疑问的。在《公司法》于2013年修订之前，由于《公司法》当时采取的是资本实缴制[5]，股东如果没有如实缴纳出资，不仅公司可以要求股东履行出资义务，公司的债权人也可以要求未全面履行出资义务的股东在未出资本息范围内对公司债务不能清偿部分承担补充赔偿责任[6]。本案的被告昊跃公司在2014年4月进行增资时，其注册资本的缴纳与传统公司实缴注册资本已经有所不同，此时昊跃公司采取的是“实缴”（实缴资本为400万）与“认缴”(9.96亿元）相结合的方式，认缴期限为10年（2024年12月31日之前）。从理论上讲，被告昊跃公司的股东徐青松、林东雪可以在2024年12月31日之前的任何时间缴纳余下的认缴出资。

本院认为，一方面我们要尊重公司股东在《公司法》修订后采取的认缴出资方式[7]，另一方面，对于资本认缴制下股东的出资义务，也必须结合案件的具体情况考量，以维护债权人的合法利益。对于本案而言，本院认为，被告昊跃公司的股东徐青松、林东雪应该履行其出资义务，以便能够对本案原告承担财产责任。这主要是基于以下几点理由：

第一，认缴制下公司股东的出资义务只是暂缓缴纳，而不是永久免除，在公司经营发生了重大变化时，公司包括债权人可以要求公司股东缴纳出资，以用于清偿公司债务。在注册资本认缴制下，公司股东在登记时承诺会在一定时间内缴纳注册资本（例如，在本案中被告昊跃公司的股东承诺在10年内缴纳），该承诺规定在公司章程中，备案在工商登记资料中，对外具有公示效力，公司股东这样的承诺，可以认为是其对社会公众包括债权人所作的一种承诺。股东作出的承诺，对股东会产生一定的约束作用，同时对于相对人（例如债权人）来说，也会产生一定的预期。但是，任何承诺、预期都是在一定条件下作出的，这样的条件有可能会产生重大变化。在条件发生重大变化、足以改变相对人（债权人）预期的时候，如果再僵化地坚持股东一直到认缴期限届满时才负有出资义务，只会让资本认缴制成为个别股东逃避法律责任的借口。就本案来说，被告昊跃公司在经营中发生了重大变化，公司对外出现了巨额的债务，仅仅就本案来说，被告昊跃公司对原告承担的债务总额就达到了7960万元，这样一笔债务是依法已经到期的债务；该笔债务（7960万元）已经远远超过公司的实缴出资，实缴出资已经无法让公司承担债务。就本案而言，该笔债务已经是被告股东徐青松、林东雪实际缴纳资本（400万元）的近20倍。

第二，让昊跃公司的股东缴纳出资以承担本案中的责任，符合平衡保护债权人和公司股东利益这样的立法目的。《公司法》中的有限责任制度，原则上要求公司股东只以出资额为限，对公司债务承担有限责任[8]，这样的原则是为了更好地保护公司股东的利益，让股东可以安全地投入到生产经营中去。但是，公司有限责任制度，不应该成为股东逃避责任的保护伞。经过长期的司法实践和立法，法律规定在一定情形下可以“刺破法人的面纱”，否定公司法人人格，让公司股东个人承担责任[9]。如果完全固守认缴制的股东一直要等到承诺的期限届满才负有缴纳出资的义务，则可能会让负债累累的股东悠然自得地待在公司有限责任这一保护伞之下，看着债权人急切而又无可奈何的样子暗自窃喜。当然，作为债权人来说，可以在法院判决公司承担债务之后，以公司无力清偿债务为由，要求公司进行破产清算。可是，问题是，在公司破产清算的过程中同样会面临着股东缴纳出资的期限问题。在一年、两年甚至更长的认缴时间内（本案中的认缴期限为10年），公司股东有充分的时间来转移公司财产，制造各种难题来对抗债权人、规避债务。这种只让股东享受认缴制的利益（主要是延期缴纳出资的期限利益），而不承担相应风险和责任的结局，不符合《公司法》修订时设立资本认缴制的初衷。在公司负有巨额到期债务的情况下，公司股东采取认缴制的期限利益就失去了基础。两相比较，在审理中直接判令股东缴纳出资以清偿债务，要比事后判决股东在破产程序中缴纳出资，更加能够保护债权人的合法利益，维护市场正常经济秩序。

第三，责任财产制度也要求资本认缴制的公司股东在公司出现重大债务时缴纳出资，以用于对外承担责任。责任财产制度是民事责任中的一项重要制度，它是指任何民事主体应该以其全部财产对外承担债务。对于自然人来说，是以其个人全部财产承担全部债务，对于法人来说，是以法人的全部财产承担全部债务。责任财产制度是维持交易安全的重要保障，正因为有了责任财产制度，民事主体才可以比较放心地进行商事交易，因为他可以有合理的期待，一旦对方不履行合同或者侵犯自己权益，对方将会以其全部财产承担法律责任。我国《公司法》有关公司责任财产制度的规定在第3条的第1款，“公司以其全部财产对公司的债务承担责任”。这一条款在《公司法》修订前后是完全一样的，并没有任何改变。需要我们思考的是，在公司法进行修订、采取资本认缴制之后，应该如何来看待《公司法》的第3条第1款？在公司成立采取实缴制的情况下，这一条款的理解，应该没有分歧。通俗地说，公司当下拥有多少财产（这样的财产包括公司股东的投入财产及公司经营增值的财产），就以多少财产承担责任。在公司成立采取认缴制的情况下，这一条款可能会有两种理解。一种理解是，以公司当下拥有的资产承担责任——也就是说以公司股东实际已经投入的资本及公司经营增值的财产——承担责任。按照这一种理解，在当下就不能追究被告昊跃公司股东的个人责任。另外一种理解是，债权人不仅仅可以要求公司以现在实际拥有的全部财产承担责任，而且在公司现有财产不足以清偿债务、而公司股东承诺在将来认缴出资的情况下，还可以要求公司股东提前出资，以清偿公司债务。两相比较，后面一种理解更加符合市场中商事主体的合理期待，也更加符合保护债权人合法利益的需要。

对“公司财产”的理解，也不能仅仅限于公司现有的财产。一般情况下，公司对外享有的债权也是公司的财产或者财产利益。在公司破产过程中，公司债权同样是作为公司财产的组成部分[10]，在执行过程中，被执行人对他人享有的债权，也可以成为执行标的。对于实行认缴制的公司来说，股东个人尚未缴纳的注册资本，与一般的债务并无根本区别，同样可以看作是公司股东对公司所负的债务。从最高人民法院有关《公司法》的司法解释来看，也可以得出公司债权人可以要求公司股东履行出资义务的结论。[11]

确实，现行《公司法》及司法解释中对于公司违背法定程序和条件减资未通知已知债权人的，具体应该如何承担责任，没有作出明确规定。但是，这并不妨碍我们根据案件的具体情形参照适用相关的法律及司法解释。我国现行法律已经对参照适用法律作出了规定。[12]

具体到本案而言，公司减资未通知已知债权人的行为，与《公司法》司法解释所规定的抽逃出资行为最为类似。最高人民法院关于《公司法》司法解释中界定的抽逃出资行为包括了“其他未经法定程序将出资抽回的行为”。公司没有按照公司法规定的条件和程序，从某种意义上说就是“未经法定程序将出资抽回的行为”，因为两者都是影响了公司对外偿债的能力，对债权人的债权带来了不能清偿的风险，同时，都是让公司及股东从各自行为中获取了利益。

综上，我们认为，被告昊跃公司作为目标公司股权的购买方，没有按照合同约定支付股权价款，构成了违约，应该以其全部财产对原告承担责任。昊跃公司及其股东在明知公司对外负有债务的情况下，没有按照法定的条件和程序进行减资，该减资行为无效，昊跃公司的注册资本应该恢复到减资以前的状态，即，公司注册资本仍然为 10 亿元，公司股东为徐青松和林东雪。在昊跃公司负有到期债务、公司财产不能清偿债务的情况下，昊跃公司的股东徐青松和林东雪应该承担昊跃公司尚欠的债务，即如果昊跃公司完全不能清偿债务，则徐青松和林东雪应该缴纳与昊跃公司债务相当的注册资本，以清偿原告债务。同时，被告昊跃公司未履行法定程序和条件减少公司注册资本，类似于抽逃出资行为，原告作为公司债权人也可以要求徐青松和林东雪对于昊跃公司不能清偿的部分承担补充赔偿责任。被告毛晓露在本案系争股权转让协议签订之前已经退出昊跃公司，不应该对其退出之后昊跃公司的行为承担责任。由于减资行为被认定无效之后，应该恢复到减资行为以前的状态，因此被告接长建不应认定为昊跃公司的股东，接长建可以不承担昊跃公司对原告所承担的责任。综上，根据《中华人民共和国合同法》第 107 条、《中华人民共和国公司法》第 3 条、第 177 条、最高人民法院《关于适用〈中华人民共和国公司法〉若干问题的规定（三）》第 13 条第 2 款、第 14 条第二款之规定，判决如下：

一、被告上海昊跃投资管理有限公司应于本判决生效之日起十日内支付原告上海香通国际贸易有限公司股权转让款人民币 2000 万元；

二、被告徐青松、被告林东雪对于被告上海昊跃投资管理有限公司不能清偿的股权转让款，在各自未出资的本息范围内履行出资义务，承担补充赔偿责任；

三、驳回原告上海香通国际贸易有限公司的其他诉讼请求。

如果未按照本判决指定的期间履行金钱给付义务，应当按照《中华人民共和国民事诉讼法》第253条之规定，加倍支付迟延履行期间的债务利息。

本案受理费人民币141 800元（原告预付），由被告上海昊跃投资管理有限公司、被告徐青松、被告林东雪共同负担。

如不服本判决，可在判决书送达之日起十五日内，向本院递交上诉状，并按对方当事人的人数提出副本，上诉于上海市第二中级人民法院。

[1] 该补充协议还约定，2014年11月30日前付款2000万，2014年12月31日前付款2000万，2015年1月31日前支付剩余的1960万。

[2] 在2014年7月20日，接长建并非被告昊跃公司的股东。接长建与徐青松股权转让协议是在2014年8月21日签订。被告给出的解释是，可能是笔误。但是，根据昊跃公司在2014年9月22日提交给工商机关的《有关债务清偿及担保情况说明》这一材料中，仍然表示是2014年7月20日通过关于减资的股东会决议。

[3] 郑曙光：《公司减资的比较法考察》，载《四川大学学报（哲学社会科学版）》2004年第2期。

[4]《民法通则》第134条规定了停止侵害、排除妨碍、消除危险、返还财产、恢复原状、赔偿损失等10种民事责任的承

担方式，并规定这些方式可以单独适用，也可以合并适用。

[5] 在2013年12月进行修订之前的公司法第26条规定的是注册资本实缴制，要求“公司全体股东的首次出资额不得低于注册资本的20%，也不得低于法定的注册资本最低限额，其余部分由股东自公司成立之日起两年内缴足；其中，投资公司可以在五年内缴足。”

[6] 见最高人民法院《关于适用〈中华人民共和国公司法〉若干问题的规定（三）》第13条第2款。

[7] 2013年12月23日，国务院法制办主任宋大涵在第十二届全国人大常委会第六次会议就《中华人民共和国公司法（修正案）》所作的说明上指出，“为了进一步激发中小投资者的创业活力，落实第十二届全国人民代表大会第一次会议批准的《国务院机构改革和职能转变方案》关于将公司注册资本实缴登记制改为认缴登记制的要求，草案删去第26条第1款和第81条第1款中关于公司股东（发起人）应自公司成立之日起两年内缴足出资，投资公司可以在五年内缴足出资的规定；删去第59条第1款有关一人有限责任公司股东应当一次足额缴纳公司章程规定的出资额的规定”…

[8] 奚晓明、金剑锋：《公司诉讼的理论与实务问题研究》，人民法院出版社2008年版，第102页。

[9] 公司法人人格否定的情形有：混同（财产混同或人格混同）、股东对公司的不当控制、虚拟股东、以公司名义从事不法行为。钱卫清：《公司诉讼——公司司法救济方式新论》，人民法院出版社2004年版，第149～152页。

[10]《中华人民共和国企业破产法》第11条第2款规定，“债务人应当自裁定送达之日起十五日内，向人民法院提交财产状况说明、债务清册、债权清册、有关财务会计报告以及职工工资的支付和社会保险费用的缴纳情况。”

[11] 最高人民法院《关于适用〈中华人民共和国公司法〉若干问题的规定（三）》第13条第2款规定，“公司债权人请求未履行或者未全面履行出资义务的股东在未出资本息范围内对公司债务不能清偿的部分承担补充赔偿责任的，人民法院应予支持。”

[12] 例如，我国《合同法》第124条规定，本法分则或者其他法律没有明文规定的合同，适用本法总则的规定，并可以参照本法或者其他法律最相类似的规定。

审 判 长 王 飞
代理审判员 蒋 浩
代理审判员 尚 婧
二〇一五年五月二十五日
书 记 员 王昊艳

附：相关法律条文

一、《中华人民共和国合同法》

第一百零七条 当事人一方不履行合同义务或者履行合同义务不符合约定的，应当承担继续履行、采取补救措施或者赔偿损失等违约责任。

二、《中华人民共和国公司法》

第三条 公司是企业法人，有独立的法人财产，享有法人财产权。公司以其全部财产对公司的债务承担责任。

第一百七十七条　公司需要减少注册资本时，必须编制资产负债表及财产清单。

公司应当自作出减少注册资本决议之日起十日内通知债权人，并于三十日内在报纸上公告。债权人自接到通知书之日起三十日内，未接到通知书的自公告之日起四十五日内，有权要求公司清偿债务或者提供相应的担保。

三、《最高人民法院关于适用〈中华人民共和国公司法〉若干问题的规定（三）》

第十三条　公司债权人请求未履行或者未全面履行出资义务的股东在未出资本息范围内对公司债务不能清偿的部分承担补充赔偿责任的，人民法院应予支持。

第十四条　公司债权人请求抽逃出资的股东在抽逃出资本息范围内对公司债务不能清偿的部分承担补充赔偿责任、协助抽逃出资的其他股东、董事、高级管理人员或者实际控制人对此承担连带责任的，人民法院应予支持；抽逃出资的股东已经承担上述责任，其他债权人提出相同请求的，人民法院不予支持。

上海市第二中级人民法院

民事裁定书

（2015）沪二中民四（商）终字第1398号

上诉人（原审被告）徐青松，男，1975年1月7日生，汉族，住上海市。

委托代理人朱丽君，上海市锦天城律师事务所律师。

被上诉人（原审原告）上海香通国际贸易有限公司，住所地上海市。

法定代表人袁永祥，该公司总经理。

委托代理人殷清波，上海元竹律师事务所律师。

原审被告上海昊跃投资管理有限公司，住所地上海市。

法定代表人接长建，该公司总经理。

委托代理人朱丽君，上海市锦天城律师事务所律师。

原审被告毛晓露，女，1984年3月8日生，汉族，住上海市。

原审被告接长建，男，1978年12月22日生，汉族，住江苏省。

原审被告林东雪，女，1991年11月30日生，汉族，住安徽省。

上诉人徐青松因股权转让纠纷一案，不服上海市普陀区人民法院（2014）普民二（商）初字第5182号民事判决，向本院提起上诉。本院依法组成合议庭进行了审理。在本院审理过程中，原审原告上海香通国际贸易有限公司以其已与其他各方当事人达成案外和解协议为由，向本院提出撤回一审起诉的申请。

本院认为，原审原告上海香通国际贸易有限公司向本院提出的撤回起诉申请，系对其自身民事权利的处分，经其他各方当事人同意，且不损害国家利益、社会公共利益、他人合法权益，符合法律规定的撤回起诉条件，可予准许。依照《关于适用的解释》第338条第1款的规定，裁定如下：

一、准许原审原告上海香通国际贸易有限公司撤回起诉；

二、撤销上海市普陀区人民法院（2014）普民二（商）初字第 5182 号民事判决。

本案一审案件受理费人民币 141 800 元，及减半收取的二审案件受理费人民币 70 900 元，共计人民币 212 700 元，由原审原告上海香通国际贸易有限公司负担。

本裁定为终审裁定。

审　判　长　李　蔚
审　判　员　王逸民
代理审判员　何　云

二○一五年十二月二十二日
书　记　员　郭　强

二、案例评析

此案审理发生在认缴资本制实施之后，被称为首例认缴资本出资案，引起一定的关注。

上海普陀区法院的审理思路可分为两个部分：首先，认定公司违法减资，应恢复原状；然后，要求股东缴纳出资，偿还公司债务。

恢复原状，又称回复原状，是大陆法系民法中的基本概念，是指恢复到权利人原来的法律状态，主要适用于民事主体之间的财产法律关系，也适用于人身法律关系。我国合同法、侵权法、物权法中均规定了恢复原状的情形，主要可以分为以下几种：

（一）物权保护情形下的恢复原状

我国《物权法》第 36 条规定："造成不动产或者动产毁损

的，权利人可以请求修理、重作、更换或者恢复原状。”此条所规定的权利的属性，有物权请求权说和债权请求权说两种观点。物权请求权说主要认为，此条中的修理、更换、重做，并不是损害赔偿的形式，并非通过价值补偿弥补物权人，而是通过修理、更换、重做的方式恢复物的原本形态。债权请求权说认为，传统大陆法系中的损害赔偿本身包括金钱赔偿与恢复原状。物权请求权包括妨害排除请求权、妨害防止请求权和返还原物请求权，并不包括恢复原状[1]。两说虽有纷争，但是都不否认此处的恢复原状用于对物权的保护。司法实践中，在物权受到损害的情况下，权利人将《物权法》第36条，《侵权责任法》第15条均列为法律基础，一般都可以获得支持，而不会锱铢必较两者的区别。

（二）合同解除后的恢复原状

合同解除后的恢复原状，有直接效果和间接效果两种学说。直接效果说认为，合同解除发生溯及既往的法律效力，尚未履行的债务不必履行，已经履行的部分发生返还请求权，在采用物权行为的法制下，此种请求权为物的返还请求权。对于给付内容为劳务、金钱、劳动成果类的合同，此类请求权为不当得利返还请求权。但就我国《合同法》第97条[2]而言，恢复原状仅指有体物的返还更加合适，因为与之并列的采取其他补救措施、补偿损

〔1〕 参见冉克平：“民法上的恢复原状的规范意义”，载《烟台大学学报（哲学社会科学版）》2016年第2期。

〔2〕《合同法》第97条规定：合同解除后，尚未履行的，终止履行；已经履行的，根据履行情况和合同性质，当事人可以要求恢复原状、采取其他补救措施，并有权要求赔偿损失。

失，涵盖内容更广。间接效果说认为，合同解除并不是合同本身消灭，而是阻却未发生的合同的效力，对于已履行的部分因合同解除而产生了新的返还债务，使恢复原状。两说所解决的都是合同解除后的处理问题，实体处理结果无二致，只是理论起点不同，司法实践中，也不因理论起点的不同而使判决结果有差异。

有学者援引中国台湾地区“民法”第113条认为，在法律行为无效时也发生回复原状的义务，该条规定：“无效法律行为之当事人于行为当时，知其无效或可得而知者，应负回复原状或损害赔偿之责任。”[1] 而我国大陆《合同法》第58条并未规定恢复原状。

（三）侵权法下的恢复原状

我国《民法通则》第134条[2]将恢复原状作为民事责任的形式之一，《侵权责任法》第15条[3]将恢复原状作为侵权责任的形式之一，有学者认为此处的恢复原状是损害赔偿的一种类型，是对毁损之物进行修复，而德日侵权法还可适用于人身权受

---

〔1〕 参见崔建远：“关于恢复原状、返还财产的辨析”，载《当代法学》2005年第1期。

〔2〕 我国《民法通则》第134条规定：承担民事责任的方式主要有：①停止侵害；②排除妨碍；③消除危险；④返还财产；⑤恢复原状；⑥修理、重作、更换；⑦赔偿损失；⑧支付违约金；⑨消除影响、恢复名誉；⑩赔礼道歉。以上承担民事责任的方式，可以单独适用，也可以合并适用。

〔3〕《侵权责任法》第15条规定：承担侵权责任的方式主要有：①停止侵害；②排除妨碍；③消除危险；④返还财产；⑤恢复原状；⑥赔偿损失；⑦赔礼道歉；⑧消除影响、恢复名誉。以上承担侵权责任的方式，可以单独适用，也可以合并适用。

损的情况。刚刚生效的《民法总则》第 179 条[1]，继续将恢复原状作为承担民事责任的形式之一。我国司法实践中，恢复原状作为诉请也确实主要被用于侵害财产权的案件中，其内涵基本就是修复、更换被毁损的财产。在人身损害赔偿案件中，受害人一般会提出诸如支付医疗费、死亡、残疾赔偿金、丧葬费等具体的诉请，而这些诉求一般不被视为恢复原状。也许是囿于当时的立法技术，恢复原状被作为与返还财产、修理、重作、更换、赔偿损失、消除影响等相并列的民事责任方式。之后《物权法》《侵权责任法》《民法总则》延续了这种做法，使得恢复原状不再是赔偿损失的下位概念，也限制了恢复原状的适用范围，在这种背景下讨论恢复原状请求权的性质，结果都难以令人信服。

反观本案判决，法院认为，由于昊跃公司的减资行为违反了法律规定的程序要件，该减资行为属于无效民事行为，某个行为被依法宣告无效后，其法律后果就是恢复到行为无效之前的状态，对于本案来说，被告昊跃公司的注册资本状态应该恢复到减资以前的状态，并认为恢复原状是《民法通则》确定的民事主体承担民事责任的方式之一，普陀区法院适用恢复原状的方式显然异于传统大陆法系和我国适用恢复原状的方式。前文已述，传统大陆法系将恢复原状主要用于合同解除、合同无效、损害赔偿、物权保护等情形，尚未见用于公司未依法减资的恢复，普陀

〔1〕《民法总则》第 179 条规定：承担民事责任的方式主要有：①停止侵害；②排除妨碍；③消除危险；④返还财产；⑤恢复原状；⑥修理、重作、更换；⑦继续履行；⑧赔偿损失；⑨支付违约金；⑩消除影响、恢复名誉；⑪赔礼道歉。法律规定惩罚性赔偿的，依照其规定。本条规定的承担民事责任的方式，可以单独适用也可以合并适用。

区法院的这种适用方式是一种创新。但这种创新，在中国的法治下却不能简单地认为其适用法律错误，因为我国民事责任的设立方式异于传统大陆法系，《民法通则》单设一节，规定民事责任的具体形式。《民法总则》延续了这种做法，逻辑上，并未规定民事责任形式的具体适用情形和对应关系，似乎是让当事人“择优适用”，囿于《民法通则》当时的立法水平，这种结果一定是当时的立法者没有想到的，既然如此，普陀区法院将恢复原状作为违法减资的法律后果，亦无严重逻辑问题。

其他国家公司债权人对于违法减资有两种处理方式：其一，请求停止减资，在公司违法减资的情形下，债权人可以请求公司停止减资，这种方法适用的情形主要是减资尚未开始或未完成阶段，可以通过诉讼或者诉讼外的方式行使。如法国法规定在债权人提出异议期间内不得减资，其《商法》第216条规定，在提起异议期间内，以及如有异议在法院对该异议作出一审裁决前，公司不得减资；其二，请求确认减资无效，这种请求发生于公司减资行为完成且生效后。按日本商法规定，发生公司违法减资，公司债权人有六个月的除斥期间请求确认减资无效[1]。有人在针对我国司法案例作出实证分析后认为，只要债权人要求违法减资的股东在违法减资范围内承担责任，法院一般都会支持，虽然我国公司法未明确规定违法减资的股东应对公司债务承担责任，但法院倾向于类推适用公司法中关于抽逃出资的规定，要求股东对公司的债务承担责任。也有法院认为公司违法减资主观存在过

〔1〕 参见郑曙光：“公司减资的比较法考察”，载《四川大学学报（哲学社会科学版）》2004年第2期。

错，降低了公司的偿债能力，构成对公司债权人的侵权，应对债权人承担赔偿责任[1]。可见与本案相同之处是，法院一般会判决违法减资股东承担责任，只是法律基础确有不同。本案中将恢复原状作为法律基础也是可以的。

本案最有价值之处在于，法院等于承认了待缴股东出资加速到期义务。理由有三：①公司经营发生重大变化时，债权人可以要求待缴股东缴纳出资。②“只让股东享受认缴制的利益（主要是延期缴纳出资的期限利益），而不承担相应风险和责任的结局，不符合《公司法》修订时设立资本认缴制的初衷。在公司负有巨额到期债务的情况下，公司股东采取认缴制的期限利益就失去了基础。两相比较，在审理中直接判令股东缴纳出资以清偿债务，要比事后判决股东在破产程序中缴纳出资，更加能够保护债权人的合法利益，维护市场正常经济秩序。”③“责任财产制度也要求资本认缴制的公司股东在公司出现重大债务时缴纳出资，以用于对外承担责任。责任财产制度是民事责任中的一项重要制度，它是指任何民事主体应该以其全部财产对外承担债务。”并援引公司法第3条第1款“公司以其全部财产对公司的债务承担责任”作为其法律基础[2]。普陀区法院关于加速到期的阐述与本书观点不谋而合，为加速到期制度的建立提供了素材，进行了积极有益的探索。普陀区法院的这种做法并不是对立法的僭越，而是对立法失误的矫正，是司法能动性的体现。

---

〔1〕 参见丁辉：“认缴登记制下公司减资制度研究”，载《河北法学》2017年第6期。

〔2〕 此部分论述参见判决原文。

本章小结

样本统计分析法是一种常见的研究方法，通过样本分析可以清楚地了解实务中请求权基础的具体适用情况，弥补理论研究的不足。通过分析有三点需要重视：①案件审理存在请求权基础混用情况。同一事实的当事人愿意从多个角度进行论述，难以避免出现逻辑不清晰，但这种请求权基础的不清晰，以及由此产生的诉讼标的的变更，并未引起法院的重视。②一些理论上能够自洽的请求权基础在实务中并未得到运用。法律规范只有在运用中才能体现出价值，针对这种情况，需要由司法解释进一步明确相关规范的适用范围等。③从当事人的角度，分析实务中请求权基础的使用情况可以了解哪种请求权基础的使用频率更高，胜诉率更高，从而选择恰当的请求权基础。至于如何行使，后文将予以探讨。

第七章　债权人请求权的行使

本部分意在解决在诉讼当中债权人应如何向股东主张请求权，以及不同的主张方法有何利弊。

股东不实缴出资的行为可能符合多项法律责任的构成要件，从而给债权人形成多个请求权，产生请求权的竞合。请求权竞合是指同一生活事件由于受到不同法律制度的调整，所以存在多个请求权的情况。请求权竞合产生的原因在于类型化的思维方式，类型化的思维方式是人类认识世界的基本方法。民法为了充分赋予当事人权利并加以保护，设计了不同的法律制度，从不同法律制度的视角观察同一生活事件，如果此事件满足其构成要件，就可能产生不同的请求权。同是股东认而不缴出资的行为，在侵权法的视角下，可以产生侵权请求权，在《公司法》第20条第3款的视角下也能产生法人人格否认请求权，或者是代位权请求权。具体请求权的内容、期限、行使方式既有不同，也有重叠部分。请求权的竞合是一种比较常见的情况[1]，法律部门越多、

〔1〕 也有学者认为“请求权竞合是一种比较特殊的情形，不是民事诉讼中的常态性情况。”参见段厚省：《请求权竞合要论——兼及对民法方法论的探讨》，中国法制出版社2013年版，第211页。

学科划分越细，就越可能产生请求权竞合。比如刘俊海教授认为也可以以诚实信用原则、表见代理制度请求股东对公司债务承担赔偿责任[1]，“即使我国《公司法》没有规定法人人格否认制度，也不妨碍援引表见代理制度、侵权法或者诚实信用原则要求股东对公司债务承担责任。”穷尽一个简单生活事件的所有请求权往往并不容易，本书也并没有穷尽所有债权人对股东的请求权，而是就主要的请求权展开讨论。

不同请求权所依据的请求权基础不同，构成要件也不相同，正确地主张和行使请求权对于债权人权利的实现十分重要。正确地主张请求权可以在诉讼时效、构成要件、证明责任等方面获得有利地位。

第一节　我国目前对请求权竞合的处理

请求权问题可以追溯到罗马法时期，请求权竞合问题在罗马法时期就已经出现，继受罗马法系的国家都会受到请求权竞合问题的影响并作出制度安排，比如法国在有些情况下允许请求权的竞合，在有些情况下不允许竞合；德国学理上也有允许请求权自由竞合的看法[2]。

---

〔1〕 刘俊海：“揭开公司面纱制度应用于司法实践的若干问题研究”，载《法律适用》2011年第8期。

〔2〕 段厚省：《请求权竞合要论——兼及对民法方法论的探讨》，中国法制出版社2013年版，第3页。

一、立法个别调整

我国继受大陆法系的基本理论制度，也受到请求权竞合问题的困扰，在以前的司法实践中，没有十分注意对请求权竞合问题的处理，立法中也未作统一规定。1986 年的《全国沿海地区涉外涉港澳经济审判工作座谈会纪要》[1] 中承认同一事件可以存在多个请求权，但是只允许当事人择一起诉，不允许合并起诉或者就同一事实另行起诉。简单地说就是在实体法上承认存在多种请求权[2]，但程序法中限制行使。由于该文件只是纪要，效力有限，适用范围也只是涉外、涉港澳经济案件，颁布时间较早，所以影响力不大。《合同法》第 122 条[3] 承认了违约请求权和侵权请求权可以并存，但当事人不能合并提出，只能择一提出，一

〔1〕 该纪要规定：两个诉因并存的案件的受理问题。一个法律事实或法律行为有时可以同时产生两个法律关系，最常见的是债权关系与物权关系并存，或者被告的行为同时构成破坏合同和民事侵害。原告可以选择两者之中有利于自己的一种诉因提起诉讼，有管辖权的受诉法院不应以存在其他诉因为由拒绝受理。但当事人不得就同一法律事实或法律行为，分别以不同的诉因提起两个诉讼。

〔2〕 该规定中使用的是“诉因”的概念，这一概念一般被认为是英美法系的提法。

〔3〕《合同法》第 122 条规定：因当事人一方的违约行为，侵害对方人身、财产权益的，受损害方有权选择依照本法要求其承担违约责任或者依照其他法律要求其承担侵权责任。

次起诉[1]。《产品质量法》第42条[2]规定因产品质量问题造成损害没有允许受害者提起合同请求权，只允许当事人提起侵权之诉，相当于禁止了两个请求权的竞合，而且该条也明确限定了请求赔偿的范围。有学者认为，在以前法官素质普遍不高的情况下，通过部门立法分别限制请求权竞合的方式有利于保证裁判的确定统一。

二、司法实践中对请求权竞合的处理

由于我国实体法和程序法都没有对请求权竞合如何处理作出统一规定，所以司法实践中既有允许请求权竞合的情况，也有不允许请求权竞合的情况。有学者认为在商标侵权和不正当竞争纠纷案件中，原告诉前也没有把握证明被诉行为属于侵权行为或不正当竞争行为，于是就在事实和理由部分列出两项请求权基础，让法院合并审理，法院也允许了原告的做法[3]。有些案件中，法院并没有允许原告提出多项请求权，请求权主张错误可能导致不予受理或驳回起诉，最高人民法院在《关于辛克伟与张晓杰抚

〔1〕 该条存在的问题是明显的：①根据该条，违约责任的证明是必须的，因为该条规定只有在违约责任成立的情况下，对方当事人才有选择的权利，也就是说如果当事人依据该条向对方主张侵权请求权，事先也必须证明违约事实的存在；②依据该条，一项请求权的行使必须以另一项请求权的失去为代价，当事人只要选择了一项请求权，即使失败，也不能主张另一项请求权。而一项请求权行使的结果往往难以预料，这样规定难谓合理。

〔2〕 《产品质量法》第42条规定：由于销售者的过错使产品存在缺陷，造成人身、他人财产损害的，销售者应当承担赔偿责任。销售者不能指明缺陷产品的生产者也不能指明缺陷产品的供货者的，销售者应当承担赔偿责任。

〔3〕 严仁群："实体法：请慎入程序法之域——以民事责任竞合为例"，载《法律科学（西北政法大学学报）》2010年第3期。

养子女纠纷申请再审案的函》[1] 体现出了这种思路。

对请求权竞合案件的审理在一定程度上会受到案由制度的影响。2001 年 10 月 30 日最高人民法院发布了《民事案件案由规定》，并于 2008 年 2 月 4 日和 2011 年 2 月 18 日对该规定进行了两次修改，逐步建立起了规范的案由制度。根据该规定，民事案件的案由是民事案件名称的组成部分，通过案由能反映出纠纷涉及的法律关系的性质，概括提炼争议法律关系[2]。案由的主要作用是便于当事人参加诉讼，正确认识案件性质，选择正确的法律依据，有利于人民法院在案件审理中规范统一地适用法律，便于对案件的分类和法院内部各业务庭之间的分工，便于司法统计等[3]。从案由在《民事诉讼法》中出现的情况来看，“案由”主要是出现在第 136、137、152、165 条，从这些条款的内容中可以看出，案由在诉讼中主要发挥程序性的作用，而不是实质性的作用[4]。《民事案件案由规定》提到了请求权竞合问题：在请求权竞合案件中，允许当事人自己选择请求权并确定案由。这说明该规定承认请求权竞合的情况存在，但如何处理，态度不明

〔1〕“……张晓杰以‘侵害监护权’为由起诉，原一、二审人民法院以‘侵权’案件受理、审判，均属不当。故你院对本案可依照审判监督程序予以提审，撤销一、二审判决，驳回原告‘侵权’的诉讼请求，并告知原告如以子女抚养纠纷起诉，应依照《民事诉讼法》第 22 条规定，向被告住所地人民法院提出……”

〔2〕“最高人民法院关于印发修改后的《民事案件案由规定》的通知”，载《司法业务文选》2011 年第 13 期。

〔3〕孙佑海、吴兆祥、黄建中：“2011 年修改后的《民事案件案由规定》的理解与适用”，载《人民司法》2011 年第 9 期。

〔4〕赵慧、魏敬贤：“论民事诉讼案由的确定主体”，载《政法论丛》2010 年第 5 期。

确。按照此条，在存在请求权竞合的情况下，当事人择一起诉肯定没问题，但是否允许当事人选择多个案由[1]，或者说是否允许当事人在同一案由之下列举多项请求权，该规定未明确表态。根据该规定，案由的作用应该只是给案件“起名”，但在司法实务中却发挥了限定请求权基础的作用。比如在租赁合同纠纷中，当事人基于租赁合同纠纷已到期，要求返还租赁物，同时又基于物权请求权要求返还租赁物，法官很有可能阻止当事人提出物权请求权。理由是物权纠纷不在合同纠纷案由的审理范围之内，如果当事人想提出物权请求权，应该重新起诉，重新确定案由。法官这种做法是否恰当姑且不论，但因此给当事人造成的风险却不应不做出慎重考虑。

第二节　债权人对股东请求权在诉讼中的主张方法

在现行法律框架下，债权人对股东会存在多个请求权，存在多个请求权本身在实体法中不会产生任何问题，因请求权竞合产生的问题都是发生在程序法中，发生在传统诉讼标的理论之下。公司债权人在现行法律框架内如何主张权利不仅仅涉及实体法，也不仅仅是不同请求权间比较的问题，而是必须考虑到与《民事诉讼法》的衔接和协调。请求权不同的主张、不同的行使方法会有完全不同的结果。

---

〔1〕在实务中，民事案件立案时是不可能选择多个案由的，因为目前全国法院系统都采用办公系统立案，同一案件无法对两个案由进行操作。

一、选优择一

这种方法首先承认在实体法的不同制度之下确实可能存在着多个请求权，不同的请求权能够满足不同的构成要件，但是在诉讼中不主张多个请求权，而是择其优者行使，放弃其他请求权。这种方法的理论基础是请求权自由竞合论，这种理论允许、承认同一事实可以引起数个请求权，各个请求权可以并存；在构成要件、赔偿范围、诉讼时效等方面各自独立；可以分别主张、同时主张、先后主张，完全由权利人自由决定。一个请求权行使受阻，其他请求权还可以行使；一个请求权获得满足，其他请求权随之消失[1]。

这种方法的优点是：

第一，能够为现行民事诉讼制度容纳。我国大部分学者认为我国民事诉讼标的理论沿袭了德日的传统民事诉讼标的理论[2]，认为诉讼标的就是原告在诉讼中所主张的请求权[3]。择一请求权的行使能够清晰、明确地识别诉讼标的，符合现行《民事诉讼法》规定的受理条件——一案一诉，按照一个请求权提出诉讼请求，不至于因起诉不符合受理条件而遭到不予受理。

第二，便于论证。因为只选择了一项请求权基础，构成要件

---

〔1〕 段厚省：《请求权竞合要论——兼及对民法方法论的探讨》，中国法制出版社2013年版，第154页。

〔2〕 段厚省：《请求权竞合要论——兼及对民法方法论的探讨》，中国法制出版社2013年版，第210页。

〔3〕 段厚省：《请求权竞合要论——兼及对民法方法论的探讨》，中国法制出版社2013年版，第206页。

已经十分清晰、明确，诉讼时效、举证责任、管辖法院等已经十分确定，在诉讼中便于法院了解当事人的思路，也便于对方当事人防御。比如债权人决定以《公司法》第20条第3款作为法律依据，案由可以十分明确地确定为《民事案件案由规定》第八部分：与公司、证券、保险、票据等有关的民事纠纷——与公司有关的纠纷——股东损害公司债权人利益责任纠纷，债权人可以紧紧围绕《公司法》第20条第3款的构成要件论证，亦可以按照公司纠纷确定管辖，完全不用考虑侵权、代位权、法定请求权的问题，便于攻击、防御。

缺点在于：

第一，自行放弃了其他请求权。择一选择请求权法要求债权人在起诉之前清晰地了解案情，了解各项请求权基础的优缺点，拥有良好的法律技能，但当事人并非法律专家，即使法律专家事先也不敢十分确定哪种请求权更有利。诉讼中的情况比较复杂，很多问题只能经过庭审才能显现，事前很难判断，让当事人事前做出选择实际上就是让当事人做出放弃。

第二，导致重复诉讼，判决结果不确定，浪费司法资源。存在不同的请求权就可以在诉讼中形成不同的诉讼标的，构成不同的诉，如果债权人以侵权之诉起诉失利，理论上，再以代位权或者法人人格否认制度下的请求权起诉，法院也没有理由拒绝受理。最高人民法院《关于辛克伟与张晓杰抚养子女纠纷申请再审案的函》中也体现了这种观点。由此将必然导致重复诉讼，对股东同一行为重复审查，而且，由于案由不同，很有可能是由不同的审判组织进行审理，浪费司法资源[1]。同一事实经由同一审判组织审理结果不同，恐怕当事人很难接受，也影响司法权威。而另一方面，如果说重复审理中只是给当事人和法院制造麻烦也就罢了，实际在司法实务中，基于同一事实的重复起诉很可能因一事不再理原则遭遇不予受理[2]。从理论上讲，诉讼标的不同可以构成不同的诉，变更请求权应该不属于一事不再理的禁止范围，但法院不予受理，后面的程序就无从进行。即使在立案登记制的环境下也可能被驳回起诉。这造成了两难：如果审理债权人的再次起诉，会造成重复诉讼；如果不受理，债权人也没有办法。

二、竞合择一

这种做法理论基础是法条竞合说。该说是将刑法理论引入到民法领域形成的观点，该说认为，在同一事实引起多个请求权时，如果这些请求权目的只有一个，实际上竞合的不是请求权，而是法条，法条之间是一般和特殊的关系，真正的请求权只有一个[3]。该说的优点是显而易见的：

第一，依据该说公司债权人只能主张一个请求权，因为只有

---

〔1〕 在法院内部，不同业务庭分工不同，侵权纠纷案件可能在民一庭，公司纠纷案件可能在民三庭，各地、不同级别法院的分工会有不同。

〔2〕 有学者正确指出："有些法院不准许这样的后诉，并无法律依据，《民事诉讼法》中没有，实体法中也没有。"严仁群："宽待诉的变更"，载《江苏行政学院学报》2010 年第 4 期。

〔3〕 段厚省：《请求权竞合要论——兼及对民法方法论的探讨》，中国法制出版社 2013 年版，第 152 页。

一个请求权，其他请求权包含在这个请求权中，所以该请求权就只有一个构成要件，便于论证。

第二，不会导致重复诉讼。因为该说认为真正的请求权只有一个，按照传统的诉讼标的理论，也只能形成一个诉讼标的，当然就能够避免重复诉讼的问题。

这种方法的缺点更加明显，在刑法领域法条竞合是十分普通的情况，但在民法领域，各项民事法律制度很难被理解为法条竞合关系。比如债权人可能向股东主张代位权请求权，或者基于《公司法》第3条主张法定债务请求权，很显然，这两种请求权的构成要件完全不同，不可能存在竞合关系。如果强行将其理解为竞合关系，就将失去其他法律制度的独立价值，民法设立不同法律制度是有其目的的。在诉讼中，如果采用法条竞合说，论证过程就要包括两个部分：首先债权人要论证其主张的请求权比如代位权与侵权请求权是竞合关系，然后再论证股东的行为符合代位权的构成要件。这显然十分荒唐，能否证成姑且不论，即使证成又有何必要？直接主张代位权请求权就可以了。

三、混合择一

这种做法也是要求债权人只起诉一次，其学理根据在于请求权基础竞合说和请求权相互影响说。请求权基础竞合说认为，在发生多个请求权的情况下，相互竞合的不是请求权，而是请求权基础，除各法条是一般法与特别法的关系以外，不管法律后果的发生是适用侵权法抑或物权法，所导致的法律效果都是相同的[1]。这些竞合的请求权基础能够产生一个抽象的请求权，当事人所主张的诉讼标的就是这个抽象的请求权，具有多重性质，是混合多种请求权基础的产物。这种提法的缺点在于公司债权人很难向法院说明这个抽象的请求权是什么，构成要件为何。我们平常的理解是请求权的构成要件必须是具体明确的，抽象请求权的提法很难为人接受。即使法官能够接受，在论证具体问题时，仍要回到某一请求权的具体构成要件，这相当于又回到了起点。

请求权相互影响说认为在请求权竞合的情况下，可以存在多数个请求权，但当事人只能主张一个请求权，允许各个请求权之间相互影响。比如公司债权人提出法人人格否认请求权，按照《民事诉讼法》的管辖规定，应该在公司住所地法院或股东住所地法院管辖，但债权人希望以侵权制度或代位权制度确定管辖法院。按照请求权相互影响说，债权人也可以援引其他请求权基础中关于管辖的规定，按照有利于自己原则自行选择。再如，如果债权人认为侵权法律制度、代位权法律制度或者法定债务请求权制度在诉讼时效、证明标准、受偿范围等方面更有利，也可以以彼主张。这种理论与请求权基础竞合说的不同之处在于该说主张的仍然是一个具体的请求权而不是抽象的请求权，这个具体的请求权已经混合了其他请求权的“优点”。但其合理之处何在？有无具体法律依据？很难回答。请求权基础竞合说和请求权相互影响说都过于侧重理论方面的探讨，在其他有立法支持的国家或许

〔1〕 段厚省：《请求权竞合要论——兼及对民法方法论的探讨》，中国法制出版社2013年版，第181页。

可行，但在我国目前还很难奏效[1]。

以上几种方法都是在传统诉讼标的理论框架下从实体法角度寻求的解决方法，意在将存在的几个请求权证成一个请求权，以此保证诉讼标的的唯一性，避免重复诉讼等问题。但这种论证都不能完全让人信服。法条竞合说能够解决一部分问题，但是混合择一说很难应用于司法实务，在理论上也不能自洽。请求权竞合问题产生于实体法领域，但问题发生于程序法领域，追本溯源一般是我们解决问题的办法，但是实体法学者想要把这个问题解决在实体法领域的办法却行不通：直接通过立法的方法强制让当事人做出选择有欠公平，也不具有普遍意义；将多个请求权证成一个请求权又捉襟见肘。所以，只在实体法领域解决这个问题并没有另辟蹊径，而是削足适履。

四、合并请求

这种主张方法是在程序法领域提出的解决方法，是指在诉讼请求中笼统地提出一项请求，不具体体现出诉讼标的，也就是具体的请求权，而在事实和理由部分提出多项请求权基础支持诉讼请求。比如公司债权人在诉讼请求中只提出要求股东赔偿 20 万元，但不列明赔偿 20 万元是基于哪种请求权基础，是哪种类型的民事责任，在事实和理由部分提出法人人格否认、侵权请求权等理由，这种提法是建立在诉的合并理论基础之上的。诉的合并可分为选择性的诉的合并和预备性的诉的合并。选择性的诉的合

〔1〕 从上文统计的案例来看，实践中也存在混合多种请求权的案例，但这种混合应该不是成熟理论指导下的实践，而是实务中的误打误撞。

并允许当事人将多项请求权合并主张，分别论证，只要有一项请求权成立法官就可以做出支持诉讼请求的判决；预备性的诉的合并可以理解为是经过排序的选择性合并，要求原告将其所要主张的请求权进行优劣排序，在诉讼中要选择排序在前的请求权进行进攻防御，一旦失利，则转到排序在后的请求权，以此类推[1]。

这种方法的优点是：

第一，能够为现行起诉条件所容纳。现行《民事诉讼法》第119条要求起诉需具备具体的诉讼请求、事实和理由。诉讼请求在司法实务中一般被理解为原告所欲达到的具体的法律效果，比如债权人要求股东赔偿的具体数额，也可称为诉的声明，并没有要求列明唯一的诉讼标的。根据起诉条件，原告应在事实和理由部分陈述争议的事实，如债权人受到侵害、无法获得清偿，或者股东的认缴期畸长，故意不实缴出资等。在理由部分应提出支持诉讼请求的法律依据，但并未明确要求原告只能提出一种请求权基础，按照该条文义，提出多个请求权基础也并不明显违反该条规定，至少在起诉条件上说得通。《民事诉讼法》中其他规定也没有明确否定这种做法。

第二，能够解决重复诉讼的问题。由于在一个案件中容纳了全部的诉讼请求，原告就没有必要重新提起诉讼。可能存在的问题是，如果原告在诉讼中遗漏了请求权是否还能再提起诉讼，有学者认为，应以在前审中法官是否适当地释明为条件，如果前审法官已向当事人释明可以追加或变更其他请求权，而当事人放

---

〔1〕 段厚省：《请求权竞合要论——兼及对民法方法论的探讨》，中国法制出版社2013年版，第212页。

弃，则当事人便失去了再次起诉的机会；如果法官没有释明，则当事人仍有再次起诉的机会，也就是要以法官是否释明为条件[1]。实务中，如果允许当事人在一个诉讼中提出多个请求权，当事人应该没有必要一遍又一遍地重复起诉，还要承担不被受理的风险。

缺点是：

第一，其他请求权可能不予审理。提出一个诉讼请求而提出多项请求权基础的方式在受理条件方面应无太大问题，但在案件审理过程中却未必一帆风顺。我国民事诉讼中采用的仍然是传统诉讼标的理论，当事人所主张的请求权即是诉讼标的，请求权发生变化就意味着诉讼标的发生了变化，属于诉的变更，对于诉的变更应如何处理，是继续审理还是告知原告另行起诉，现行《民事诉讼法》没有明确规定，只是在第51条[2]做出了原则性的规定，《最高人民法院关于民事诉讼证据的若干规定》第34条[3]又将诉讼请求的变更变得更加严格。诉讼请求并非诉讼标的，诉讼请求的变更不等于诉讼标的的变更。但在实践中法院也会依据

〔1〕 吴英姿："诉讼标的理论'内卷化'批判"，载《中国法学》2011年第2期。

〔2〕 第51条：原告可以放弃或者变更诉讼请求。被告可以承认或者反驳诉讼请求，有权提起反诉。

〔3〕 第34条第3款：当事人增加、变更诉讼请求或者提起反诉的，应当在举证期限届满前提出。

此条阻止原告在诉讼中对诉讼标的做出变更[1]。法院还会经常使用《民事案件案由规定》阻止当事人变更请求权基础，因为请求权的变更导致案由变更，审判庭就“有理由”以该案不属于本案由审理范围为由阻止原告变更诉讼标的。法院的做法未必恰当，但这也是公司债权人必须考虑的诉讼风险。

第二，多项请求权不能兼容在一个诉中。民事法律制度的目的各不相同，所要求的构成要件、证明责任、诉讼时效也各不相同，不同的请求权也许不能在一个诉讼中兼容和表达出来。比如公司债权人同时向股东基于《公司法》第3条主张了法定债务请求权和侵权请求权，法定请求权只要求股东在认缴的范围内承担责任，而侵权请求权可以要求股东按实际造成的损失承担赔偿责任，两者数额不同，又不能分别提出赔偿数额。这些都会导致诉讼时的龃龉。

本章小结

在股东不实缴资本的情况下，债权人面临多个请求权可供选择，不同事实，适合不同的请求权。在请求权竞合的情况下，债权人如何正确地主张请求权，对于债权人利益的实现十分重要。

---

〔1〕 法院阻止原告变更诉讼请求可能是考虑到原告在诉讼中做出这种变更会使被告措手不及，造成对被告不公平。但我国已有学者从兼顾双方利益、程序政策等方面论证在诉讼中做出变更不违反现行《民事诉讼法》的规定。法院严苛对待诉讼变更是不恰当的。参见严仁群：“宽待诉的变更”，载《江苏行政学院学报》2010年第4期。

选优择一法符合现行民事诉讼立法的规定，但要求债权人事先对案情和各种请求权有准确的把握；合并请求法能够良好的兼容多个请求权基础，但也面临主张和审理时的困难。竞合择一法和混合择一法意图通过实体法的途径保持诉讼标的的唯一，但都存在缺少立法支持、难于论证的困境。请求权竞合行使问题的解决有赖于程序法和实体法的结合，单方面入手很难奏效，同时也要充分考虑司法实务中的做法。有程序法学者从变革传统诉讼标的理论的角度提出了建设性的意见，这些意见的发展，对于解决请求权竞合时的行使问题都将发挥重要作用。

第八章　加速到期——公司债权人对股东待缴出资求偿困境的终结

上文阐述了在现有法律框架内，债权人能够向股东主张的几种请求权，几种请求权分别存在着一定的局限性，在现行法律制度框架内，缺少有效的向待缴股东追究责任的制度，这一困境的解决，有待于加速到期制度的建立。

第一节　加速到期制度概述

一、加速到期制度在我国法律制度中的体现

加速到期制度一般指法律或当事人约定的债务履行期限尚未届满，由于发生了特定的法定或约定事由，忽视债务人的期限利益，让债务人提前履行债务的制度。加速到期制度在我国现行法律中已有体现。

《破产法》第35条规定："人民法院受理破产申请后，债务人的出资人尚未完全履行出资义务的，管理人应当要求该出资人缴纳所认缴的出资，而不受出资期限的限制。"

《合同法》第167条规定："分期付款的买受人未支付到期

价款的金额达到全部价款的五分之一的，出卖人可以要求买受人支付全部价款或者解除合同。出卖人解除合同的，可以向买受人要求支付该标的物的使用费。”

《合同法》第248条规定：“承租人应当按照约定支付租金。承租人经催告后在合理期限内仍不支付租金的，出租人可以要求支付全部租金；也可以解除合同，收回租赁物。”

《公司法司法解释二》第22条规定：“公司解散时，股东尚未缴纳的出资均应作为清算财产。股东尚未缴纳的出资，包括到期应缴未缴的出资，以及依照公司法第二十六条和第八十条的规定分期缴纳尚未届满缴纳期限的出资。”

另外，在1981年实行的《经济合同法》第40条规定：“借款方不按合同规定归还贷款的，应当承担违约责任，并加付利息，借款方不按合同规定使用政策性贷款的，应当加付利息；贷款方有权提前收回一部分或全部贷款。”1985年国务院通过的《借款合同条例》第15条，《贷款通则》第70条、71条、72条均规定了加速到期条款。

加速到期制度也为国外立法所普遍承认：瑞士《债务法》第228条、德国《分期付款买卖法》均规定，买受人如果连续两次迟延给付，且迟延给付货款的总额超过全部货款的十分之一时，出卖人可以主张买受人加速到期。日本《割赋贩卖法》规定，买受人未适当履行分期付款义务时，卖方可以书面形式进行催告，买方经催告仍不履行债务的，卖方可以主张加速到期或解除合同。我国台湾地区“民法”第389条规定，在分期付款买卖合同中，在买受人连续两次迟延支付价款，且迟延支付的总价款达到全部价款的五分之一时，卖方可以主张支付全部货款。

除了由法律作出明确的规定之外，在商业贷款等合同中，也普遍存在着加速到期条款，约定当债务人不能按期履行付款义务时，债权人有权要求全部债务人履行全部义务。

二、现行加速到期制度的特点

（一）加速到期制度并非一项统一规定的制度，而是分布于各部门法中

我国的《民法通则》等基本法中并未统一规定加速到期制度，因不同的法律制度、不同的合同性质、内容各不相同，加速要求债会明显对债务不利，也违反当事人关于期限的约定，所以不可能在基本法中作出统一规定，而在部门法、个别领域做出调整。这也符合世界上其他国家的立法例。比如我国台湾“民法”第389、390条、日本《割赋贩卖法》、德国《分期付款买卖法》均有关于加速到期的规定。奥地利、法国也有立法规定加速到期制度[1]。

（二）加速到期需要法定事由的出现

债务提前到期须出现法律规定或当事人约定的约定事由，比如我国《合同法》规定在分期付款买卖合同中，只有当债务人未支付价款达到全部价款的五分之一时，债权人才可以主张加速到期；《破产法》第35条要求只有在受理破产案件后，作为债务人的公司，有尚未缴纳出资的出资人时，出资加速到期；《贷款

〔1〕 姚欢庆：“《合同法》第167条规范宗旨之错位及补救”，载《浙江社会科学》2007年第2期。

通则》规定，只有发生借款人违反贷款约定的使用用途、违法使用贷款、提供虚假证明资料骗取贷款的，贷款人才有权要求借款人提供偿还借款。

（三）约定产生加速到期借款

当事人之间可以约定产生加速到期条款。比如招商银行在《个人贷款合同》中就列举了13款借款人违约事项，如果借款人有合同约定的违约行为，招商银行可以根据合同约定要求债务人提前偿还贷款[1]。

（四）加速到期条款产生的法律后果是债务加速到期，提前偿还债务，债务人丧失期限利益

期限利益是在期限到来之前当事人享受的利益[2]，一般情况下，当事人的期限利益因当事人的约定产生的，保护期限利益相当于维护了当事人的意思自治，遵守了合同效力，期限利益是必须予以维护的，不论是债权人还是债务人都应遵守合同中关于期限的约定。而加速到期制度的法律后果恰恰是要求债务人提前履行债务，忽视债务依约定产生的期限利益，由法律规定的加速条款，这是一种公权干预的做法。在加速到期条款中，往往也同时赋予债权人解除合同的权利，允许债权人在解除合同和要求债务人提前履行债务之间做出选择，但这种条款应属于赋予法定解除权的条款，与加速到期条款在内容和后果方面均十分不同。

〔1〕严瑾："论银行借款合同中的加速到期条款"，广西大学2013年硕士学位论文。

〔2〕［日］山本敬三：《民法讲义》，解亘译，北京大学出版社2012年版，第272页。

（五）加速到期制度目的的二元性。加速到期制度的目的具有二元性，既可能立足于维护债权人为目的，也有可能立足于维护债务人利益。比如在分期付款买卖合同中，普遍存在着加速到期条款，从表面上看，似乎意在维护债权人利益，实则是对债权人权利滥用的限制。因为分期付款买卖合同的卖方往往是实力雄厚的大宗商品供货方，房地产开发商、材料供应商，买方是分散的消费者，卖方在享受信用消费所带来的巨额利润时，往往将风险全部推给消费者，在合同中约定明显不利于消费者的条款，如加速到期条款，解除合同但不返还已支付货款条款和保留所有权条款。显然这些条款对买受人极为不利，英美法系曾经认为买受人分期付款的期限利益不可侵犯，否定加速到期条款的效力，大陆法系也曾经否定加速到期条款的效力。但这种做法的结果却适得其反，抑制了信用交易的发展，对买方和卖方利益的保护均十分不利，不能起到促进交易的效果。所以后来两大法系都承认并规制了加速到期条款。一般规定只有在连续两次欠缴，且欠缴货款数额达到全部货款的五分之一时，卖方方可主张加速到期。可见，这种加速到期条款主要目的在于保护买受人，防止债务人受到债权人的欺压。而在另外一些加速到期条款中，加速到期的主要目的则在于保护债权人，比如我国《物权法》第 193 条规定“抵押人的行为足以使抵押财产价值减少的，抵押权人有权要求抵押人停止其行为。抵押财产价值减少的，抵押权人有权要求恢复抵押财产的价值，或者提供与减少的价值相应的担保。抵押人不恢复抵押财产的价值也不提供担保的，抵押权人有权要求债务人提前清偿债务。”明显是有利于抵押权人的规定。《破产法》

第35条所作出的规定目的也在于维护债权人的利益。

第二节　认缴制的平衡阀——加速到期

一、认缴制的制度功能与不足

公司注册资本认缴制是我国深化工商登记改革、保障创业创新以释放制度改革红利的一大举措，是2013年10月25日国务院李克强总理主持召开国务院常务会议部署推进的公司注册资本登记制度改革的五项措施之一，即“推进注册资本由实缴登记制改为认缴登记制，降低公司开办的成本”。随后，全国人大常委会于2013年12月28日通过了《关于〈修改公司法〉的决定》，将注册资本由实缴制改为认缴制，确立了注册资本认缴制。尽管认缴制的出台事前没有经过公开征求学界意见而备受诟病，正如绪论中所引，有学者称其为“一次误将卵巢当阑尾切除的资本制度改革手术”、“一项空手套白狼的公司法改革措施”〔1〕，但是在该制度实施了将近2年之后，不管对现行资本制抱有什么样的态度，也必须接受“生米煮成熟饭”的事实，心平气和地审视其实际功能以及不足，则是公司法学界学术研究义不容辞的责任。

就认缴制的制度功能实现问题来看，实行认缴制后，确实降低了投资创业的门槛，有利于投资者投资设立公司。由于注册资

〔1〕甘培忠：“论公司资本制度颠覆性改革的环境与逻辑缺陷及制度补救”，载《第三届公司法司法适用高端论坛论文集》。

本实施认缴制之后，注册资本的数额、缴纳期限完全实行当事人意思自治，无需立即实缴，激发了投资者投资创业的热情，任何人均可依法办理公司登记开办公司，如绪论所述，全国各地市场主体登记甚至出现大幅增加，促进了经济的转型发展。实行认缴制后，也在一定程度上实现了预期的工商登记机关简政放权，转变职能，划清政府与市场及企业界限的目的。

但是与此同时，认缴制实行后，反而加大了股东风险。由于公司资信不足，公司在开展营业时，往往被债权人要求由股东提供担保，发生争议时涉及公司及诉讼的案件不断增加。根据福建省高级人民法院一位审理公司纠纷案件的民二庭法官介绍，“从去年到现在，我在审理案件过程中发现一个问题：案件当事人变多了。多出来的是哪些当事人呢？大部分是公司股东因对公司债务提供担保而被列为当事人”[1]。这折射出认缴制的不足，即由于资本实行认缴制后，公司因资信不足，债权人为了保障交易安全要求股东予以担保，以便在公司无法承担偿债责任时，由股东承担连带偿还责任。股东被不断要求作为担保人参与市场交易的实质在于，公司因注册资本可以由股东任意认缴而出现信用短缺，市场交易难以认可其信用，因此股东被不断要求对债务承担担保责任。在此情况下，对于投资人来说，他所承担的责任甚至远远大于注册资本实缴制下的投资责任，认缴制固然给予股东有限责任的保护，但由于得不到市场的认可，股东结果承担了更多

〔1〕 详见刘炳荣法官在“第三届公司法司法适用高端论坛”单元讨论“认缴资本制与股东出资义务和责任”（主持人为陈甦、程合红）上的发言，载《中国工商报》2014 年 6 月 17 日，第 3 版。

更大的责任，付出了更大的成本。而这些问题的症结就在于认缴制实施后，实缴和待缴之间的紧张造成的。

因此，我们固然要看到认缴制实施后积极的一面，即股东投资办公司在工商登记方面是低门槛，但进入市场交易却因资本待缴反而被抬高了门槛。固然，如果交易顺利，债权人实现其债权，公司获得营利，被要求提供担保的股东也并未因提供担保而遭受任何不利。但是，如果交易失败，公司因经营困难而陷入偿债困境时，被要求提供担保的股东此时承担的担保责任甚至远远大于其认缴的资本或待缴的资本，使得投资的有限责任保护反而变成了无限责任，甚至导致那些股东家庭生活也随之陷入困境或破裂。对于认缴制本身的制度不足，如果能规定在公司偿债不能时，股东待缴资本加速到期，那么，同样在降低门槛的情况下，不仅依然能激发创业，又能在公司偿债不能时，给债权人以同原来注册资本实缴制下同样水平的保护，更能因减少对股东的担保要求而使得股东真正得到有限责任的保护。

二、股东待缴出资加速到期的正当性分析

如前所述，认缴制的不足在于因待缴资本期限可能不敷公司偿债所需，在缺乏待缴资本加速到期措施配合下，在制度实施过程中投资者承担的成本反而更高了。如果不加以矫正，认缴制的负面因素将对经济发展、社会稳定的负面影响越来越大。笔者认为，对此问题进行矫正的办法也很简单，即引入待缴资本加速到期制度，以与认缴制并行使用。加速到期并不是对认缴制的否定，而是更加扬认缴制所长、避认缴制所短。因为，在认缴制

下，如果公司运行健康，偿债能力充足，那么作为股东的投资者仍在享受认缴制给其带来的资本可以任意待缴的好处；而如果公司经营不善，偿债发生不能，由于待缴资本的加速到期提供了注册资本实缴制下同样对债权人利益的保护，从而减少了由于公司资信不足被债权人要求承担担保责任的可能，避免了投资由有限责任变成无限责任，避免家庭生活因投资失利造成的不利影响，依然控制住投资风险的底线。

对于股东待缴出资加速到期的正当性问题，笔者进一步分析如下：

首先，从利益衡量的角度看，加速到期制度的引进是实现多赢而不是多输的结果。认缴制用到极阴暗处，无非就是任你公司负有多少债务，只要作为股东的出资待缴期限尚未届满，我就岿然不动有权拒绝缴纳出资。那么，这就逼得债权人去申请公司破产，因为公司一旦进入破产程序，根据《破产法》第35条的规定，债务人的出资人尚未完全履行出资义务的，管理人应当要求该出资人缴纳所认缴的出资，而不受出资期限的限制。对公司、公司股东来说，将公司债权人逼上梁山，等于也把自己逼上绝路。因此，与其等到破产时待缴出资依旧因加速到期而同样缴纳，举重以明轻，还不如在公司偿债不能时放弃期限利益，通过出资加速到期以解决公司的偿债危机，保全投资事业，“留得青山在，不怕没柴烧”，度过眼前的困难，保住长远的利益。也正是基于此种多赢而不是多输的法益衡量理由。笔者认为，那种持“债权人仅以自己对公司债权没有获得清偿为由，要求股东提前履行出资义务，实质是剥夺了股东的期限利益，不具有正当性"[1] 的观点，在现行的法律框架内自然十分符合逻辑，另一方面，似乎限于形而上学。即便债权人不申请公司破产，在进入执行程序后，由于执行程序在很多方面与强制清算程序、破产程序具有极大相似性，主要处理的就是公司债务的清偿分配事宜，因此可以参照《公司法司法解释二》第22条、《破产法司法解释二》第20条以及《破产法》第35条的规定[2]，"在公司已无财产可供执行的情形下，即使股东未届出资缴纳期限，但仍继续适用《执行规定》第80条，将'出资不实'理解为'未缴纳出资'，追加变更该股东为被执行人，要求其在已认缴但未实际缴纳的出资范围内承担公司债务"[3]。

其次，从认缴的担保功能以及公司法的体系及目的解释，也可以得出在公司偿债不能时待缴出资应当加速到期的结论。从认缴对公司是担保的功能角度看，公司股东认缴公司资本并根据公司法规定"以其认缴的出资额对公司承担责任"，在认而未缴的范围内，实际上是对公司对外担责的一种保证承诺，作为第三人的债权人基于对该种保证承诺的信赖而与公司发生交易，其信赖利益理应得到优先保护。而从法律的目的解释及体系解释来看，《公司法》第一条明确规定其立法目的是规范公司的组织和行为，"保护公司、股东和债权人的合法权益"，该法第三条规定

---

〔1〕 俞巍、陈克："公司资本登记制度改革后股东责任适法思路的变与不变"，载《法律适用》2014年第11期。

〔2〕 这些规定均为出资人出资义务加速到期的规定。

〔3〕 张元："《公司法》资本制度修改对执行程序的影响"，载《法律适用》2014年第10期。

公司“以其全部财产对公司的债务承担责任”、“有限责任公司的股东以其认缴的出资额为限对公司承担责任；股份有限公司的股东以其认购的股份为限对公司承担责任”，那么，在公司偿债不能时，公司就负有以其全部财产对债务承担责任的责任，而股东认缴的出资额因属于公司的财产就负有即时缴纳以便用于偿债。股东丧失待缴出资的期限利益，这是公司、股东承担责任的必然结果，换言之，待缴资本加速到期这也是解读公司法立法目的及基本原则固有的题中之意。

再次，企业经营实际上是一项冒险的事业，公司资本可以实行认缴，股东出资也可以待缴，但是，作为常理，股东投资应量力而行，公司有多大财力就做多大生意。公司因认缴及生意经营而陷入偿债不能，表明公司超出其承受能力从事经营，将风险不当推给交易对方，而作为公司的股东在对公司具有决策权、享有知情权、特别是自身同时兼任公司高管人员参与经营的情况下，与公司对此过度风险的经营同样知情、同样负有过错，在冒险经营失败后又允许其以出资期限尚未届满而拖延承担偿债责任，等于置诚信原则完全于不顾，且使公司及其股东因其过错还能获益，违背了“任何人不得因其过错而获益”的基本法理。因此，在此种情况下，应当让待缴出资加速到期，才能真正实现交易正义。

最后，从现有立法来看，加速到期制度是广泛存在的。实际上，在《公司法》中也早已确立了加速到期的制度。《公司法司法解释二》第22条第1款规定：“公司解散时，股东尚未缴纳的出资均应作为清算财产。股东尚未缴纳的出资，包括到期应缴未缴的出资，以及依照公司法第二十六条和第八十条的规定分期缴纳尚未届满缴纳期限的出资。”该条规定的也正是加速到期的制度，只不过限于公司解散的情形。制度根据社会需要而创设。在认缴制需要创设加速到期制度以纠正其制度偏差时，也理所当然应当予以创设。

诚然，加速到期的结果就是股东出资认缴期限约定的失效。构建加速到期制度的正当性上文已述，公司章程或/和发起人协议中应有关于认缴期限的约定，该约定为何在公司偿债不能时失去效力呢？笔者以为，股东投资设立公司从事经营必然涉及第三人，股东出资认缴期限的约定涉及第三人利益、涉及社会交易秩序的安全。股东们在订立出资协议或在公司章程之上签章时，他们对此情况是心知肚明的。在英美法系下，这属于合同的默示条款。法律作为诚信商业精神的呵护者，在该约定明显会发生背信弃义损人利己的结果时，理所当然应否定其效力。

第三节　加速到期制度构想

一、加速到期制度的适用条件

作为注册资本认缴制功能不足的弥补器，要与该制度共同发挥作用，加速到期首先面临的问题是其适用条件如何。笔者认为，加速到期毕竟是认缴制的匹配制度，为避免其适用的张力过大，以致于消弭认缴制所释放的改革红利，必须严格规定其适用条件，使之运行于恰如其分的制度轨道上。

首先，不言而喻的是，债权人对公司拥有合法的到期债权。如果债权人与公司之间的债权不合法，例如与公司从事的是违法犯罪的走私生意，或者是损害社会公共利益的生意，例如进口洋垃圾，那么，即便债权人对公司所拥有的债权到期，因其性质不合法或损害社会公共利益，也不予保护。

其次，公司对所负的到期债务陷入偿债不能的困境。如果公司并非偿债不能，通过其合理时间的经营周转，仍能偿还债务的，债权人不能主张加速到期。对于合理时间的界定，笔者认为，宜在债权到期满 6 个月或 1 年的范围内确定。太短，对公司经营不利，太长，则对债权人不公平，或者是给待缴股东转移财产创造了条件。

再次，公司股东尚未完成对公司的出资，处于待缴状态。在认缴制下，股东可以自由确定出资缴纳数额及期限。如公司发生偿债不能的困境，必须尚存在其股东仍有待缴之出资，否则，加速到期失去基础。

最后，为向公司作倾斜保护，还应存在公司偿债不能有致其面临被宣告破产的现实危险。对于公司陷入偿债不能时，除了前述偿债不能的合理时间确定之外，还必须存在公司有面临被宣告破产的现实危险此种质的要求，股东待缴资本才能加速到期。何谓“被宣告破产的现实危险”，笔者认为，应以我国破产法规定的破产原因为准。我国《破产法》第 2 条规定了两种破产原因，即“企业法人不能清偿到期债务，并且资产不足以清偿全部债务或者明显缺乏清偿能力的”。如果公司负债偿还不能，尚未达到破产原因规定的程度，这表明公司通过合理时间的经营，还有能力偿还所负债务，因此不宜让待缴出资即行加速到期。

对此标准界定，或有论者可能质疑如果公司已面临破产，通过目前的破产或公司解散中业已规定的加速到期制度即可解决，何须叠床架屋，又来加速到期的规定呢？笔者以为，要去适用公司破产或解散中的加速到期制度，前提是公司得进入破产或解散清算程序，破产清算程序旷日持久，这种多输的结果不是各方所愿意看到的。而如前所述，公司如果偿债不能进入执行程序，由于执行程序重在强制执行财产以清偿债务，其结果等同于公司破产或解散清算。为避免此种对各方均为不利的后果，创设公司法中一般情形下的待缴出资加速到期制度，有利于公司债权人实现债权，也可敦促公司、股东善意经营，量力冒险，主动履行债务，减少或尽可能避免进入司法程序高成本低收益甚至负收益的惨局。否则，如果不创设此种公司法中一般情形下的待缴资本加速到期制度，公司或股东可能不自量力过度冒险经营，将风险转嫁给债权人及社会，并因公司资信不足而被要求提供股东担保，或者股东被要求担保的概率高于注册资本实缴制的情形，其结果是公司可能破产、股东也实际并未得到法律所提供的有限责任的保护、进而拖累股东家庭生活及社会稳定。

二、加速到期权利的行使

公司债权人对待缴出资的股东应当如何行使加速到期的权利呢？

（一）权利的行使时间

应当是公司对到期债权无法偿还达 6 个月至 1 年。考虑到公司经营活动有款项回收的时间需求，有融资贷款的时间需求，有继续经营创造新收益以便偿还债务的时间需求，以及在生意实践中，由于彼此存在客户伙伴的关系及将来继续合作的可能需要，给予公司偿债6个月至1年的“宽限期”，应当是合理的。如果公司偿债不能超过6个月至1年，那么，股东待缴出资加速到期则是应当的，否则便会产生股东担保被增加及股东有限责任被破坏的情形了。其实，制度的设计也应当如“父母之爱子，则为之计深远”，否则对社会致害亦深！

（二）针对哪些股东

公司债权人在行使加速到期权利时，是针对全体股东，还是针对个别待缴股东行权？

只针对个别待缴股东行权的理由是：

第一，《公司法》明文规定，股东以其认缴的出资额为限承担责任，除此以外，不再承担任何责任。只对个别待缴股东主张其待缴出资加速到期，可以使股东承担的最大责任维持在其认缴的数额之内，不需要股东对其他股东认缴的出资承担责任，符合有限责任的立法宗旨。股东在认缴设立公司时，也不需要担心其他股东认缴的认缴数量，因为不管其他股东认缴多少，也不会殃及自身。

第二，对债权人而言也不无益处，债权人可以自行决定向实力雄厚的待缴股东主张权利，只要债务获得清偿即可，无需关心其他股东。如果某个股东的待缴资本不足以清偿债务，还可以继续追索其他待缴股东，直到债权获得清偿或全部待缴出资都已加速到期。

第三，鼓励股东尽早实缴，在公司发生经营困难或营业急需时，可以刺激股东尽早实缴出资，以使公司尽早恢复正常经营，否则，不但公司会陷入经营困顿，待缴股东也难免被债权人送上法庭，与其被债权人“折腾”，不如向自己人“缴械”。实缴之后，不管公司与债权人发生何种债务纠纷，都可以高枕无忧。

第四，避免股东之间发生纠纷，因为股东各负其责，也就避免了股东之间的相互追偿。

缺点在于：

第一，各个股东相互独立，互不救助，导致公司倾覆。比如其他股东都已经实缴，只有个别股东认缴了远期大额出资却没有出资能力，而此时由于他人都已实缴，债权人只能向此待缴股东主张请求权，若未受偿，债权人就可能申请公司破产，覆巢之下，便无完卵。

第二，导致不公平。债权人在选择追偿对象时自然选择有实力、易于受偿的股东，这样会导致越是愿意配合债权人的股东越是被债权人追偿，人善被人欺，越是“钉子户”，越是绕路而行。有些待缴股东每天惶惶不可终日，有些待缴股东却逍遥自在。

针对全体股东主张行权的理由是：

第一，股东出资协议本质上是合伙协议，应当向全体待缴股东追偿待缴资本，全体待缴股东对待缴资本承担连带责任，各已缴股东或承担待缴出资责任超过其出资认缴比例或内部分红比例约定的，有权向其他股东追偿。如此设计责任的理由是，公司是以全部财产对外承担责任的，既然股东之间对投资设立公司是合伙性质的关系，如果只向未缴纳出资的股东或者只按照股东之间的出资认缴比例各自承担按份责任，由于各股东财产状态不同，将仍有可能致公司对外无法清偿欠债，并最终导致公司破产、投资事业失败。对内部关系的股东之间科以连带责任，符合合伙责任原理，且能保全其投资事业。至于股东担责超额问题的追偿，由于股东之间具有人合性，并且存在共同的利益，其内部责任的承担可以通过其内部股权比例、分红多寡或抵扣甚至无偿帮助予以解决，但在对外关系上应当承担连带责任以使公司、合作股东之间共渡难关。

第二，便于股东之间相互监督，慎重认缴。由于股东之间互负责任，“同气连枝”，如果某个股东认缴了天价出资，其他股东一定会阻止，因为一个股东的冒险行为完全有可能使全部股东倾家荡产。实际上可以起到法律虽对出资期限、数额不做要求，市场自己自会要求的作用，此时市场的监督，要比法律的监督有效得多。也正符合李克强总理所一直强调的该归市场的仍然回归市场[1]。

第三，方便债权人，“内化”矛盾。连带责任恐怕是所有债权人最喜欢的责任方式，要求各个股东在待缴总额内承担连带责任，只要债权人“捕获”一个股东，就可以使全部待缴资本“落网”。虽然这样可能使造成股东之间相互追偿，也只能由其“内化”处理，外部矛盾还是简单的。

缺点：

---

〔1〕 当然笔者并不完全同意李总理的一些提法，此处仅为说明问题。

第一，可能使一些股东甚至承担“无限责任”。由于此时要求，各个股东之间在待缴资本总额内承担连带责任，就有可能使某个股东承担了所有待缴资本内的债务，远远超过其认缴数额、待缴数额，这违反最基本的公司股东只在其认缴出资范围内承担责任的原理。即使该股东日后可能获得补偿，但那是另外一个问题。

第二，使股东之间的追偿复杂化。由于股东之间承担连带责任，可能导致股东之间相互追偿，此时如何分担责任可能比较复杂，是否股东赔偿债权人的数额少于其待缴数额，就不能向其他股东追偿，抑或赔偿数额需要在各股东之间分配。这些处理显然非常复杂。

以上两种做法都有道理，关键在于立法价值取向的选择。

（三）偿还数额

债权人所主张的偿还数额，不能超过公司的待缴资本总额，即使债权数额多于待缴资本总额也不能。否则，就相当于让股东直接承担无限责任。为便于债权人诉讼，允许债权人在诉讼中请求偿还全部债务，但法院最高只支持待缴数额。

（四）存在多个债权人时的处理

加速到期制度不同于破产法，不奉行平等偿还的原理，而是先到先得，由主张在先的债权人最先获得受偿；如果债权人同时主张，而待缴数额又不足以偿还全部债权，可以参考破产法中的平等受偿原则。

（五）归属

加速到期制度只是要求股东的出资加速到期，但却不当然导致加速到期的出资直接归于债权人，这似乎是饶了一大圈，打了个哑谜。笔者认为，将加速到期的出资直接归属于债权人显然有利于鼓励债权人的积极性，如果采用入库的做法，虽然使公司的资本更加充实，但实际上等于债权人白费了力气，挫伤了债权人的积极性。

（六）行使的方式

债权人对待缴出资加速到期权利的行使，不以诉讼为必要。通常情况下，可通过律师或公证人审核后致函债务人及其股东即可。有异议的，可通过法院或仲裁机构裁决。若经裁决表明律师或公证人审核不严胡乱致函的，则计入后者执业诚信纪录，以对后者产生制约。在服务收费上，以固定公允的收费为准，例如每单6000～10000元，这样不至于增加债权人的负担，也不至于对中介机构构成不当诱惑以致于铤而走险胡乱发函，干扰司法秩序。

最后，加速到期权利当然也可以放弃行使。在现实生活中，企业之间由于合作良好，其合作关系甚至维持十多年甚至数十年，在对方陷入困境时施以援手，放弃行权，共渡难关，这也应予以尊重。

三、加速到期制度的条文建议

公司债权人享有的对待缴出资的加速请求权，建议在将来公司修法时或在公司法司法解释中予以规定。其建议条文如下：

一、公司债权人请求待缴股东出资加速到期，偿还债务，符合下列条件的，应予以支持：

（一）公司债权人对公司享有的债权合法；

（二）公司未能清偿到期债务，时间满6个月至1年的；

（三）公司不能清偿到期债务，面临现实破产危险。

二、公司股东对待缴出资加速到期请求，在待缴总额内负连带责任。

股东承担的责任超过其待缴出资额的，可以向其他待缴股东追偿。

三、公司债权人可以通过律师事务所或公证机构向不能清偿债务的公司及其股东发出通知，要求即行缴纳待缴出资。受托律师事务所或公证机构应对委托事宜予以审核，符合法定通知情形的，予以通知，否则应承担执业失信责任。

本章小结

注册资本认缴制降低了市场准入门槛，但市场自有判断，股东为公司债务承担担保责任情形不断增加，反而破坏了法律赋予的投资有限责任保护，并产生消极的影响。宜引进待缴出资加速到期制度，使得实行认缴制并在公司陷入偿债困境时，公司债权人可以行使待缴出资加速到期权利，使债权人享有的债权实际保障不因市场准入门槛的降低而降低，合理平衡保护各市场交易主体的权利。

对于偿债不能面临破产现实危险的公司债务人，公司债权人有权致函主张待缴出资的加速到期。该权利行使不以诉讼为必要，可通过律师事务所或公证机构审核后发出行权通知。中介服务机构滥用审核及通知权利的，应计入执业失信纪录。

结 论

在现行公司资本制度下，由于认缴制自身所存在的弊端，债权人的权益面临着潜在的威胁，除采用完善信息公示制度、引入个人信用破产制度、构建社会信用体系等措施之外，应该从公司债权人自己的角度出发，研究在发生债权受损，而公司又有大量处于待缴状态的资本时，债权人应如何寻找、主张请求权。

《公司法》中法人人格否认制度下的请求权。法人人格否认制度下的请求权是《公司法》中一种比较传统的请求权，在现行公司资本制度下，股东认缴远期出资，长期不缴成为可能，公司实缴资本严重不足的风险显著增加，为法人人格否认制度的适用提供了广阔的空间。实践中应区分认缴期限的长短、认缴数额的多少、所在行业的状况综合判断，既不能轻易否定股东的正当利益，也要维护债权人的利益。最低资本制的取消并不妨碍以资本显著不足否认法人人格，没有确切的标准判断资本显著不足不严重影响实践中资本显著不足的判断，理论中有缺陷不必然导致无法实践。

在侵权请求权救济中，主要面临两个难题：①债权不能成为侵权法保护的对象，即使成为侵权法保护的对象，一般也会要求债权发生在前。②股东有限责任不能轻易击破。一般认为击破股东有限责任只能通过法人人格否认制度，股东的行为即使满足侵权责任的构成要件，如果受到股东有限责任的抗辩，结果也存在着不确定性。③某种请求权的适用，除了需要符合法律的规定之外，也需要实践中被反复、大量的运用。我国司法实践中已经出现了以《侵权责任法》保护公司债权的实例。

代位权请求权，很多学者认为代位权可用于债权人向股东追究责任，对于超期未实缴的股东而言，代位权制度是正确的选择，但这与本书所谓待缴股东明显不同，实难奏效。对于法定债务理论下的请求权，逻辑上基本能够说通，将股东对认缴期的承诺视为只在内部发生法律效力，如果这样就可以使债权人的请求更加直接，可以直击股东，但要对立法目的做出新的诠释，这需要司法解释和指导案例的出现。《公司法司法解释三》第13条第2款做出了明确的规定，对于未全面履行出资义务的股东可直接主张请求权，但该条主要指向未全面履行出资义务的股东，适用于待缴股东则需要根据公司法的宗旨、股东与债权人之间的利益平衡做出扩张解释，实务中已有成功案例。但这种扩张应用也只能是权宜之计。

针对以上几种请求权基础实际运用过程中可能出现的种种问题和现行认缴资本制的漏洞，文章最后提出应建立加速到期制度，在出现法定事由的情况下，虽然股东认缴了远期出资，处于待缴状态，但此时公司债权人仍然可以向股东主张请求权，要求其加速到期。我国现行法律框架内，如《破产法》《合同法》《物权法》《公司法司法解释二》中均有加速到期条款。加速到期制度的建立具有正当性、可行性，是现行认缴制下，股东与公司债权人之间利益的平衡器，既能发挥认缴制鼓励投资之长，也能抑制股东恶意认缴之短，对于现行认缴资本制的完善和公司债权人利益的维护裨益良多。

参考文献

一、著作类：

1. 佟柔:《中国民法学·民法总则》，中国人民公安大学出版社1992年版。
2. 史尚宽:《民法总论》，台湾正大印书馆1980年版。
3. 王泽鉴:《民法总论》，中国政法大学出版社2003年版。
4. 杨立新:《请求权与民事裁判应用》，法律出版社2011年版。
5. [德] 梅迪库斯:《德国民法总论》，邵建东译，法律出版社2000年版。
6. 朱庆育:《民法总论》，北京大学出版社2013年版。
7. 段厚省:《请求权竞合要论——兼及对民法方法论的探讨》，中国法制出版社2013年版。
8. 李永军:《民法总论》，法律出版社2009年版。
9. 冯果:《公司法要论》，武汉大学出版社2003年版。
10. 黄辉:《现代公司法比较研究——国际经验及对中国的启示》，清华大学出版社2011年版。
11. [日] 神田秀树:《公司法的理念》，朱大明译，法律出版社2013年版。

12. 傅穹:《重思公司资本制原理》，法律出版社 2004 年版。
13. 韩世远:《合同法总论》，法律出版社 2008 年版。
14. ［美］罗伯特·W. 汉密尔顿:《美国公司法》，齐东祥译，法律出版社 2008 年版。
15. ［荷］阿德里安·德瑞斯丹等:《欧洲公司法》，费煊译，法律出版社 2013 年版。
16. 赵旭东等:《公司资本制度改革研究》，法律出版社 2004 年版。
17. ［挪威］马德斯安登斯、［英］弗兰克伍尔德里奇:《欧洲比较公司法》，汪丽丽、汪晨、胡曦彦译，法律出版社 2014 年版。
18. ［韩］郑燦亨:《韩国公司法》，崔文玉译，上海大学出版社 2011 年版。
19. 葛伟军:《英国公司法要义》，法律出版社 2014 年版。
20. 朱慈蕴:《公司法人格否认法理研究》，法律出版社 1998 年版。
21. ［德］格茨·怀克、克里斯蒂娜·温德比西勒:《德国公司法》，殷盛译，法律出版社 2010 年版。
22. ［日］前田庸:《公司法入门》，王作全译，北京大学出版社 2012 年版。
23. 高旭军:《我国公司人格否认制度适用研究——以与德国比较为视角》，法律出版社 2014 年版。
24. ［德］托马斯·莱塞尔、［德］吕迪格·法伊尔:《德国资合公司法》，高旭军等译，法律出版社 2005 年版。

25. 沈四宝等编著:《揭开公司面纱法律原则与典型案例选评》,对外经济贸易大学出版社 2005 年版。
26. 苗壮:《美国公司法制度与判例》,法律出版社 2007 年版。
27. 王利明:《侵权责任法研究》,中国人民大学出版社 2010 年版。
28. 韩世远:《合同法总论》,法律出版社 2011 年版。
29. [法] 伊夫·居荣:《法国商法第 1 卷》,罗结珍、赵海峰译,法律出版社 2004 年版。
30. 张新宝:《侵权责任构成要件研究》,法律出版社 2007 年版。
31. 王泽鉴:《侵权行为》,北京大学出版社 2009 年版。
32. 王卫国:《过错责任原则:第三次勃兴》,中国法制出版社 2000 年版。
33. 崔建远主编:《合同法》,法律出版社 2010 年版。
34. [德] 马克西米利安·福克斯:《侵权行为法》,齐晓琨译,法律出版社 2006 年版。
35. 高旭军编著:《德国公司法典型判例 15 则评析》,南京大学出版社 2011 年版。
36. 江平主编:《民法学》,中国政法大学出版社 2011 年版。
37. 李永军:《合同法》,法律出版社 2010 年版。

二、论文类:

1. 潘勇锋:“瑕疵出资股东对公司债权人的责任”,载《人民司法》2013 年第 15 期。
2. 叶林、樊涛:“关于我国《公司法》修改的若干问题”,载

《新疆社科论坛》2014 年第 1 期。

3. 吴永科、杨军："在执行程序中不能适用公司法人人格否认制度"，载《人民司法》2013 年第 14 期。
4. 施天涛："注册资本登记制度改革的几点认识"，载《中国工商管理研究》2014 年第 6 期。
5. 魏振瀛："债与民事责任的起源及其相互关系"，载《法学家》2013 年第 1 期。
6. 刘雨萌："浅析股东违反出资义务的法律责任——兼评《公司法解释（三）中关于违反出资义务的规定》"，载《学理论》2013 年第 4 期。
7. 尹田："论法人人格权"，载《法学研究》2004 年第 4 期。
8. 崔建远："债权人代位权的新解说"，载《法学》2011 年第 7 期。
9. 董学立："法人人格与有限责任"，载《现代法学》2001 年第 5 期。
10. 匡伟："公司人格否认制度与债权人利益保护——兼评新《公司法》第 20 条第 3 款之规定"，载《中山大学研究生学刊（社会科学版）》2006 年第 1 期。
11. 薛军："法人人格权的基本理论问题探析"，载《法律科学（西北政法学院学报）》2004 年第 1 期。
12. 李文祥，付国华："论我国的法人人格否认制度"，载《行政与法（吉林省行政学院学报）》2004 年第 5 期。
13. 赵红月："法人人格否认制度与代位权制度的区别"，载《中国证券期货》2013 年第 1 期。

14. 邓建中："法人人格权请求权"，载《法学杂志》2009 年第 7 期。

15. 蒋学跃："法人人格与法人权利能力"，载《求索》2007 年第 2 期。

16. 任尔昕、王肃元："我国法人民事责任制度之检讨"，载《政法论坛》2002 年第 2 期。

17. 王莉萍："债权人追究股东出资责任的法律问题"，载《现代法学》2003 年第 5 期。

18. 罗培新："填补公司合同'缝隙'——司法介入公司运作的一个分析框架"，载《北京大学学报（哲学社会科学版）》2007 年第 1 期。

19. 陈群峰："认真对待公司法：基于股东间协议的司法实践的考察"，载《中外法学》2013 年第 4 期。

20. 张开平："有限责任公司设立人的出资义务与责任分析"，载《中国社会科学院研究生院学报》1998 年第 3 期。

21. 李薇："韩国公司法的最新修改及其评析"，载《宜春学院学报》2012 年第 7 期。

22. 金香兰："韩国公司法修改试案与中国公司法之比较——以股份公司治理结构为中心的考察"，载《延边大学学报（社会科学版）》2009 年第 2 期。

23. 高旭军、白江："论德国《有限责任公司法改革法》"，载《环球法律评论》2009 年第 1 期。

24. 刘金露："法人人格否认与第三人侵害债权的适用——以上海某建材商场诉吴某、李某、郑某财产损害赔偿纠纷案为例"，载《法制与社会》2014 年第 36 期。

25. 窦希铭："欧盟公司确定资本制度改革之必要与路径——维持原状、废旧立新还是新旧整合"，载《政法论丛》2010 年第 2 期。

26. 甘培忠、周游："注册资本认缴登记之语义释疑及制度解构"，载《中国工商管理研究》2013 年第 5 期。

27. 江平："现代企业的核心是资本企业"，载《中国法学》1997 年第 6 期。

28. 王立东、夏蕾："试论公司法资本三原则的中国命运"，载《社会科学战线》2009 年第 11 期。

29. 许家庆："'底线竞争'抑或'上限竞争'——以美国公司法制度的竞争为视角"，载《昆明理工大学学报（社会科学版）》2007 年第 3 期。

30. 李宁、姜岩："授权资本制在我国实现的制约因素分析"，载《沈阳工业大学学报（社会科学版）》2011 年第 2 期。

31. 孙娟："公司资本形成制度比较研究"，载《湖北广播电视大学学报》2009 年第 2 期。

32. 何炼红："折衷授权资本制与我国公司立法"，载《政法学刊》2001 年第 2 期。

33. 蔡丹："授权资本制度不适合我国之法理学思考——论中国公司资本制度的改革"，载《安康师专学报》2005 年第 1 期。

34. 吕来明、杨明敏："论我国公司资本制度的改革及债权人利益的保护"，载《法律适用》2013 年第 12 期。

35. 宋英利："评我国《公司法》中的认缴资本制"，载 2006 年第 5 期。
36. 石慧荣:“有限责任公司股东出资转让的若干问题”,载《贵州大学学报(社会科学版)》1999 年第 6 期。
37. 郭升选:“‘公司人格否认’辨”,载《法律科学·西北政法学院学报》2000 年第 3 期。
38. 郭晓霞:“连带责任制度探微”,载《法学杂志》2008 年第 5 期。
39. 俞巍:“关于连带责任基本问题的探讨”,载《华东政法大学学报》2007 年第 4 期。
40. 王妍、张亚光:“连带责任有关问题探讨”,载《当代法学》2001 年第 1 期。
41. 梁超:“比较法视域下探析设立中公司合同责任之归属”,载《研究生法学》2012 年第 2 期。
42. 晏宗武:“连带责任与其他民事责任承担方式的比较分析”,载《皖西学院学报》2003 年第 4 期。
43. 彭熙海:“论连带责任案件的诉讼形式”,载《法学评论》2012 年第 3 期。
44. 刘永光:“日本公司资本制度改革的立法实践及其对我国的启示”,载《法商研究》2004 年第 1 期。
45. 蒋舸、吴一兴:“欧洲公司法统一化新进展——简析欧盟委员会《欧洲私法公司条例草案》”,载《理论月刊》2009 年第 2 期。
46. 傅穹:“公司资本维持原则的现代思考”,载《社会科学战线》2004 年第 1 期。

47. 王保树："'资本维持原则'的发展趋势"，载《法商研究》2004 年第 1 期。
48. 李可书："论公司对违反竞业禁止义务董事的损害赔偿请求权兼评我国《公司法》第 61 条第 1 款"，载《汉中师范学院学报（社会科学）》2004 年第 5 期。
49. 高留志、李琼："论请求权与诉权的区别"，载《中州学刊》2009 年第 3 期。
50. 杨立新："论侵权请求权的优先权保障"，载《法学家》2010 年第 2 期。
51. 龚赛红："关于侵权责任形式的解读——兼论绝对权请求权的立法模式"，载《法学杂志》2010 年第 4 期。
52. 魏振瀛："论返还原物责任请求权兼与所有物返还请求权比较研究"，载《中外法学》2011 年第 6 期。
53. 黄军、黄睿："公司合同理论与公司法整体性的合同解释"，载《企业经济》2010 年第 12 期。
54. 甘培忠、吴韬："论长期坚守我国法定资本制的核心价值"，载《法律适用》2014 年第 6 期。
55. 张学文："股东协议制度初论"，载《法商研究》2010 年第 6 期。
56. 邓峰："作为社团的法人：重构公司理论的一个框架"，载《中外法学》2004 年第 6 期。
57. 王利明："侵权责任法与合同法的界分——以侵权责任法的扩张为视野"，载《中国法学》2011 年第 3 期。
58. 李海涛："刍议我国公司股东义务制度的完善"，载《山西科技》2011 年第 3 期。
59. 傅穹："公司低资本化下的诉讼展开"，载《西部法学评论》2008 年第 6 期。
60. 金可可："论温德沙伊德的请求权概念"，载《比较法研究》2005 年第 3 期。
61. 余新华："浅议新《公司法》注册资本认缴制对企业会计的影响"，载《企业导报》2014 年第 3 期。
62. 朱杰："论物权请求权与侵权请求权"，载《科学之友（B 版）》2008 年第 4 期。
63. 熊玉婷："侵权请求权若干问题思考"，载《河南司法警官职业学院学报》2011 年第 1 期。
64. 施天涛："公司资本制度改革：解读与辨析"，载《清华法学》2014 年第 5 期。
65. 王涛、宋向婷："论揭开公司面纱和合同法中代位权的区别"，载《邢台学院学报》2012 年第 4 期。
66. 王金龙："论债权侵权行为的构成要件"，载《商品与质量》2012 年 S3 期刊。
67. 范永亮："第三人侵害债权的构成要件分析"，载《法制与经济（下旬）》2014 年第 5 期。
68. 王建源："论债权侵害制度"，载《法律科学（西北政法学院学报）》1993 年第 4 期。
69. 臧开文、刘慧："中英'揭开公司面纱'对比研究"，载《广西政法管理干部学院学报》2009 年第 6 期。
70. 李超翠："英国揭开公司面纱制度判例研究"，载《才智》

2011 年第 31 期。

71. 关今华:“法人人格权及其损害赔偿”，载《法学研究》1991 年第 6 期。

72. 高旭军:“德国‘揭开公司面纱制度’新动向——以‘特里旅馆’案为主线”，载《东方法学》2010 年第 6 期。

73. 高旭军:“论‘公司人格否认制度’中之‘法人人格否认’”，载《比较法研究》2012 年第 6 期。

74. 郭玉坤、何苗:“国外公司法人人格否认制度的理论与实践”，载《大连海事大学学报（社会科学版）》2007 年第 2 期。

75. 张敬萱:“中英法律揭开公司‘面纱’的比较研究”，载《哈尔滨学院学报》2011 年第 4 期。

76. 魏波:“‘公司法人人格否认’概念正名及公司法人人格否认制度的思考”，载《河北建筑科技学院学报（社科版）》2005 年第 2 期。

77. 李振华:“论公司人格否认”，载《湖北经济学院学报》2003 年第 5 期。

78. 徐琼:“资本不足适用公司人格否认理论之质疑”，载《政治与法律》2006 年第 3 期。

79. 孙耀胜:“论‘揭开公司的面纱’与债权人保护”，载《河南省政法管理干部学院学报》2005 年第 4 期。

80. 闫芳:“论新公司法中法人人格否认制度的确立及完善”，载《经营管理者》2014 年第 6 期。

81. 李东侠、郝磊:“注册资本弱化视角下的公司债权人利益保护”，载《人民司法》2014年第5期。

82. 莫晓燕：“对公司法人人格否认制度的质疑”，载《重庆邮电学院学报（社会科学版）》2005年第5期。

83. 赵旭东：“认缴资本制下的股东有限责任——兼论虚报资本、虚假出资和抽逃出资行为的认定”，载《法律适用》2014年第11期。

84. 刘俊海：“关于工商登记制度改革的认识误区及辨析”，载《法律适用》2014年第11期。

85. 葛伟军：“论最低资本与揭开公司面纱——兼谈对法复［1994］4号、法释［2001］8号及法释［2011］3号文件的理解”，载《上海财经大学学报》2011年第3期。

86. 段文波：“请求权竞合论：以诉之选择性合并为归宿”，载《现代法学》2010年第5期。

87. 严仁群：“释明的理论逻辑”，载《法学研究》2012年第4期。

88. 杨书翔：“诉的变更制度比较研究”，载《河北法学》2003年第4期。

89. 李子：“对确定民事诉讼案由问题的一点思考——由一起民事纠纷看确定案由的重要性”，载《齐齐哈尔师范高等专科学校学报》2013年第3期。

90. 宋旺兴：“论民事案由确定制度的完善”，载《法律适用》2012年第2期。

91. 赵慧，魏敬贤：“论民事诉讼案由的确定主体”，载《政法论丛》2010年第5期。

92. 邹海林:“我国司法实务应对公司注册资本制度改革的路径选择”，载《法律适用》2014 年第 5 期。

93. 严仁群:“诉讼标的之本土路径”，载《法学研究》2013 年第 3 期。

94. 段厚省:“民事诉讼标的与民法请求权之关系研究”，载《上海交通大学学报（哲学社会科学版)》2006 年第 4 期。

95. 梅夏英，邹启钊:“请求权：概念结构及理论困境”，载《法学家》2009 年第 2 期。

96. 刘晓莉:“公司法修改后法人人格否认的认定问题研究”，载《全国商情（经济理论研究)》2014 年第 14 期。

97. 段厚省，郭宗才:“民法请求权与民事诉权之关系考察”，载《河北法学》2009 年第 10 期。

98. 江伟，段厚省:“请求权竞合与诉讼标的理论之关系重述”，载《法学家》2003 年第 4 期。

99. 段厚省:“论诉审商谈主义的民事诉讼构造观——兼及对民事诉讼法修订与完善的建议”，载《中国人民大学学报》2012 年第 4 期。

100. 朱慈蕴:“公司资本制度的缓和化与公司资本理念的再思考”，载《21 世纪商法论坛——第十四届国际学术研讨会论文集》2014 年 10 月版。

101. 周友苏，张异冉:“从事前预防到事后规制——最低注册资本制度改革审视”，载《商事法论集》2015 年第 2 期。

102. 王文宇:“简证繁权——评注册资本认缴制”，载《商事法论集》2015 年第 2 期。

103. 李建伟："公司资本形成中的公司自治与国家规制——一个立法政策的法理解读"，载《21世纪商法论坛——第十四届国际学术研讨会论文集》2014年10月版。

104. 陈彦良："由资本维持原则看公司之资金贷放——评我国台湾地区'最高法院'2012年度台上字第414号民事判决"，载《商事法论集》2015年第2期

105. 林国彬："公司违法增资决议发行新股与公司资本维持原则之关系——以台湾远东集团增资太平洋流通入主SOGO百货案为例"，载《商事法论集》2015年第2期。

106. 顾敏康："零资本下的资本维持原则"，载《商事法论集》2015年第2期。

107. 雷兴虎、兰敬："我国公司资本制度的模式选择"，载《商事法论集》2015年第2期。

108. 郭土木："台湾地区'公司法'有关公司资本三原则社会化之探讨"，载《商事法论集》2015年第2期。

109. 尾崎安央、张杨："日本公司法中的资本制度的现状与课题"，载《商事法论集》2014年10月版。

110. 酒井太郎、朱大明："日本公司法中废止最低注册资本制度的研究"，载《商事法论集》2015年第2期。

111. 曾宛如："低面额股与无面额股对台湾地区公司资本制度之冲击与影响"，载《商事法论集》2015年第2期。

112. 方嘉麟："论资本充实原则——面额与财产出资规范模式的探讨"，载《商事法论集》2015年第2期。

113. 周林彬，余斌："我国"减法"改革中公司减资制度的完

善”，载《中山大学学报（社会科学版）》2015 年第 5 期。

114. 刘俊海：“关于工商登记制度改革的十大认识误区”，载《中国工商管理研究》2014 年第 7 期。

115. 徐琓锡：“长期股东和长期资本”，载《商事法论集》2015 年第 2 期。

116. 王延川：“认缴出资制的问题与未来改进——以债权人保护为视角”，载《商事法论集》2015 年第 2 期。

117. 郭富青：“股东违反出资义务与公司债权人求偿路径”，载《商事法论集》2015 年第 2 期。

118. 楼建波、马吾叶·托列甫别尔干：“管理层对优先股股东负信义义务吗？——美国特拉华州法院立场的演变及其对我国的启示”，载《商事法论集》2015 年第 2 期。

119. 周剑龙：“废除公司最低资本金制度情形下的公司债权人之保护——以日本法上的公司董事对第三人责任制度为视角”，载《商事法论集》2015 年第 2 期。

120. 高旭军：“投资效率与交易安全保障之平衡——论我国注册资本登记制度改革”，载《东方法学》2015 年第 1 期。

121. 洪艳蓉：“公司的信用与评价——以公司债券发行限额的存废为例”，载《中外法学》2015 年第 1 期。

122. 吕来明：“公司注册资本法律意义的弱化及资本显著不足的认定”，载《商事法论集》2015 年第 2 期。

123. 崔埈璿、李鲜花：“实现公司设立简易化的中国公司法的大胆尝试”，载《商事法论集》2015 年第 2 期。

124. 王建文、彭芮：“论债权人保护视角下资本充实责任的法律适用”，载《商事法论集》2015 年第 2 期。

125. 姜一春：“公司资本制度改革与商事登记制度——登记的考察日本商事”，载《商事法论集》2015 年第 2 期。

126. 陈肇鸿，“再思资本维持原则之放宽与债权人保障机制：新加坡法之改革及与我国台湾地区‘法’之比较”，载《商事法论集》2015 年第 2 期。

127. 王志诚：“公司资本登记之审查及撤销：以太平洋流通投资股份有限公司增资登记撤销案为例”，载《商事法论集》2015 年第 2 期。

128. 董慧凝：“国有股东捐赠上市公司股份之国有资产监管”，载《商事法论集》2015 年第 2 期。

129. 梁上上，“未出资股东对公司债权人的补充赔偿责任”，载《中外法学》2015 年第 3 期。

130. 彭冰：“理解有限公司中的股东压迫问题——最高人民法院指导案例 10 号评析”，载《北大法律评论》2014 年第 1 期。

131. 齐砺杰，刘丹青：“中国资本制度改革后注资三罪的存废变问题——以抽逃出资行为的实证研究为例”，载《21 世纪商法论坛——第十四届国际学术研讨会论文集》2014 年 10 月版。

132. 刘燕：“重构‘禁止抽逃出资’规则的公司法理基础”，载《商事法论集》2015 年第 2 期。

133. 汤欣、杨祥：“虚假陈述民事赔偿的最新实践及法理检视——以万福生科案与海联讯案补偿方案为例”，载《商事法论集》2015 年第 2 期。

134. 管晓峰："公司资本法律问题研究"，载《中国工商报》2014 年 6 月 11 日，第 3 版。

135. 李志刚："公司资本制度的三维视角及其法律意义——注册资本制的修改与股东的出资责任"，载《法律适用》2014 年第 7 期。

136. 甘培忠："论公司资本制度颠覆性改革的环境与逻辑缺陷及制度补救"，载《第三届公司法司法适用高端论坛论文集》2014 年 5 月版。

137. 于莹："公司资本制度改革与股东出资义务"，载《第三届公司法司法适用高端论坛论文集》2014 年 5 月版。

138. 宁金成："公司资本改革与债权人保护"，载《法律适用》2014 年第 7 期。

139. 胡田野："公司资本制度改革后的债权人保护路径"，载《法律适用》2014 年第 7 期。

140. 黄睿，梁慧："一元公司时代下债权人利益的司法保护"，载《第三届公司法司法适用高端论坛论文集》2014 年 5 月版。

141. 张异冉："从事前防范到运行中规制——认缴制下债权人利益的保护"，载《第三届公司法司法适用高端论坛论文集》2014 年 5 月版。

142. 梅慎实，蔡伟真："不同类型债权人参与公司治理机制研究——《公司法》资本制度改革对债权人利益保护的挑战"，载《第三届公司法司法适用高端论坛论文集》2014 年 5 月版。

143. 刘俊海："全面深化工商登记制度改革是全面建设投资者友

好型社会的法律基石”，载《第三届公司法司法适用高端论坛论文集》2014年5月版。

144. 李建伟：“公司形成资本制度中国家管制边界”，载《第三届公司法司法适用高端论坛论文集》2014年5月版。

145. 王玉梅，徐巧玲：“新《公司法》与外商投资企业法之资本制度比较研究——兼论外商投资企业法的修改”，载《第三届公司法司法适用高端论坛论文集》2014年5月版。

146. 蒋大兴：“法定资本制（最低资本）过严了吗——公司资本制的合约、经济与文化基础”，载《第三届公司法司法适用高端论坛论文集》2014年5月版。

147. 陈景善：“取消最低资本金的学理分析”，载《第三届公司法司法适用高端论坛论文集》2014年5月版。

148. 吴日焕：“公司注册资本认缴登记制的理论困惑与实践思考”，载《第三届公司法司法适用高端论坛论文集》2014年5月版。

149. 孙渝安：“认缴资本制下规范有限责任公司股东出资行为的几点思考”，载《第三届公司法司法适用高端论坛论文集》2014年5月版。

150. 邓江源：“股东未届缴纳期限之出资的性质及意义——对公司法、破产法、会计规范的调整”，载《第三届公司法司法适用高端论坛论文集》2014年5月版。

151. 蒋大兴：“合同法的局限：资本认缴制下的责任约束——股东私人出资承诺之公开履行”，载《第三届公司法司法适用高端论坛论文集》2014年5月版。

152. 朱晓娟："完全认缴登记制下公司法的应对与公司资本纠纷的司法适用"，载《第三届公司法司法适用高端论坛论文集》2014 年 5 月版。

153. 曹兴权："抽逃出资禁止规范的变革"，载《第三届公司法司法适用高端论坛论文集》2014 年 5 月版。

154. 周玥："试论抽逃出资"，载《第三届公司法司法适用高端论坛论文集》2014 年 5 月版。

155. 王涌："论公司债权人对未实缴出资的股东的请求权"，载《第三届公司法司法适用高端论坛论文集》2014 年 5 月版。

156. 张俊："股东出资期限届满前公司债权人的保护"，载《第三届公司法司法适用高端论坛论文集》2014 年 5 月版。

157. 蒋太仁，张英伦："公司清算纠纷若干法律问题刍议"，载《第三届公司法司法适用高端论坛论文集》2014 年 5 月版。

158. 肖海军，李照星："瑕疵出资股东表决权限制研究"，载《第三届公司法司法适用高端论坛论文集》2014 年 5 月版。

159. 王萍："有限责任公司股权善意取得的适用范围——以商法上善意取得的价值追求为视角"，载《第三届公司法司法适用高端论坛论文集》2014 年 5 月版。

160. 曾思："美国法上债权人的合同保护制度研究——以债务契约条款为中心"，载《第三届公司法司法适用高端论坛论文集》2014 年 5 月版。

后　记

仲秋的晚上，夜深人静。习习晚风把思绪带到曾经的岁月。

十七年前刚刚踏入大学时，从未想过读硕士，更没想过读博士，是经历使然，也是迫于环境，后来竟读了博士。这条路是曲折的。

读博的生活是单调的，每天就是宿舍、图书馆、打印社、食堂，每两三天打一次篮球。宿舍里大部分时间都是我一个人，很安静，透过窗户，总有安详的阳光洒下，我有时坐着看书，有时站着，日出日落，寒来暑往，就这样度过了三个年头。

三年中失去了一些，失去的权当成美好的回忆。也积累了很多，我并不缺少安心读书的日子，这一番又增加了一段，是对心性的锻炼。

在家里的台灯下，我仿佛又看到了法大公寓楼明亮的灯光，在每一个灯光下，都有几个刻苦的同学，硕士，博士，是不是真的很重要？我又是多么怀念八年前的那个冬天。

笔者于小黑河畔家中

2017 年 10 月 8 日